Oskar Josef Beck
Ein Klinik-Krimi

AF285226

Gewidmet Frau Maria Eichner, meinem guten Geist, Schwester Mary, die in schwerer Stunde immer zu mir gehalten hat und ohne die ich diese unglaubliche Geschichte nicht durchgestanden hätte.


Gewidmet meinem Rechtsanwalt Dr. Manfred Klüver, der mich mit seiner Besonnenheit vor unüberlegten Schritten bewahrt hat.

Oskar Josef Beck

# Ein Klinik-Krimi

## „Die neun Kröten"

2., neu bearbeitete Auflage

Ein Leitfaden für junge Mediziner und angehende Juristen,
der einen Stoff vermittelt, den Studierende in Vorlesungen
und Lehrbüchern nicht erfahren, dessen Kenntnis aber für das
Studium wertvoll und für das spätere Leben hilfreich sein kann.

© Neuauflage 2020 Oskar Josef Beck
Herstellung und Verlag:
BoD – Books on Demand, Norderstedt

ISBN 978-3-7526-9325-6

# Inhaltsverzeichnis

# 1. Einleitung

Ziel jeder Regierung ist die Erhaltung der Macht. Menschen, die sich diesem Ziel nicht unterordnen, gelten als personae non gratae und werden „in der Regel" eliminiert. Totalitäre Staaten bevorzugen Gefängnisse oder Hinrichtungen, Demokratien die Kaltstellung. Bei der Einweisung in die Psychiatrie nähern sich die beiden Systeme grenzwertig.

Die Kaltstellung ist eine Hinrichtung auf Raten. Der vermeintliche Delinquent (lateinisch: delinquere, sich vergehen, einen Fehltritt begehen) wird gemobbt, bis er zusammenbricht. Hat sich der Gemobbte nichts zuschulden kommen lassen, sind die Methoden besonders infam, um ihn zu Fall zu bringen und selbst glaubwürdig zu bleiben. Hilfe bekommt der Gemobbte in der Regel nicht, da bereits eine Reihe Anwärter auf seine Position warten und den „Täter" mit vorauseilendem Gehorsam unterstützen. Die Geschichte soll vor allem jungen Menschen die Augen öffnen, dass es nicht ausreicht, korrekt und anständig seine Ziele zu verfolgen. Die vom 35. Präsidenten der USA John F. Kennedy und von mehreren Bundespräsidenten eingeforderte Zivilcourage wird auch in Demokratien oft nur dann honoriert, wenn man sich systemloyal verhält.

Die medizinischen Fakultäten der Deutschen Hochschulen sind hierarchisch organisiert. Unter Hierarchie versteht man eine auf gesellschaftliche Bereiche bezogene Ordnung, gesellschaftlicher Rechte und Kompetenzen, z. B. bei der bürokratischen Verwaltung des Staates, beim Militär, usw.

Der Ordinarius hat in Bayern unter Berufung auf Artikel 9, Abs. 1, Satz 2 des Bay. Hochschullehrergesetzes eine fast unbegrenzte Machtfülle. Aufgrund dieser uneingeschränkten Weisungsbefugnisse liegt das Schicksal von Patienten und Mitarbeitern ganz in seinen Händen: In der positiven Auseinandersetzung mit der Umwelt wird die Hierarchie zur heiligen, zur ersten, d. h. zur besten Ordnung (griechisch hieros = heilig und archein = herrschen). Bei entsprechender Qualifikation des Leiters ist dies für eine Klinik von Vorteil. Fehlt aber Toleranz und die Fähigkeit zur Adaption verliert die Hierarchie ihre Mobilität und erstarrt. Der Fortschritt der Technik hat in den letzten Jahrzehnten die Medizin in Diagnostik und Therapie revolutioniert. Dieser Wandel erfordert neue Strukturen und die Revision überkommener Rechte und Kompetenzen. Fehlt die Führungsqualität des entsprechenden Ordinarius oder geht sie im Laufe der Jahre verloren, droht zusätzlich die Gefahr des Machtmissbrauches. Nach chefärztlichen Fehlentscheidungen wird jede Diskussion abgewürgt. Dieses starre autoritäre Verhalten, das andere Meinungen nicht gelten lässt, auch wenn sie noch so richtig sind, ist gepaart mit gezieltem Fertigmachen am Arbeitsplatz (Mobbing). Mit Psychoterror und rechtswidrigen dienstlichen Maßnahmen wie z. B. Operations-Verbot hat der betreffende Ordinarius die physische, psychische und berufliche Demontage von Mitarbeitern zum Ziel. Zu diesen rechtswidrigen Handlungen des Ordinarius kommen persönliche Beleidigungen, Demütigungen und öffentliche Diffamierungen.

Die diskriminierenden Handlungen greifen auch die Stellung als Hochschullehrer an. Unter Mitwisserschaft führender Persönlichkeiten der medizinischen Fakultät kann dieser Ordinarius Mitarbeiter beruflich ruinieren, denen man nur vorwerfen kann, durch wahrheitsgemäße Angaben bei staatsanwaltschaftlichen Ermittlungen gegen den Korpsgeist dieser Klinik verstoßen zu haben. Korpsgeist und Ehrenkodex jeder ehrenwerten Gesellschaft verlieren aber ihre Berechtigung, wenn gegen die Rechtsstaatlichkeit verstoßen wird (Behinderung der Justiz). Nach Meinung von Ordinarien anderer Fakultäten an der gleichen Universität wären vergleichbare Maßnahmen in ihren Bereichen undenkbar. Nachgeordnete Oberärzte und Assistenten, die um wissenschaftliche Ehren, Vertragsverlängerung und neue Chefarztstellen buhlen, werden eingespannt oder üben vorauseilenden Gehorsam, um die Position von Ordinarien gegen „missliebig" gewordene Oberärzte und Assistenten zu stärken. Auch höchste Fachgremien sehen sich nicht in der Lage, Stellung zu beziehen oder Entscheidungen zu treffen oder können dies auch gar nicht, da sie selbst in diesem Netzwerk integriert sind. Mit beobachtender Ignoranz hält der zuständige Minister die Ausschaltung des „missliebig" gewordenen Untergebenen aufrecht, obwohl aufgrund eines vom Ministerium eingeholten Gutachtens gegen den Betroffenen von der Rechtsabteilung der LMU kein Disziplinarverfahren erfolgte. Eine ethische oder fachkompetente Kontrolle für einen Ordinarius gibt es nicht, weder innerhalb noch außerhalb der Klinik. Wer es wagt, gegen das Versagen des Ordinarius aufzubegehren, darf seine Karriere als beendet betrachten. Berechtigte Anschuldigungen werden zwischen Klinikleitung, Universität und Ministerium so lange hin- und hergeschoben, bis sie in Vergessenheit geraten oder einer der Betroffenen das Pensionsalter erreicht hat. Diese Hinhaltetaktik geht zu Lasten von Patienten und Steuerzahlern und gelingt besonders gut mit stetem Vertrösten auf nur allzu lang anstehende juristische Entscheidungen. Gutachterliches Verschleppen dringend anstehender Fälle nährt den Verdacht, dass ein falsch verstandener Korpsgeist unter hochdotierten Medizinern sein Unwesen treibt (J. Dege, Schwäb. Zeitung Nr. 229 vom 04.10.1997).

Unentschuldbar ist, wenn ein Ordinarius und seine Helfer Außenstehende, wehrlose Dritte, nämlich Patienten, zu deren Schaden in die Querelen mit einbeziehen, und Wachsamkeit ist angesagt, wenn Stellvertreter oder Assistenten versuchen, ihren Chef in falsch verstandener Pflichterfüllung noch zu übertreffen. Es ist geradezu unverständlich, wie die ehrenwerte Fakultät der Medizin einen rechtswidrig handelnden Kollegen gewähren lässt und das Kultusministerium (KuMi) jahrelang die schrittweise Vernichtung seiner Beamten toleriert, für die es eine Fürsorgepflicht hat. Verantwortung wird nicht übernommen, sondern weitergeschoben und Entscheidungen folgen, wenn sie überhaupt getroffen werden, einem Fächer- und Gruppenegoismus. Archaische Strukturen warten auf ihre Entkrustung.

In ihrem ehrlichen Bemühen, Ordnung zu schaffen, hat es die universitäre Selbstverwaltung bisher am nötigen Durchsetzungsvermögen fehlen lassen. Vertrauen wir darauf, dass in Zukunft auch fehlgeleitete Ordinarien die Deutsche Rechtsprechung respektieren, damit das gnadenlose Schikanieren gesetzestreuer Mitarbeiter ein Ende findet. Das einstimmige Votum der Abgeordneten des Ausschusses für Hochschule, Forschung und Kultur im Bay. Landtag belegt das Verlangen nach Einhaltung rechtsstaatlicher Prinzipien. Leider sind Petitionen in Ländern mit jahrzehntelangem Parteifilz aufgrund der jahrelangen eingespielten Seilschaften meist chancenlos und deshalb ineffektiv.

Auf dieses Klinik-Mobbing und diesen Kollegen-Neid zum Schaden der Patienten gibt der Pro-Rektor der Ludwig-Maximilians-Universität München (LMU) Herr Prof. Dr. Dr. Adam die passende Antwort: „Die Ärzteschaft kann und darf ein Fehlverhalten in ihren eigenen Reihen weder verschweigen, noch darf sie es decken. Und wenn nach der rechtskräftigen Feststellung des Fehlverhaltens eines Arztes der Repräsentant der Standesvertretung nicht tätig würde oder dies verhinderte, dann muss er sich dafür verantworten" (SZ, Nr. 152, S.16, 1998).

Nachdem ich noch unter meinem verehrten langjährigen Chef Prof. Dr. Frank Marguth, Lehrstuhlinhaber für Neurochirurgie der LMU in Großhadern, mit dessen Einverständnis eine Chefarztstelle ausgeschlagen hatte, hatte mich dieser, nach dem Ausscheiden von Herrn Chefarzt Dr. S., für die Neurochirurgie im Klinikum Bogenhausen vorgesehen. Sein Nachfolger H.-J. R. hatte Marguth sein Einverständnis signalisiert. Umso überraschter war ich, als ich nach Einsicht meiner Personalakte erfahren musste, dass H.-J. R. von Anfang an meine Entlassung beim Rektor angestrebt hatte, ohne mich zu verständigen. Ich sah mich deshalb gezwungen, Aufzeichnungen vorzunehmen und einen Rechtsanwalt mit der Wahrung meiner Interessen zu beauftragen. Mein Buch ist deshalb seit dieser Zeit ein Tatsachenbericht, dessen Fakten in sieben Aktenordnern zeitnah aufgezeichnet worden sind. Diese Unterlagen sind mit vollem Einverständnis der betreffenden Patienten bzw. ihrer Angehörigen für die Öffentlichkeit freigegeben. „Damit die Wahrheit endlich an´s Licht kommt", wie viele Patienten sagten, oder „damit endlich Licht in das Dunkel" kommt, wie Frau Dr. H. in ihrem Brief vom 24.04.1996 schrieb. Ein Aktenordner enthält in Chronologie unzählige frustrane Briefwechsel, die im Hinblick auf eine außergerichtliche Einigung von mir mit der Medizinischen Fakultät, der LMU und dem KuMi zur Aufhebung meines widerrechtlichen OP-Verbotes geführt worden waren. Als ich nach meiner Pensionierung diesen Akt Herrn H., dem Rektor der LMU, übergab, nicht um Vorwürfe zu erheben, sondern mit der Bitte daraus in Zukunft Lehren und Konsequenzen zu ziehen, war der betreffende Aktenordner, als ich ihn abholen wollte, nicht mehr auffindbar.

Staatsanwälte und Richter waren trotz intensiver Bemühungen meinerseits zu einer nachträglichen Stellungnahme ihrer Entscheidungen nicht zu erreichen.

Der Inhalt dieses Buches betrifft nur die Neurochirurgie der LMU. Schlüsse auf andere Fachrichtungen im Klinikum Großhadern können daraus nicht gezogen werden.

Kröten wurden deshalb gewählt, weil diese Tiere am ganzen Körper mit Drüsen überzogen sind, die ein giftiges Sekret produzieren. Diese Giftstoffe enthalten vor allem Bufotenin, das kardiotoxisch und halluzinogen wirkt.

Wenn H.-J. R. auch eine Legion Kröten auf mich losgelassen hatte, beschränkte er sich bei seiner Forderung auf ein Disziplinarverfahren, bzw. meiner Eliminierung auf neun Fälle (Kröten), die ich gerichtlich überprüfen ließ, leider ohne dass entsprechende Konsequenzen daraus gezogen worden sind. Vielleicht waren diese Tiere für die Bayerische Justiz wirklich zu ekelerregend und abstoßend.

Der berufliche Stand entspricht der damaligen Zeit. Im folgenden Text werden Titel von Personen nach der ersten Benennung nicht mehr berücksichtigt. Die römischen Zahlen sind ein Hinweis auf das betreffende Krötenkapitel.

# 2. Chefarztberufung und Chefarztwechsel

## 2.1   Allgemein

### 2.1.1   Chefarztberufung

Eine korrekte Chefarztberufung hat zum Ziel, die Besten für das betreffende Fachgebiet aus-
zuwählen. Jede Klinik handhabt diesen Prozess anders. Die Stadt München übernimmt, bei
entsprechender Qualifikation, den Ersten Oberarzt als Chefarzt. Alle Ärzte einer Klinik haben
jahrelang die Möglichkeit sich von den Fähigkeiten des Ersten Oberarztes zu überzeugen, eine
sinnvolle Entscheidung, wie ich meine.

So hatte der Pathologe Dr. K. als Erster Oberarzt die letzten Jahre tausende Präparate befundet.
Durch intensive Zusammenarbeit mit der Neuropathologie hatte er sich auch auf diesem schwierigen Gebiet einen Namen gemacht. Er war in erster Linie ein Pragmatiker, und die Chefarztstelle
in Bogenhausen war mit ihm hervorragend besetzt.

An dieser Stelle möchte ich meine persönliche Erfahrung an einem Beispiel aufzeigen. Meine
Labrador-Hündin hatte mit 2 Jahren am rechten Ohrläppchen einen rasch wachsenden Tumor,
den ich selbst operativ entfernte. Der histologische Befund aus der Pathologie der Universi-
täts-Veterinärklinik war niederschmetternd: Bösartig, Bestrahlung und Chemotherapie. In meiner Verzweiflung ging ich zu meinem alten Klassenkameraden K. Dieser sah sich das Präparat
kurz an und sagte: „Ich sehe Zellen, die zu keinem Tumor passen." Und wie Recht er hatte!
Nach 12 Jahren erfreut sich mein Hunderl immer noch bester Gesundheit und wedelt mit dem
Schwanz, wenn es seinen Lebensretter sieht, ohne Bestrahlung und ohne Chemotherapie.

In kleineren Städten oder an Kreiskrankenhäusern ist die Besetzung häufig auch eine politische
Entscheidung, wobei von den Kandidaten nicht immer der Beste, sondern der ausgewählt wird,
der politisch am besten ins Gefüge der Stadt oder des Landkreises passt. Um den Frieden im
Haus zu wahren, hören die verantwortlichen Politiker dabei auch auf die Meinungen der Chefs
anderer Fachrichtungen.

Ein persönliches Beispiel: Obwohl ich von München nie weg wollte, wäre Rosenheim aufgrund
seiner Gebirgsnähe für mich akzeptabel gewesen. So trug ich mein Anliegen meinem alten Schul-
freund und Chefarzt der Orthopädie Dr. F. und dem Chefanästhesisten Dr. S. vor, den ich noch
von der Poliklinik in München kannte. F. sagte mir dann in aller Freundschaft: „Ossi, wenn Rosenheim eine Neurochirurgie bekommt, sorgen wir dafür, dass Du den Chefposten erhältst, aber
ich werde alles dafür tun, dass Rosenheim keine Neurochirurgie bekommt". F. war seit Genera-
tionen der Stadt Rosenheim verbunden und fürchtete hohe Kosten zu Lasten etablierter Abteilungen. Vielleicht witterte er auch in mir Konkurrenz, weil die Neurochirurgen damals schon die
Bandscheiben-Eingriffe unter dem Mikroskop operierten und deshalb bessere Ergebnisse erziel-
ten. Die Politiker hörten auf F. und die Neurochirurgie kam einige Jahre später nach Vogtareuth,
im Landkreis Rosenheim, weit ab von der Autobahn München – Salzburg. In Nähe der Autobahn
wäre die Neurochirurgie wegen der Unfälle wohl besser aufgehoben gewesen.

Die Chefarztberufung an der Universität ist ein aufwändiger und lang anhaltender Vorgang. Ein bis zwei Jahre vor dem Chefarztwechsel werden Kommissionen ins Leben gerufen, die dann von den Bewerbern meist sechs bis zwölf Kandidaten auswählen, die sich persönlich mit Vorträgen vor der Fakultät bewähren müssen. Von den Bewerbern kommen drei in die engere Wahl, wobei der zukünftige Chef von einer neuen Kommission, in der die Entscheidungsträger der Universität sitzen, berufen wird. Dabei werden unzählige Telefongespräche geführt, um einen Entscheidungsträger für den gewünschten Kandidaten zu mobilisieren. Eine wichtige Rolle spielen hierbei Emeriti, d. h. ehemalige Ordinarien, die beratend für Berufungen besonders viel Zeit aufwenden, da sie selbst nicht mehr ins Geschehen eingreifen können. Der nun auf Nr. 1 gesetzte Kandidat wird dem Kultusminister präsentiert und von diesem in der Regel abgesegnet. Der Kultusminister oder auch Ministerpräsident kann sich aber auch direkt einschalten. So geschehen bei der Berufung des neuen Anästhesisten Prof. Dr. P. Anfänglich ging die Berufung ihren üblichen Weg. Die Kommissionen tagten und in der Endausscheidung waren drei angesehene Chefarzt Anästhesisten, einer auch aus Mannheim. Als die Kommission der Entscheidungsträger gerade die Reihung 1 – 2 – 3 vornehmen wollte, kam plötzlich der Dekan zur Tür herein und sagte: „Der Minister hat bereits entschieden, neuer Chef wird Prof. Dr. P.". Dieser hatte auf der Liste den siebten Platz inne, also einige Plätze hinter seinem eigenen Chef.

Diese politischen Berufungen, in Bayern „Strauß-Berufungen" genannt, entsprachen zwar nicht den üblichen Berufungen der medizinischen Fakultät, können qualitativ aber durchaus akzeptabel sein. Franz Josef Strauß ließ sich vielseitig über die Bewerber informieren und wählte gezielt den geeignetsten aus. In der medizinischen Fakultät standen große Strukturänderungen an, wie die Inbetriebnahme des Klinikums Großhadern und die allmähliche Auflösung der Innenstadtkliniken der LMU. Großhadern wurde zum Aushängeschild der Bayerischen Regierung und da war in erster Linie ein Managertyp gefragt. Manchmal hatte ich den Eindruck, dass ein Fakultätsfremder, wie z. B. Strauß, bei der Berufung eine bessere Entscheidung traf als die Kommissionskollegen, die sich gegenseitig oft genau beobachteten, damit nicht ein leistungsstärkerer Professor ein angrenzendes Fachgebiet besetzte. P. füllte diesen Posten, insbesondere als Dekan, viele Jahre hervorragend aus. Als Faustregel galt: Gute Professoren ziehen gute Kollegen nach und die LMU hatte in der medizinischen Fakultät viele gute Professoren. Je besser mein Durchblick wurde, fiel mir aber auf, dass Professoren, die fachlich und moralisch hervorragend waren, wie der Hämatostasiologe Prof. Dr. Marx oder der Neuropathologe Prof. Dr. Stochdorph, nie zu denen zählten, die in der Fakultät das Sagen hatten. Der Dekan verstand sich gut zu verkaufen, einerseits der Ehrenmann: „Als Beamte müssten wir schon wirklich verrückt sein, wenn wir uns nicht an das Gesetz halten würden" (SZ Nr. 44/1996), andererseits: Der hierarchisch ausgerichtete Dekan, der das Recht buchstäblich untergehen ließ, wenn es galt, Unebenheiten zu umschiffen: „Herr Beck, das Schiff Neurochirurgie hat einen neuen Kapitän bekommen, wenn das Schiff untergeht, haben Sie mit unterzugehen!" (anlässlich meiner von H.-J. R. geforderten Entlassung wegen fehlender Loyalität am 10.10.1991). Zum Schluss hatte ich sogar den Eindruck, dass P. Strukturen aufgezogen hatte, die auch dem Erhalt bestehender Pfründen dienten.

Als Patienten hatte ich schon 1988 viele Ausländer, insbesondere aus der Türkei. Besonderen Zulauf verschaffte mir ein junges Mädchen mit einem Hirnstammtumor, der von der medulla oblongata bis zur mittleren Halswirbelsäule reichte und dessen Entfernung weltweit abgelehnt worden war (Abbildung 1).

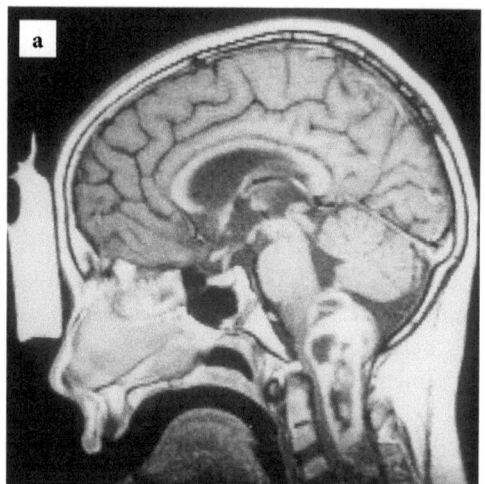 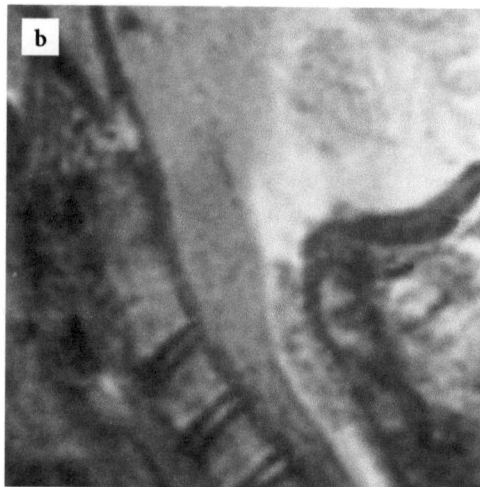

Abbildung 1: Distaler Brain Stem Tumor (Astrozytom Grad 1)
a) MRT: präoperativ; b) MRT: postoperativ (zwei Jahre)

Stolz war ich, als ihr Vater 10 Tage nach meiner OP dem neurologisch weitgehend unauffälligen Mädchen vom Olympiaturm aus München zeigen wollte. Groß war das Entsetzen, als die Patientin bewusstlos bei uns eingeliefert wurde. Ursache war eine Thrombose des großen venösen Blutleiters (sinus sagittalis superior), die bei der Liftfahrt durch den plötzlichen Höhenunterschied (Olympiaturm 185 m) ausgelöst worden war, von der sich das Mädchen aber sehr rasch erholte. Die zwischenzeitlich junge Dame hat ein Musikstudium erfolgreich abgeschlossen, vor 8 Jahren geheiratet und einen 5 Jahre alten gesunden Sohn (Abbildung 2).

Hinzu kam eine Freundschaft zu vielen türkischen Mitarbeitern, die im Klinikum beschäftigt waren und die mir beim Übersetzen oft hilfreich zur Seite standen. In der Regel operierte ich die Patienten als Selbstzahler. Dies war ein Salär, das für zwei Wochen im Voraus entrichtet werden musste und in dem alles inbegriffen war, einschließlich Operation und stationärem Aufenthalt auf der Allgemeinstation. Der Preis lag deutlich unterhalb der Gebühren von Privatpatienten. Bei einem türkischen Patienten hatte ich wegen des hohen operativen Risikos eine geprüfte Dolmetscherin hinzugezogen. Nach gelungener Operation konnte der Patient bereits nach zehn Tagen die Heimreise antreten, wobei er für vier Tage überbezahltes Geld zurückerstattet bekam. Drei Monate später rief mich die Dolmetscherin etwas verlegen an, dass unser Patient nach mehreren Rechnungen auch Mahnungen zum Begleichen finanzieller Rückstände bekommen habe. Überrascht war ich vor allem über eine Rechnung des Anästhesisten P., der meinem Rechtsanwalt

Klüver in der Streitsache H.-J. R. gegenüber erklärt hatte, dass er schon lange wegen anderweitiger Auslastung keine Narkosen mehr machen konnte. In Unkenntnis der Sachlage bezichtigte ich die Dolmetscherin einer falschen Übersetzung und bat sie zur Klärung in die Abrechnungsstelle zu kommen. Dies fiel mir umso schwerer, da sie die Ehefrau einer angesehenen Persönlichkeit war. Zur Überraschung aller war der Fall rasch geklärt, ein Irrtum der Abrechnungsstelle oder eine falsche Übersetzung konnte ausgeschlossen werden. Ein freundlicher Herr in der Abrechnungsstelle sagte uns ohne zögern: „Herr Prof. Beck, das machen die da oben (gemeint waren die Ordinarien) immer so, und wir, in der Abrechnungsstelle, können nichts dafür."

Die Mehrzahl der Patienten war glücklich, dass es ihnen nach meiner Operation gut ging, und meldete sich nicht mehr. So hatte ich bis zu diesem Vorfall keine Kenntnis dieser Abrechnungsmethode.

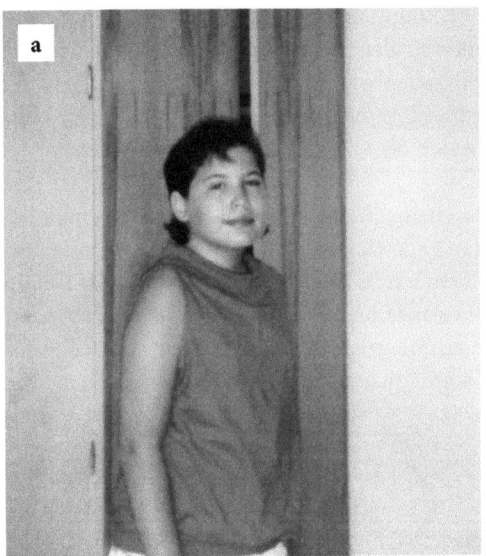
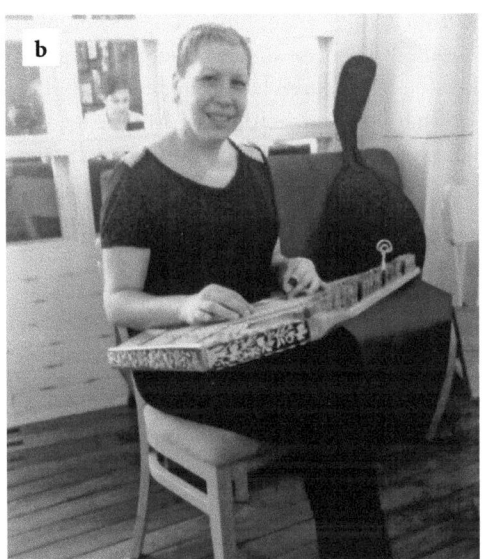

Abbildung 2:
a) postoperativ (zwei Jahre); b) postoperativ (26 Jahre)

### 2.1.2 Chefarztwechsel

Grundsätzlich ist ein Chef(arzt)wechsel ein einschneidendes Ereignis, das gilt für Firmen wie für Kliniken. Ohne Unterschied gilt: „Alte raus, Neue rein". Während in den Firmen führende ältere Mitarbeiter mit einer angemessenen Abfindung rechnen können, sind andere Mitarbeiter durch Mitgliedschaft in den Gewerkschaften eher vor einer Kündigung geschützt.

Chefärzte in Kliniken tun sich hier wesentlich leichter, da sie beides gesetzlich noch nicht berücksichtigen müssen.

So bleibt älteren Oberärzten nur übrig, sich rechtzeitig um eine andere Chefarztstelle zu bewerben. Durchsetzungsfähige Oberärzte erreichen meist ihr persönliches Ziel, schwache Oberärzte bleiben oft in der Klinik zurück und werden vom „neuen Wind" an die Wand gedrückt.

Für Städte mit hohem Freizeitwert wie München gilt das allerdings eingeschränkt, da hier manchmal „starke" Oberärzte eine Lebensstellung auch als Oberarzt einer Chefarztstelle in der Pampa vorziehen. Meist bringt ein neuer Chef heute mehrere Assistenten mit, die ihm während seiner Oberarztzeit gedient hatten. Andere Chefs spielen die zurückgebliebenen Ärzte gegeneinander aus, bis sie Schritt für Schritt mit einer neuen Mannschaft ihre Ziele verfolgen können.

Alle 4 Wochen war während des Semesters am Mittwoch Fakultätssitzung. Hier wurden unter Führung des Dekans sämtliche wichtigen die Fakultät betreffenden Punkte besprochen und verabschiedet. Am Montag, also 2 Tage vor der Fakultätssitzung, hielten die kleinen Professoren (C2 und C3) ihre Konferenz um am Mittwoch in der Fakultätssitzung mit einer gebündelten Meinung auftreten zu können. Einen Tag vorher, also am Dienstag, tagten die großen Professoren (C4), um die Ergebnisse für den nächsten Tag im Voraus festzulegen. Um es vorweg zu nehmen, die kleinen Professoren hatten in der Fakultätssitzung in der Abstimmung (z. B. bei der Wahl neuer Ordinarien, Bestimmung der Mitglieder für Berufungskommissionen, Habilitationen usw.) nur dann eine Chance Entscheidungen zu treffen, wenn sich die Ordinarien nicht einig waren.

Während meiner Medizinalassistentenzeit hatte ich einen Chefarztwechsel in der Poliklinik bereits erlebt. Den älteren Ärzten wurden neue Stellen zugewiesen. Nur Insider bemerkten überhaupt die operative Degradierung. Die Patienten bemerkten diese Veränderungen nicht. Kein lang gedienter Arzt wurde persönlich verunglimpft oder seine operative Tätigkeit in der Öffentlichkeit in den Schmutz gezogen. Patienten kamen aus niedrigen Beweggründen nicht zu Schaden. Es war ein Chefwechsel der üblichen Art, es war eine andere Schule, wenn auch das neue Vorgehen nicht unbedingt das bessere war.

## 2.2    In der Neurochirurgie

### 2.2.1   Chefarztberufung

Die Chefarztberufung kann aber auch ihr „G'schmäckle" haben. Die Nachfolge von Marguth verlief anfänglich planmäßig. Die Kommissionen hatten getagt und G., sein ehemaliger Schüler, und letztlich Chefarzt in Basel, bekam den Listenplatz Nr. 1.

Marguth aber wollte das Feld nicht räumen und G.wurde hingehalten. Uns Neurochirurgen erzählte man immer wieder neue Märchen, dass G. lieber in Basel bleiben möchte, weil seine Frau gern nach Baden-Baden zur Spielbank fahre usw., usw. Als ich ihn persönlich anrief, sagte er mir, dass er sofort kommen würde. Die Hinhaltetaktik funktionierte. Die Neurochirurgie, die sich unter Marguth Jahr für Jahr vergrößert hatte, begann wieder zu schrumpfen. Die Neuroanästhesie wurde wieder dem Lehrstuhl für Anästhesie unter P. einverleibt, die Neuroradiologie der Radiologie unter Chefarzt Prof. Dr. L.

G. aber hatte die „Nase voll" und sagte ab. Zum Entsetzen der gesamten Fakultät erkrankte Marguth plötzlich schwer. Damit das vermutlich abgekartete Spiel der Hinhaltetaktik mit G. nicht aufflog, wurde H.-J. R. gebeten, die Neurochirurgie in München zu übernehmen. Zu diesem Zweck musste sich Prof. Dr. Dr. S., als weiterer Bewerber, nach München begeben, obwohl er gerade in Hannover seine gewünschte „Kopf-Klinik" bekommen hatte. Wie er mir persönlich sagte, hätte er gar nicht nach München kommen können. Die Bewerbung um die Nachfolge von Marguth war zu einer reinen Show-Veranstaltung geworden, mit einem Abstimmungsergebnis von 17 zu 4 für H.-J. R. gegen S. So konnte H.-J. R. nach der akut auftretenden Erkrankung von Marguth in München die Lücke schließen, ohne dass der Schwindel einer fehlenden echten Berufung aufgekommen war.

H.-J. R. kam aus der experimentellen Chirurgie, aus dem Institut von Prof. Dr. Brendel. H.-J. R. hatte den Einfluss von Cortison auf das Hirnödem studiert und wollte sich bei Marguth rasch habilitieren. Marguth verlangte, wie bei allen Assistenten, vor der Habilitation drei Jahre Klinikarbeit und so zog H.-J. R. nach Mainz zu Prof. Dr. Dr. S. Hier schrieb er Paper um Paper zur Hirnödemtherapie, während andere Assistenten operierten und Ordinarien und Chefs von großen Kliniken wurden, wie die Professoren Dr. D. und Dr. S.

H.-J. R. bekam in seinem Heimatort eine neurochirurgische Abteilung und es dauerte einige Jahre, bis ihm die dortige Oberin nahelegte das Haus zu verlassen, wie mir ein Kollege berichtete, der bei diesem Gespräch neben ihm auf der Treppe stand.

In der Schweiz wurden zu dieser Zeit Neurochirurgen für eine Chefarztstelle gesucht, da der operativ mächtige Prof. Dr. Y. in Zürich das gesamte First Class Patientengut an sich gezogen hatte, keine Assistenten ausbildete und meist sogar nur mit einer Krankenschwester allein die schwierigsten Operationen vornahm.

Unter diesen Gesichtspunkten wurde H.-J. R. Chef in Bern. Da die Schweizer aber vorsichtige Menschen sind, machen sie im Gegensatz zur Universität München Chefarztverträge nur für fünf Jahre. Bald pfiffen es die Berner Spatzen von den Dächern, dass der Vertrag von H.-J. R. nicht verlängert werde. Und H.-J. R. wurde Chef in München.

## 2.2.2  Chefarztwechsel

Von Anfang an war klar, dass der Nachfolger es schwer haben würde, denn Marguth war ein starker Chef. Mit 100 Betten und jährlich 2000 OPs zählte die Neurochirurgie der LMU zu den weltweit größten neurochirurgischen Kliniken. Zwölf Ärzte, darunter auch ich, konnten sich unter seiner Führung habilitieren. Vier seiner Schüler besetzten Lehrstühle in Deutschland: Kazner, Gratzl, Lanksch und Fahlbusch. Mit einer guten Mischung von klinisch-pragmatisch orientierten und mehr wissenschaftlich ausgerichteten Mitarbeitern hatte er eine Mannschaft geformt, die für ihn durchs Feuer ging. Das Verhältnis war geprägt von Zuneigung und Achtung. Wir respektierten uns klinisch, operativ und vor allem menschlich. Meine Abschiedsrede zu Ehren von Marguth wurde mit einem Kuss belohnt (Abbildung 3).

Abbildung 3: Verabschiedung von Professor Marguth am Klinikum Großhadern 1990.

Marguth hatte alles für einen fließenden Übergang vorbereitet. Nach einem Jahr sollte ich die Neurochirurgie in Bogenhausen übernehmen und H.-J. R. hatte zugestimmt. Es war mir unverständlich, warum sich H.-J. R. von Anfang an feindselig gegen mich benahm. Ein Grund war vermutlich, dass ich seine äußerst fragwürdige Berufung hautnah miterlebt hatte. Als ausgewiesen guter Operateur und national und international angesehener Laserspezialist war ich auch fachlich sicher ein Konkurrent. So nahm es nicht Wunder, dass H.-J. R. von Anfang an meine Degradierung betrieb. Noch vor seinem Amtsantritt in München lud H.-J. R. zuerst OA S., den er noch von früher aus dem Labor für experimentelle Chirurgie kannte und zwei Wochen später mich mit unserer Leitenden OP-Schwester nach Bern ein. Voller Stolz erzählte er uns, dass er gleich zu Beginn seiner Tätigkeit in Bern die ältere Leitende OP-Schwester gegen eine neue junge ausgetauscht hatte und dieser Wechsel hätte sich sehr bewährt. Bald darauf eröffnete er auch mir, dass OA S. vermutlich in sechs Monaten in München Leitender Oberarzt würde. In München konnte H.-J. R. unsere erste OP-Schwester aber nicht austauschen, weil die Schwestern zwischenzeitlich nicht mehr den Ärzten, sondern einer neu geschaffenen Pflegeleitung unterstanden. Bei unserer Leitenden OP-Schwester stieg der Blutdruck immer ins Unermessliche, wenn sie bei H.-J. R. instrumentieren musste. Nach seinem Ausscheiden war der Blutdruck wieder normal, die Nieren waren aber irreversibel geschädigt und so muss die gute OP-Schwester heute noch zwei Mal in der Woche zur Dialyse.

Die beiden Privatassistenten Dr. O. und Dr. F., die mit Marguth und mir die schwierigsten Operationen gemacht hatten, sagten nach einer Woche, dass sie mit H.-J. R. nicht arbeiten könnten und kündigten bald darauf. Ich versuchte zu beschwichtigen, wo ich konnte, da ich mich demnächst schon als Chef in Bogenhausen sah.

Umso unverständlicher wurden mir die immer häufiger gegen mich gerichteten Attacken. Am 08.07.1991 hatte ich eine schwierige Hirnstamm-Operation komplikationslos beendet. Obwohl die präoperativ vorhandene Halbseitenlähmung bei der Visite auf Station I-9 am 10.07.1991 bereits deutlich gebessert war, sagte H.-J. R.: „Jetzt hat Beck wieder einen Hirnstamm-Tumor operiert, der muss weg (der muss von der Stelle als Leitender Oberarzt weg)!", dieser Satz wurde von mehreren Assistenten und Oberarzt Oe. gehört und mir noch am gleichen Tag berichtet.

Das menschliche Zerwürfnis zwischen H.-J. R. und mir erreichte seinen ersten Höhepunkt in der skandalösen Praxis der Terminierung von Privatpatienten einerseits und der nicht Terminierung von Kassenpatienten andererseits (II). Mit meiner Opposition gegen die planmäßige Bevorzugung von Privatpatienten hatte ich mir die unversöhnliche Feindschaft von H.-J. R. zugezogen.

Die Beschwerden der einweisenden Ärzte über das neue Zweiklassen-Einbestellsystem für stationäre Patienten wurden immer häufiger. Als ich H.-J. R. über die ersten Todesfälle berichtete, die keinen Aufnahmetermin erhalten hatten, war er derart aufgebracht, dass er vor meiner Sekretärin Frau S. mit der rechten Faust auf die Tischplatte haute und brüllte:

„Mein schwäbischer Dickschädel ist stärker als Ihr bayerischer und ab morgen operieren Sie nicht mehr."

In meiner Verzweiflung ging ich am 18.07.1991 zum Kanzler der LMU Herrn Dr. R. und berichtete ihm diesen Vorfall. Kanzler R. sagte mir, dass er so etwas noch nicht erlebt habe und er werde Frau Regierungsdirektorin R.-S. von der Rechtsabteilung der LMU beauftragen diesem unglaublichen Geschehen nachzugehen. Frau Regierungsdirektorin R. S. wurde bald darauf mit unbekanntem Ziel versetzt.

Da ich menschlich die Verantwortung für die Todesfälle nicht tragen konnte, bekamen die Kollegen, die sich wiederholt über das neue Einbestellungssystem beschwert hatten, den Brief (II), aufgrund dessen mir fehlende Loyalität vorgeworfen wurde und mit dem meine Suspendierung begründet werden sollte. Das neue Aufnahmesystem gab auch nach meiner Degradierung als Leitender Oberarzt immer wieder Anlass zu Klagen der einweisenden Ärzte (Anlage 1). Das völlig desaströse Aufnahmesystem musste dann auf Drängen der nachfolgend Leitenden Oberärzte S. und Oe. von H.-J. R. am 01.01.1993 selbst zurückgenommen und anders benannt werden. Mein aufgrund „fehlender Loyalität" ab 01.08.1991 von H.-J. R. erteiltes OP-Verbot blieb trotzdem weiter bestehen. Für mich begann damit nun ein 7-jähriger Kampf gegen das widerrechtlich verhängte OP-Verbot.

Nachdem die beiden operativ ausgezeichneten Fachärzte O. und F. die Klinik verlassen hatten und auch die beiden leistungsstarken Oberärzte S. und O. bereits im Abflug waren, kamen aus der Schweiz drei Hoffnungsträger, einer mit guten operativen Kenntnissen: Dr. G. W., Dr. U. D. S. und Dr. H.-J. S.

W. war ein lustiger Schweizer, stets mit Cowboy-Stiefeln und prall gefüllter Ledertasche unterwegs. Man wusste bei ihm nie so genau, ob er Arzt oder Banker war, weil er meist zwischen Klinikum und einer Bank in der Innenstadt hin- und herpendelte. Da er seine Vorstellungen mit dem Gammaknife nicht verwirklichen konnte, zog es ihn bald wieder in die Schweiz zurück, wo er in Zürich eine Praxis eröffnete.

U. D. S. war H.-J. R. von Bern nach München gefolgt, um hier, nach eigenen Angaben die intraoperative Elektrophysiologie in Wissenschaft und Dienstleistung einzurichten. S. hatte deshalb bei Möller in Pittsburgh ein Jahr hospitiert, um intraoperativ das Monitoring der motorischen und sensiblen Leitungsbahnen (evozierte Potentiale) zu studieren. Im Gegensatz zum Hirnnervenmonitoring, das zur Schonung z. B. des Nervus Fazialis bei unseren zahlreichen Akustikusneurinomen schon lange etabliert war, ist das Monitoring der Leitungsbahnen mit den evozierten Potentialen wegen ihrer Latenzzeit zum Ereignis intraoperativ für die Praxis nur von eingeschränkter Aussagekraft. Andererseits nehmen die evozierten Potentiale in der präoperativen Diagnostik bei degenerativen und chronisch entzündlichen Prozessen, sowie bei Tumoren und Stenosen der HWS heute einen breiten Raum ein. Wie U. D. S. in seinem Brief vom 22.02.1995 dem Klinikumdirektor S. mitteilte, hatte ihn H.-J. R. in seiner bisherigen Laufbahn auf jede mögliche Art gefördert. Vermutlich zu Dank verpflichtet solidarisierte er sich mit dem Teil der Kollegen gegen mich, die ihrem Chef in vorauseilendem Gehorsam dienten. So schickte auch er Kröten in Form von Verleumdungen und Lügen über mich an den Klinikumdirektor. Um einen Skandal zu vermeiden, gab mir dieser – gegen alle Regeln der Demokratie – keinen dieser Briefe zur Einsichtnahme. Erst im Rahmen meiner gerichtlichen Auseinandersetzung wurde mir der Inhalt dieser Briefe zugänglich.

So beschuldigte mich auch U. D. S. wegen einer Anzeigenerstattung gegen Dr. W., obwohl die gerichtliche Klärung dieses Falles bereits am 17.05.1994, also 9 Monate vorher erfolgt war. Nachdem U. D. S. seine „Aufgaben" erfüllt hatte, zog sich auch dieser Schweizer überraschend schnell in eine Neurochirurgische Privatklinik nach Zürich zurück.

Dr. H.-J. S. kam als letzter Schweizer von Bern nach. Er hatte sich mit zerebrovaskulären Arbeiten einen Namen gemacht. Seine Professur wurde auch von mir in der Fakultät unterstützt. Nach relativ kurzer Zeit bekam er eine Chefarztstelle in Düsseldorf.

Erfreulich war, dass H.-J. R. noch vor mir von der LMU verabschiedet wurde und ich mein letztes Dienstjahr mit seinem Nachfolger, Herrn Prof. Dr. Tonn, in Harmonie und gegenseitiger Achtung verbringen konnte.

Dr med L JA... Augsburger Straße 48/0 8034 Germering

Telefon 0 (089) 040002
Augsburger Straße 48/0 (WWK-Hochhaus)

**8034 Germering**

Sprechstunden Mo-M-Fr von 10-12 und 16-18 Uhr
und ihdoch nach Vereinbarung

ein Kassen

Raiflobenf benk Germering (DLZ 701 69380) Nr. 304 090
Postgirokonto München (DLZ 700 100 80) Nr. 77720 007

Datum: 28.02.1992 IIB

Klinikum Großhadern
Neurochir./Abt./ Prof. Sc
Marchioninistr. 15

8000 München 70

Sehr geehrter Herr Professor!

Frau ▮▮▮▮▮▮▮▮, geb. ▮▮▮▮ war am 8.1.92 in Ihrer Ambulanz
bei Dr. R€
Es wurde ihr ein Operationstermin in cirka 3 Wochen in Aussicht gestellt.

Als die 3 Wochen vorbei waren, am 30.1., haben wir nachgefragt und es wurde
uns mitgeteilt, daß die Patientin nicht auf dem Programm der nächsten Woche
steht. Seither wurden wir von Woche zu Woche vertröstet.

Es ist uns bekannt, daß sie eine große Patientenzahl auf der Warteliste haben.
Ihnen ist jedoch auch bekannt, daß die Patientin täglich ein bis zwei epilep-
tische Anfälle hat und erst 41 Jahre alt ist. Diese Art von Terminplanung
sehe ich als Verhöhnung der Betroffenen an.

Die braven und zurückhaltenden Patienten werden weiter verschoben und
Privatpatienten und Drängler werden bevorzugt. Dies ist die Meinung in der
Bevölkerung, die in solchen Situationen aufkommt. Glauben Sie nicht, daß
solche Fälle sich nicht im gesamten Nachbarschaft herumsprechen.
Wenn uns von Anfang an erst ein Termin nach 10 Wochen in Aussicht gestellt
worden wäre, hätten wir uns darauf eingestellt, aber 3 Wochen versprechen und
nach 7 Wochen noch keinen Termin erhalten, das ist unerträglich.

Dr. L. J.

**Anlage 1**

# 3.    Chronologie des OP-Verbotes von 1991–1998

| | | |
|---|---|---|
| 01.02.1991 | Neuer Chefarzt Prof. Dr. H.-J. R. | Langjähriger Ltd. Oberarzt Prof. Dr. O. J. Beck in der Neurochirurgie Großhadern (NCH). |
| 13.07.1991 | Tod von Prof. Dr. Marguth. | |
| 27.07.1991 | Änderung der Patientenaufnahme unmittelbar nach dem Tod von Marguth, gegen meinen Widerstand, durch H.-J. R. (u. a. zum Nachteil von Kassenpatienten) | |
| 01.08.1991 | | Ich werde von der Funktion eines Ltd. OA entbunden und bekomme ohne nachvollziebare Begründung OP-Verbot im Routineprogramm, unmittelbar vor Ausschreibung der NCH-Chefstelle Bogenhausen. |
| 08.02.1992 | Bay. VW Gericht München. Urteil: Gegen den Freistaat Bayern im Falle eines OA der Frauenklinik im Klinikum Großhadern, dem ebenfalls amtsgemäße Betätigung durch seinem Vorgesetzten untersagt wurde (Az. M 5 K 92.2595). | |
| 01.01.1993 | Kassenpatienten bekommen wieder Aufnahmetermine | OP-Verbot bleibt bestehen. |
| 15.05.1993 | | Widerspruch bei der LMU (Anlage 2). |
| 26.05.1993 | Bay. Verwaltungsgerichtshof: Berufung des Freistaates Bayern wird zurückgewiesen (VGH 3 B 93.282). | |
| 05.07.1993 | 1. Vorschlag in einem unqualifizierten Gespräch (H.-J. R. und des mit ihm befreundeten Prof. Dr. R. E.). mich zur Annahme des rechtswidrigen OP-Verbotes zu verleiten. | |
| 30.11.1993 | 2. Vorschlag durch ein nachgebessertes Besprechungsprotokoll (H.-J. R., Klinikumdirektor S.) mich zur Annahme des rechtswidrigen OP-Verbotes zu verleiten. | |
| 06.12.1993 | | Absage in Übereinstimmung mit dem Stellvertretenden Direktor des Klinikums Großhadern und Präsidenten der Dt. Gesellschaft für Lasermedizin, Prof. Dr. A.H. |

| | | |
|---|---|---|
| 10.12.1993 | | Brief an Kultusminister Zehetmair (Anlage 3). |
| 03.02.1994 | | Aufgrund unnachgiebiger Haltung von H.-J. R. Absage in Übereinstimmung mit dem Stellvertretenden Direktor des Klinikums Großhadern und dem Präsidenten der Dt. Gesellschaft für Lasermedizin, A.H. |
| 18.02.1994 | | Brief an den Prorektor der LMU Herrn Prof. Dr. Dr. A. (Anlage 4). |
| 23.02.1994 | Brief des KuMi Johann Baptist Zehetmair: „Es trifft nicht zu, dass ich gemäß Anordnung von H.-J. R. vom 01.08.1991 aus dem routinemäßigen OP-Betrieb ausgeschlossen worden bin." | |
| 18.03.1994 | | Brief an den KuMi: Richtigstellung. |
| 10.05.1994 | H.-J. R. versucht ohne Unterstützung der Rechtsabteilung der LMU mit Hilfe eines privaten Rechtsanwaltes ein Diszipli-narverfahren gegen mich einzuleiten und bringt damit die bislang persönliche Auseinandersetzung erstmals auf die juristische Schiene (Anlage 5, Seite 2). | |
| 31.05.1994 | Oberarztbesprechung (OA) 18:00 Uhr (mit OA W., OA P.W., OA H.-J.S, OA Oe.): H.-J. R. droht: „Wenn Beck noch einen Brief an den KuMi schreibt, wird er vom Dienst suspendiert!" | |
| 11.10.1994 | Brief des KuMi Zehetmair: H.-J. R. habe umfangreiche und schwerwiegende Vorwürfe gegen mich erhoben. Vor Klärung keine Stellungnahme möglich. | |
| 09.03.1995 | Brüske Absage meines lange persönlich vereinbarten Termins durch Staatssekretär Klinger im KuMi | zu einer letzten außergerichtlichen Einigung. |
| 21.03.1995 | H.-J. R. verhängt vollständiges OP- und Dienstverbot gegen mich | nach wahrheitsgetreuen Aussagen im Fall VII bei der Kriminalpolizei. |
| 28.03.1995 | Abgabe und Eingang bei Gericht 29.03.1995 (Anlage 64) | meiner Strafanzeige gegen H.-J. R. (Diktat vom 07.03.1995) |
| 01.06.1995 | BVerG Berlin: Revision des Freistaates in dem vorerwähnten Prozess wird zurückgewiesen. Verpflichtung zur amtsange-messenen Beschäftigung eines verbeamteten Oberarztes an einer Universitätsklinik (BVerG 2 C 20.94). | |

| | | |
|---|---|---|
| 13.06.1995 | 3. Vorschlag mit einem informellen und nicht realisierbaren Plan zur Neufestlegung des zukünftigen Tätigkeitsbereiches, um mich zur Annahme des rechtswidrigen OP-Verbotes zu verleiten. | |
| 20.06.1995 | | Meine Ablehnung dieses Vorschlages wegen Realitätsferne, Gegenvorschlag. |
| 14.07.1995 | Aufgrund meiner Strafanzeige gegen H.-J. R. verstärktes Hinwirken auf ein Disziplinarverfahren gegen mich von RA U. | |
| 07.12.1995 | RA U. unterstellt RA S. von der Rechtsabteilung der LMU gravierende Mängel. | |
| 14.12.1995 | RA U. beantragt beim KuMi mit falschen Verdächtigungen ein Disziplinarverfahren gegen mich (s. Kap. 8.3 und Fall I, S. 140). | |
| 07.02.1996 | | Landtag beschließt einstimmig einen Bericht über die Zustände in der Neurochirurgie des Klinikums Großhadern vom KuMi anzufordern (Termin 01.05.1996). |
| 01.05.1996 | Dieser Termin wurde vom KuMi nicht eingehalten, Landtag gewährt Verlängerung. | |
| 09.05.1996 | | Klage auf amtsangemessene Tätigkeit eines C2-Professors an der Neurochirurgie der LMU (Az: M 5 k 96, 2487). |
| 24.06. bis 20.07.1996 | | Wiederholte Versuche einer persönlichen Terminvereinbarung mit dem KuMi werden von Frau Dr. K. vom KuMi abgeblockt. |
| 10.07.1996 | Bericht des KuMi wird im Landtag heftig diskutiert. Eine erneute Stellungnahme des KuMi erbeten (bis 01.10.1996). Trotz Forderung des Abgeordneten Hartenstein, das OP- und Dienstverbot gegen Beck sofort aufheben zu lassen, ergibt sich keine Situationsänderung. | |
| 15.07.1996 | 4. Vorschlag der Universität (18.06.1996) mit einem vom 13.06.1996 modifizierten, völlig unrealistischen Angebot mich zur Annahme des rechtswidrigen OP-Verbotes zu verleiten (Süddt. Zeitung vom 23.07.1996 als „Kompromiss-Lösung der Chefärzte" bezeichnet). | |

| | | |
|---|---|---|
| 08.08.1996 | | Beantwortung des Vergleichsvorschlages der LMU bei anhaltender Verweigerungshaltung von Prof. Dr. S. |
| 19.08.1996 | Sitzung im KuMi mit Unterbreitung von zwei Vorschlägen Nr. 5 und Nr. 6. Die Realisierung soll im Detailgespräch mit Dekan P. und dem stellvertretenden Klinikumdirektor A. H. erfolgen. | |
| 01.10.1996 | Der vom Landtag vorgegebene Termin wird wiederum vom KuMi nicht eingehalten. Landtag gewährt erneut Verlängerung bis Januar 1997. | |
| 14.10.1996 | | Im Detailgespräch mit P. und A. H. erweisen sich die zwei Vorschläge 5 und 6 des KuMi als undurchführbar. |
| 10.12.1996 | Prof. Dr. H. unterbreitet den Vorschlag 7: „Leiter Gutachtenstelle." | |
| 20.12.1996 | | Im Grunde zustimmendes Antwortschreiben auf Vorschlag 7. |
| 30.12.1996 | Die Klage von H.-J. R. gegen meine Petition wird vom LG München abgewiesen. | |
| 31.01.1997 | Die vom Landtag vorgegebenen Termine werden vom KuMi wiederum nicht eingehalten. Landtag gewährt Verlängerung zuerst bis Ende Februar, später bis Juni 1997. | |
| 06.03.1997 | Wiedereingliederungsvorschlag von H.-J. R. (Vorschlag 8) und von Dr. S. (LMU) im Sinne einer dreimonatigen Einführungszeit im Klinikum Re d. Isar bzw. Versetzung dorthin (Vorschlag Nr. 9). Diese Vorschläge enthalten erstmals seit sechs Jahren die Möglichkeit einer operativen Re-Integration. | |
| 08.03.1997 | | Zustimmendes Antwortschreiben auf Vorschläge 8 und 9. |
| 17.04.1997 | Der Vorschlag Nr. 9 von Dr.S. lässt sich am Klinikum Re.der Isar nicht realisieren. Ministerialrat K. vom KuMi unterbreitet hierauf Vorschlag Nr. 10: H.-J. S.soll meine Re-Integration am Klinikum Großhadern vornehmen. | |

| | | |
|---|---|---|
| 29.04.1997 | Nach Überprüfung durch das KuMi scheidet Herr H.-J.S. als angeblich Beteiligter „am Schreiben der Assistenten" als Vermittler aus. Später stellte sich das als Schutzbehauptung von H.-J. R. heraus. Das KuMi sieht aufgrund der Rechtsprechung erstmals Handlungszwang, übernimmt deshalb den Vorschlag von H.-J. R. und der LMU: Re-Integrationsphase von 3 Monaten durch Abordnung (Vorschlag 8) oder meine Versetzung an eine andere Bay. Universität, z. B. Regensburg (Vorschlag 11). | |
| 13.05.1997 | | Zustimmendes Antwortschreiben mit Annahme einer dreimonatigen Heranführungsweise mit anschließender operativer Beurteilung bei folgender Re-Integration in Großhadern. |
| 04.06.1997 | Landtag: Konsens mit dem letzten Vorschlag (11) des KuMi. | |
| 16.06.1997 | Nach einer entstellten und rufschädigenden Wiedergabe der nicht öffentlichen Landtagssitzung in einem Presseartikel bekommt H.-J. R. Schwierigkeiten in der Fakultät. | |
| 18.06.1997 | Dekan P. berichtet von einem Antrag des H.-J. R. auf ein vorlesungsfreies Semester. | |
| 01.08.1997 | Ministerialrat K.vom KuMi: Wiederheranführungsphase (Vorschlag 11) bedarf noch einer fachlichen Abstimmung. | |
| 03.12.1997 | Klinikumdirektor S. unterbreitet Vorschlag 12: Konservative Tätigkeit ohne Einräumen operativer Tätigkeit, vorausgesetzt, dass es gelingt, meine Würde angemessen und öffentlich wiederherzustellen. | |
| 12.12.1997 | | Annahme dieser Konfliktlösung trotz fehlender Möglichkeit, wieder operieren zu können. |
| 05.02.1998 | Die Hinhaltetaktik des KuMi wird mit Einleitung eines fragwürdigen, strafrechtlichen Ermittlungsverfahren weiter perfektioniert. | |
| 12.02.1998 | | Das Antwortschreiben demonstriert die Machtlosigkeit des KuMi gegenüber dem Ordinarius, der seine Befugnisse missbraucht (Anlage 6). |
| 18.06.1998 | Klinikumsdirektor S. variiert den Vorschlag 12 unter Einbeziehung neuroradiologischer Tätigkeit zum Vorschlag 13. | |

| | | |
|---|---|---|
| 30.06.1998 | | Im Antwortschreiben wird Vorschlag Nr. 13 als sehr hoffnungsvoller Beitrag zur Lösung des Gesamtproblems gewertet, da jedoch i. S. einer beamtenrechtlichen Weisung für das Schreiben vom 18.06.1998 die Zuständigkeit des ärztlichen Direktors fehlte, wird vorsichtshalber Widerspruch eingelegt. |
| 24.08.1998 | MD Dr. Q. vom KuMi billigt im Namen des Staatsministers den Vorschlag 13 von Klinikumdirektor S., da meine Sorge einer Nicht-Zuständigkeit sich erübrigte. | |
| 01.09.1998 | Reg.Direktor Dr.S. (LMU) informiert sich über die Rücknahme des Widerspruchs. | |
| 02.09.1998 und 04.09.1998 | | Zustimmung zu dem vorgesehenen Einsatzbereich nach meiner Wiedereingliederung in den Klinikbetrieb und der mir zugesicherten öffentlichen Rehabilitation und wiedererlangten Würde durch LMU und KuMi. |
| 20.10.1998 | In der Verwaltungsstreitsache Prof. Dr. Oskar Josef Beck gegen Freistaat Bayern wegen amtsangemessener Verwendung erfolgt folgendes Urteil: „Die Herausnahme aus dem Aufgabenbereich zu dem die operative Tätigkeit gehört, war nach Auffassung des Gerichtes nicht rechtmäßig (M 5 K 96.2487)." | |

Die meist nicht realisierbaren dreizehn Vorschläge zeigen über mehr als sieben Jahre die äußerst geschickte Hinhaltetaktik von Medizinischer Fakultät, der LMU und dem Kultusministerium. Auch bei Annahme von Vorschlägen der Gegenseite wurden diese im weiteren Verlauf wieder blockiert. Das OP-Verbot wäre ohne diese erneute gerichtliche Entscheidung nicht aufgehoben worden.

15.5.93

Magnifizenz, Dr. W    S
Rektor der Ludwig Maximilians-
Universität München
Leopoldstraße 3

8000    München    40

Nachrichtlich:         An den geschäftsführenden Ärztlichen Direktor,
                       Herrn Prof. Dr. S    , im Hause

Magnifizenz,

die Ereignisse des letzten Jahres veranlassen mich nun an der Ludwig Maximilians-Univer-
sität, Neurochirurgie Großhadern zu bleiben.
Mit der Anordnung von Herrn Prof. Dr. R      vom 1.8.1991 wurde ich aus dem routinemäßigen Op-Betrieb ausgeschlossen und in meiner berufsmäßigen Ausübung als Neurochirurg somit erheblich beschnitten.
Die von Herrn Prof. Dr. R      ohne sachlichen Anlaß und ohne Angabe von Gründen
getroffene Maßnahme bedeutet für mich auf Dauer den Verlust meiner in 30 Jahren
gesammelten operativen Erfahrung.
Dies kann ich nicht akzeptieren und erhebe daher

                       Widerspruch

gegen die von Prof. Dr. R      verfügten und gegen mich gerichteten Maßnahmen.
Falls Sie nähere weitere Angaben wünschen, stehe ich Ihnen zur Verfügung und bin jederzeit zu Auskünften bereit.

Hochachtungsvoll

Prof. Dr. O.J. Beck
Oberarzt der Klinik

# Ludwig-Maximilians-Universität München
# Klinikum Großhadern

Neurochirurgische Klinik     Direktor: Prof. Dr. H.-J. R

Klinikum Großhadern, Neurochirurg. Klinik, Postfach 70 12 60, 8000 München 70

8000 München 70, ⌐C. 12. 93
Marchioninistraße 15
Postfach 70 12 60
Telefon (0 89) 70 95-1
Durchwahl 70 95- 3553

Herrn Staatsminister
Dr. Hans Zehetmair
Bayer. Staatsministerium
für Kultus, Wissenschaft u. Kunst
Salvatorstraße 2

80333     M ü n c h e n

### Unbegründete Enthebung aus dem Routine-Operationsprogramm

Sehr geehrter Herr Staatsminister Dr. Zehetmair,

in der letzten Hoffnung auf eine außergerichtliche Einigung, bitte ich Sie, als meinen obersten Dienstherrn, verzweifelt um Hilfe:

als hochspezialisierter Neurochirurg, der es als seine Lebensaufgabe ansieht, die in 30 Jahren erworbene Berufserfahrung an jüngere Kollegen weiterzugeben, werde ich nach einem Chefwechsel von dem neuen Leiter der Klinik, Herrn Prof. Dr. R          seit über zwei Jahren vom Routine-Operationsprogramm ausgeschlossen, ohne hierfür bisher eine stichhaltige Begründung erhalten zu haben.

Ich habe mir nie etwas zu Schulden kommen lassen und meine hervorragenden Operationsergebnisse sind national und international bekannt und anerkannt.

Das Verbot im routinemäßigen Operationsprogramm tätig sein zu können, stellt einen gezielten und schweren Eingriff in meine ärztliche Berufsausübung und damit in meine Rechtsposition dar und verhindert meine amtsgemäße Verwendung. Für eine derartige Entscheidung wären aber nur Sie, sehr geehrter Herr Staatsminister, keinesfalls der Klinikleiter zuständig. Der Klinikleiter hat nicht die Befugnis beamtenrechtliche Entscheidungen im Sinne des Art. 4, Abs.2, Abs.1, Bay. BG zu treffen.

Mein Widerspruch vom 15.5.93 (Anlage 1) wurde von der LMU bis heute nicht verbeschieden. Versuche des klinischen Direktors des Klinikums, Herrn Prof. Dr. S und insbesondere des stellvertretenden Direktors, Herrn Prof. Dr. H          und mir, mit Prof. Dr. R          eine Einigung zu erzielen, müssen als gescheitert angesehen werden

NCH 1     Postanschrift                    Fernsprecher (Vermittlung)     Fernschreiber          Telefax
          Postfach 70 12 60, D-8000 München 70     (089) 70951          5/212228 kmgh/d        70 95-88 71

Anlage 3

Als Mitbegründer des Notarztwesens in München, als Präsident der Internationalen Gesellschaft für Laserneurochirurgie , als Chairman eines Internationalen Kongresses ) und insbesondere als unbescholtener, seit zirka 30 Jahren verbeamteter, engagierter Hochschullehrer appelliere ich an Sie, die unrechtmäßig getroffene Entscheidung **unverzüglich** aufzuheben.

Damit geben Sie mir wieder die Gelegenheit als neurochirurgischer Operateur wirken zu können. Sie tragen damit aber auch gleichzeitig dazu bei, die ursprüngliche Qualifikation der Klinik und ihre Funktionstüchtigkeit **ohne auswärtige ärztliche Hilfe** wieder herzustellen. Ich wünsche die mir zustehende qualifikationsgerechte Aufgabenzuteilung und bin nicht gewillt die Verzögerungstatik der Universität weiter hinzunehmen.

Gerne bin ich bereit, Ihnen gegebenenfalls persönlich die Erklärung für das auch aus der Sicht des Gemeinwohles, insbesondere des Steuerzahlers, inakzeptable Verhalten des Klinikdirektors zu geben. Ich bitte Sie, die Fürsorge des Dienstherren zu gewähren.

Hochachtungsvoll

Prof. Dr. O.J. Beck
Oberarzt der Klinik

Anlage:
1. Widerspruch, Schreiben an den Rektor der LMU
2. Schreiben an den Direktor des Klinikums Großhadern
3. Präsident der Internationalen Gesellschaft für Laserneurochirurgie (Lansi)
4. Chairman eines Internationalen Kongresses

Nachrichtlich: An den Staatsminister, Herrn Dr. Georg v. W: , Bayerischen
Staatsministerium für Finanzen, Odeonsplatz 3, 80539 München

An den Regierungspräsidenten, Herrn R .... E. , Regierung
von Oberbayern, Maximilianstraße 39, 80534 München

18.2.94


Herrn Prof. Dr. Dr. A
Prorektor der Ludwig Maximilians
Universität München
Leopoldstraße 3

80539   M ü n c h e n


Sehr verehrter Herr Prof. Dr. Dr. A

In unserem Gespräch vom 15.5.93 baten Sie mich, Ihnen meine Forderungen
schriftlich zusammenzufassen.

Wie in meinem Widerspruch vom 15.5.93 an den Rektor der Universität, Herrn Prof.
Dr. S'        in meinem Ergänzungsschreiben an den Klinischen Direktor, Herrn
Prof. Dr. S     vom 27.7.93, in meinem Schreiben an den Herrn Staatsminister,
Herrn Zehetmeier vom 10.12.93 und schließlich in meinem Erinnerungsschreiben an
den Rektor der Universität, Herrn Prof. Dr. S        mitgeteilt, bestehe ich auf der
mir zustehenden qualifikationsgerechten Aufgabenzuteilung, d.h. ich verlange

**die unverzügliche Aufhebung der von Herrn Prof. Dr. R     seit 1.8.91 gegen
mich verhängten, unbegründeten und widerrechtlichen Enthebung aus dem
Routineoperationsprogramm der Neurochirurgischen Universitätsklinik.**

Das gegen mich erlassene Operationsverbot ist jederzeit zu belegen und wird durch
die Briefe von Herrn Prof. Dr. S        (Januar 1994) und Herrn Privatdozent Dr.
Oe     (Februar 94) an den Stellvertretenden Klinischen Direktor, Herrn Prof. Dr.
H'        bestätigt.

Sehr geehrter Herr Prof. Dr. Dr. A      , ich sehe in Ihren Bemühungen die letzte
außergerichtliche Chance für eine Verständigung.


Mit kollegialen Grüßen


Prof. Dr. med. O.J.Beck
Oberarzt der Klinik

RECHTSANWÄLTE   WIRTSCHAFTSPRÜFER   STEUERBERATER

# WEINBERGER · SOTTUNG · U'          · SCHLÜTER
## BÖCKER · BOCK UND PARTNER

Dres. Weinberger, Sottung u. Partner, Maximiliansplatz 12/IV, 80333 München

Herrn
Prof. Dr. Wulf S       ...
Rektor der Ludwig-Maximilians-
Universität München
Geschwister-Scholl-Platz 1

80539 München

RECHTSANWÄLTE
DIPL. RER. POL. DR. FRANZ WEINBERGER (-1991)
DR. RUDOLF SOTTUNG
PROF. DR. DR. KI ' 3 U
DR. UWE SCHLÜTER'
DR. MICHAEL H. BÖCKER'
ROLF-WERNER BOCK
MARKUS MICHAEL NEUNER
HERMANN ROCK
' auch Fachanwalt für Steuerrecht

WIRTSCHAFTSPRÜFER · STEUERBERATER
DIPL.-KFM. MARTIN ENGEL
DIPL.-KFM. DR. ECKART J. BERGMANN

MÜNCHEN, den    10.05.94

Bitte bei Antwort und Überweisung unbedingt angeben
030275/94-07V Ro/sp

über Herrn Prof. Dr. D. S      , Ärztlicher Direktor, Klinikum Großhadern

nachrichtlich an Herrn Dekan Prof. Dr. P    , Klinikum Großhadern

Prof. R     wegen Beratung (in Sachen Prof. Beck)

Magnifizenz, sehr geehrter Herr Prof. S

hiermit zeigen wir an, daß wir Herrn Prof. Dr. H.-J. R+ Direktor der Neurochirurgischen Klinik des Klinikums Großhadern, in vorbezeichneter Angelegenheit anwaltlich beraten und vertreten.

Herr Prof. R     hat Sie bereits mit Schreiben vom 12.04.1994 darüber informiert, daß die kollegiale Zusammenarbeit mit Herrn Prof. Beck mittlerweile nicht mehr zumutbar ist.

In diesem Zusammenhang hat unser Mandant uns über mehrere schwerere Dienstpflichtverletzungen von Herrn Prof. Beck mit der Bitte um Stellungnahme in Kenntnis gesetzt.

Maximiliansplatz 12/IV · 80333 München · Telefon (089) 225546 · Telefax (089) 227152
Bayer. Vereinsbank München (BLZ 70020270) Konto-Nr. 487700 · Postbank München (BLZ 70010060) Konto-Nr. 33321-806

In Kooperation mit
Estudio Juridico Alonso Ureba & Asociados
Velázquez, 86 Duplicado, 3º Dcha. · E-28006 Madrid · Telefon (00341) 5775875 · Telefax (00341) 5775881

– 14 –

Leib und Leben vom Patienten konkret gefährdet und auch das Vertrauensverhältnis zu seinen Kollegen zerstört.

Wir stellen daher den

A n t r a g,

1. Herrn Prof. Beck gemäß Art. 68 Abs. 1 Satz 1 BayBG die Führung seiner Dienstgeschäfte zu verbieten, sowie

2. ein förmliches Disziplinarverfahren mit dem Ziel der Entfernung von Herrn Prof. Beck aus dem Dienst gemäß Art. 12 der Bayerischen Disziplinarordnung einzuleiten.


Mit freundlichen Grüßen

(Prof.Dr.Dr.K.U.            )
Rechtsanwalt

# KLÜVER KLASS DI PACE LÖSSLEIN

R e c h t s a n w ä l t e

Büro München
Dr. Manfred Klüver
Dr. Jürgen Klass
Francesco di Pace
Gerhard Lösslein
Heiko Wagener
Gabriele Kanzler
Jürgen Klass jr.
Michael Zimpel
Dipl.-Vw-Wirt

Büro Leipzig
Susanne Blaschczok*

Schwanthalerstraße 21
80336 München
beim Deutschen Theater

Telefon: 0 89 / 59 24 12
Telefax: 0 89 / 59 68 84

Rechtsanwälte · Schwanthalerstr. 21 · D-80336 München

An das
Bayerische Staatsministerium für
Unterricht, Kultus, Wissenschaft und Kunst

80327 München

12. Februar 1998 Dr.K/kr

**Ihr Zeichen: IX/10-25/34h6-25/188 361**
**Ihr Referent: Herr Ministerialrat G    K**

Sehr geehrter Herr Ministerialdirigent Dr. Z
sehr geehrter Herr K

Herr Professor Dr. Beck hat mich gebeten, Ihr Schreiben vom 05.02.1998 zu beantworten.

Zunächst einmal darf ich die Verhältnisse geraderücken:

Die Staatsanwaltschaft wurde ausschließlich von mir im Auftrag von Herrn Professor Dr. Beck über die gegen ihn von Professor R    erhobenen Vorwürfe unterrichtet. Weder die Universität noch das Staatsministerium sind dieser an sich für diese beiden Institutionen von Amts wegen bestehenden Verpflichtung nachgekommen.

Im Rahmen der hiesigen Strafanzeige gegen Professor R    wegen falscher Anschuldigung hat dann ein von der Staatsanwaltschaft eingeschalteter Gutachter im Fall der von Herrn Professor Dr. Beck operierten Patientin E    G    vorläufig die Einschätzung vertreten, bei dem von Herrn Professor Dr. Beck gewählten operativen Vorgehen sei eine Beschädigung des Sehnervs eine bekannte Komplikation und daraus gefolgert, weil bei der betreffenden Patientin eine Erblindung eines Auges eingetreten sei, sei dies genau die typische Folge des von Herrn Professor Dr. Beck gewählten operativen Vorgehens. Zwingend ist ein solcher Rückschluß von bekannten Risikoumständen auf eine tatsächlich eingetretene Risikoverwirklichung sicherlich dann nicht, wenn parallele Ursachen bei der

Zulassungen
Bayer. Oberstes Landesgericht
Oberlandesgericht München
Landgericht München I und II
(RAe Kanzler, Klass jr. u. Zimpel LG I u. II)

*RAin Blaschczok
Naunhof b. Leipzig
Zugelassen beim
Oberlandesgericht Dresden
Landgericht Leipzig

Bankverbindung
Postbank München
Konto-Nr.: 270239-801
BLZ: 700 100 80

Gerichtsschrankfach 238
Justizpalast München

**Anlage 6**

- 2 -

schwer gefäßkranken Patientin eine Rolle spielen können. - Professor Dr. Beck hat zu dem Gutachten nach Zuleitung durch die Staatsanwaltschaft fachlich Stellung genommen und hat vor allen Dingen nachgewiesen, daß dem Gutachter ein großer Teil der für die Beurteilung notwendigen Unterlagen nicht vorgelegen hat. Ich habe im Auftrag von Herrn Professor Dr. Beck die Staatsanwaltschaft gebeten, insoweit eine ergänzende Stellungnahme des Gutachters einzuholen. Das Ergebnis bleibt abzuwarten.

Weil aber eben der Gutachter diese vorläufige Meinung geäußert hat, hat die Staatsanwaltschaft anscheinend von Amts wegen und durchaus pflichtgemäß Herrn Professor Dr. Beck nunmehr als Beschuldigten eines Ermittlungsverfahrens wegen fahrlässiger Körperverletzung eingetragen. - Förmlich wurden wir von der Einleitung dieses Verfahrens bisher nicht unterrichtet, sondern haben erst durch Ihr Schreiben vom 05.02.1998 davon erfahren.

Aus der Sicht der Staatsanwaltschaft handelt es sich bei der Einleitung eines Ermittlungsverfahrens gegen Herrn Professor Dr. Beck zunächst einmal um einen Routinevorgang und es ist Ihnen sicherlich bekannt, daß etwa 90 % aller eingeleiteten staatsanwaltschaftlichen Ermittlungsverfahren früher oder später eingestellt werden, weil sich der Anfangsverdacht nicht bestätigt.

Herr Professor Dr. Beck weiß nur, daß gegen Herrn Professor Dr. R        im Lauf der Jahre insgesamt mehrere Ermittlungsverfahren der Staatsanwaltschaft wegen fahrlässiger Körperverletzung im Zusammenhang vermuteter ärztlicher Kunstfehler oder mangelnder Dienstaufsicht eingeleitet wurden. Es ist Herrn Professor Dr. Beck dagegen nicht bekannt, daß das Staatsministerium alleine aus der Einleitung eines Ermittlungsverfahrens jemals irgendwelche Vorwürfe gegen Herrn Professor Dr. R        erhoben hat.

Wenn das Staatsministerium schon in die menschlich unschöne Auseinandersetzung zwischen Professor Dr. R        und Professor Dr. Beck hineingezogen wurde, sollte das Verfahren wenigstens menschlich so fair geführt werden, daß die handelnden Personen einander noch ehrlich ins Gesicht sehen können. - Voraussetzung dafür ist, daß nicht mit Schutzbehauptungen Scheinpositionen aufgebaut werden.

Die ganz harte Tatsache ist doch, daß Professor Dr. R        sich in keiner Weise um die rechtlichen Vorgaben des Staatsministeriums kümmert, obwohl dem Staatsministerium aus dem bis zum Bundesverwaltungsgericht getriebenen Prozeß von Professor Dr. S        T        die Rechtslage genauesten bekannt ist. Offenbar hat das Staatsministerium in unserem Ordinariensystem keinerlei Machtmittel, eigene Rechtserkenntnisse auch effektiv durchzusetzen. Dies lastet Herr Professor Dr. Beck keineswegs Ihnen beiden persönlich an. - Aber wenn Herr Professor Dr. Beck und ich an die monströse Sitzung im Staatsministerium in Gegenwart von Herrn Ministerialdirigent Dr. Z        . des Rektors, mehrerer hochrangiger Ministerialbeamter, des Herrn Professor Dr. R        usw. denken - und dann vergleichen, was bisher bei dem Bemühen des Staatsministeriums herausgekommen ist, offenbart sich die ganze tatsächliche Machtlosigkeit des Staatsministeriums gegenüber einem Ordinarius, der seine Befugnisse mißbraucht.

Und die anderen, von Ihnen angesprochenen Ordinarien haben dem Staatsministerium schlicht eine mehr oder weniger höflich verpackte Absage erteilt.

- 3 -

Wenn es zutrifft, daß der Direktor der Neurochirurgischen Klinik und Poliklinik der Universität Regensburg verlangt hat, daß vor einer praktischen Umsetzung der „Wiederheranführungsphase" erst der Ausgang des Ermittlungsverfahrens gegen Herrn Professor Dr. R.... wegen falscher Verdächtigung abgewartet werden müsse, dann ist dies angesichts des bisher erreichten Lebensalters von Herrn Professor Dr. Beck ebenfalls eine praktische Absage. Jeder weiß, daß derartige Ermittlungsverfahren, bei denen die Erweislichkeit oder Nichterweislichkeit von ärztlichen Kunstfehlern eine Rolle spielt, Jahre dauern. Hier wird schlicht auf die biologische Lösung des Problems spekuliert und das Staatsministerium kann nichts weiter tun, als diese unverblümte Absage hinzunehmen.

Wenn das Staatsministerium bei jedem in irgendeiner Weise chirurgisch tätigen Arzt, der von der Eröffnung staatsanwaltschaftlicher Ermittlungen wegen eines vermuteten ärztlichen Kunstfehlers betroffen wird, vor der Erlaubnis zu weiterer chirurgischer Tätigkeit das Ergebnis der staatsanwaltschaftlichen Ermittlungsverfahren jeweils abwarten wollte, müßten die Universitätskliniken schließen.

Ich weiß im übrigen nicht, ob Ihnen beiden bekannt ist, daß mit Ausnahme des Falles E... G.... der Gutachter in den anderen Fällen, in denen Herr Professor Dr. R.... Herrn Professor Dr. Beck grob kunstfehlerhaftes Operieren vorgeworfen hat, das operative Vorgehen von Herrn Professor Dr. Beck für einwandfrei befunden hat.

Im übrigen sind Herrn Professor Dr. Beck und mir aus den bisherigen Verhandlungen und Bemühungen insbesondere von Herrn Ministerialrat K.... keine vielfältigen Initiativen der Universität München zur Übernahme anderer adäquater Dienstaufgaben an der Neurochirurgischen Klinik und Poliklinik im Klinikum Großhadern bekannt, die einerseits amtsangemessen sind, andererseits auch gegen Herrn Professor Dr. R.... durchgesetzt werden könnten.

Mit freundlichen Grüßen

Rechtsanwälte

durch
Dr. Manfred Klüver
Rechtsanwalt

# 4. OP-Verbote und ihre Rechtsgrundlage

## 4.1 Das OP-Verbot im Routineprogramm vom 01.08.1991

Dieses OP-Verbot war von Beginn an widerrechtlich. Es war eine persönliche Diskriminierung meiner Person durch H.-J. R. und wurde nicht von der Universitätsleitung angeordnet. Bis heute habe ich meine Berufshaftpflicht-Versicherung nicht in einem einzigen Fall in Anspruch genommen (Anlage 7). Als ein Oberarzt der Gynäkologie in einem ähnlich gelagerten Fall am 08.12.1992 vor dem Bay. VG gegen seinen Chef Recht bekam, kam es im Klinikum Großhadern auch zu Spannungen in der Neurochirurgie. Als dann auch noch die Revision des Ordinarius am 26.05.1993 vom Bay. VG abgelehnt worden war, wollte H.-J. R. die Verantwortung für das mir verordnete OP-Verbot nicht mehr selbst tragen, sondern versuchte sich mit Schuldzuweisungen an dritte Personen zu entlasten.

### 4.1.1 Schuldzuweisung an mich

In einem am 05.03.1993 einberufenen Gespräch mit seinem Freund Prof. Dr. R. E. betonte H.-J. R. deshalb „Niemals eine solche Anordnung getroffen zu haben." (Protokoll E., S. 2 vom 30.08.1993). Mir gegenüber begründete H.-J. R. das OP-Verbot damit, ein Laserpflichtenheft nicht erstellt zu haben. Tatsache war, dass ich diese Aufforderung nicht erhalten hatte (siehe Kap. 10.1, 10.3, 10.3.1, Kröte VI) und zwei Jahre später, nach dem Erhalt einer Kopie, feststellen musste, dass sie erst drei Monate nach meinem OP-Verbot von H.-J. R. datiert worden war (21.10.1991). Somit lieferte H.-J. R. selbst den Beweis für seine Lüge, da ich am Tag meines OP-Verbotes (01.08.1991) den Inhalt seiner Aufforderung noch nicht wissen konnte.

### 4.1.2 Schuldzuweisungen an seine Leitenden Oberärzte

Der stellvertretende Klinikumdirektor Prof. Dr. A. H. überführte H.-J. R. der falschen Verdächtigung, da sowohl OA S. in seinem Brief vom 20.01.1994 (Anlage 8) wie auch OA Oe. in seinem Brief von 03.02.1994 (Anlage 9) eindeutig den Vorwurf, ein OP-Verbot gegen mich verhängt zu haben, zurückgewiesen hatten.

### 4.1.3 Schuldzuweisungen an das Direktorium der Klinikleitung

Nach der gescheiterten Schuldzuweisung an die Oberärzte zog H.-J. R. das Direktorium des Klinikums in Misskredit. Beispiel: Die Chefin eines großen Kosmetiksalons, der ich ein großes Akustikusneurinom unter Erhaltung sämtlicher Nerven entfernt hatte, schickte mir eine ihrer Kundinnen mit einem Lipom (Fettgeschwulst) im Bereich des Rückenmarks zur Laseroperation, da ich ihr gesagt hatte, dass bei Anwendung des $CO_2$-Lasers Lipome wie Butter in der Sonne schmelzen. Postoperativ saß diese Kundin, die ein anderer Kollege auf Anweisung von H.-J. R. operieren musste, querschnittsgelähmt im Rollstuhl. In Beantwortung des Beschwerdebriefes meiner ehemaligen Patientin machte H.-J. R. in seinem Brief vom 02.09.1995 einen Beschluss des Direktoriums im Klinikum für mein OP-Verbot verantwortlich: „Herr Prof. Beck ist seit einiger Zeit im klinischen Betrieb der Neurochirurgie Großhadern nicht mehr aktiv tätig. Dies hat interne Gründe und dem liegt ein Beschluss des Direktoriums des Klinikum Großhadern zugrunde". Später stellte sich heraus, dass H.-J. R. diesen Beschluss frei erfunden hatte, da es eine derartige Anordnung überhaupt nicht gegeben hatte. Außerdem hatte H.-J. R. mit diesen Zeilen eine schwere Verletzung der Schweigepflicht begangen.

*4.1.4    Schuldzuweisungen an seine Assistenten, die sich im Sinne vorauseilendem Gehorsams teilweise gegen mich solidarisiert hatten, siehe auch 4.2*

## 4.2    Das totale OP- und Dienstverbot

Das totale OP- und Dienstverbot erfolgte, nachdem H.-J. R. von meinen wahrheitsgetreuen Aussagen im Fall VII bei der Kriminalpolizei erfahren hatte, an dem Tag, an dem sich einige Assistenten im Sinne vorauseilendem Gehorsams mit ihm solidarisiert hatten. In seinem Brief an S. vom 21.03.1995 machte H.-J. R. nun die ärztlichen Mitarbeiter für meine Suspendierung vom Dienst verantwortlich. Eine äußerst dubiose Rolle spielte dabei Klinikumdirektor S., der mir bei einseitiger Parteiergreifung für H.-J. R. die Briefe der Assistenten über drei Jahre zur Einsichtnahme vorenthielt: „ Mit Rücksicht auf die Vertraulichkeit der Briefe der ärztlichen Mitarbeiter der Neurochirurgischen Klinik kann ich Ihnen Kopien dieser Schreiben leider nicht überlassen" (Brief von S., 16.11.1995).

Gerade S. konnte die Sachlage genau beurteilen, da er immer wieder den Alkoholspiegel des Kollegen S. (VII) in seinem Labor kontrollierte. Da die Vorwürfe in den Briefen nicht den Tatsachen entsprochen haben, hätte ich bei einer mir möglichen aktuellen Stellungnahme die Schuldzuweisungen sofort entkräften können. Die im Rahmen einer gerichtlichen Auseinandersetzung nun mögliche Einsichtnahme ergab eine völlig neue Sachlage. Entgegen der Schutzbehauptung von H.-J. R., in seinem Brief vom 21.03.1995 an den Klinikumdirektor S., hatten sich an der Aktion gegen mich weder die Oberärzte H.-J.S. und P.W. noch eine Reihe jüngerer Assistenten beteiligt. Man kann deshalb davon ausgehen, dass sich an meiner Ausgrenzung vor allem Ärzte beteiligten, die sich dadurch persönliche Vorteile erhofft hatten, wie z.B. der Brief von Dr. S. zeigt (Anlage 10), der mein wissenschaftliches Programm von H.-J. R. übertragen bekommen hatte und befürchten musste, es wieder an mich zu verlieren. Der Inhalt anderer Briefe spielte auf imaginäre Störungen des Betriebsklimas durch mich an und war in seiner Begründung wenig substantiell, wie der Brief von Frau Dr. G. belegt (Anlage 11).

Erst nach Einsichtnahme meiner Personalakte erfuhr ich, dass H.-J. R. nach Amtsantritt bereits Vorermittlungen eines Disziplinarverfahrens gegen mich veranlassen wollte. Damit war nachgewiesen, das H.-J. R. mein OP-Verbot von langer Hand geplant hatte und ich nun einen Rechtsbeistand nehmen musste, was ich unter allen Umständen vermeiden wollte.

▷    Ein Ergebnis der Vorermittlungen wurde nicht bekannt gegeben (Artikel 28, Abs. 1)
▷    Eine Disziplinarverfügung der obersten Dienstbehörde wurde nicht erlassen (Art. 32, Abs. 3)
▷    Ein förmliches Disziplinarverfahren wurde nie eingeleitet (Abs. 3).

Die Artikel entstammen dem Handbuch für Beamtinnen und Beamte in Bayern, Verlag Walhalla, Berlin, Bonn, Regensburg, Neubearbeitete Auflage 1994.

Das Bundesverwaltungsgericht Berlin hatte die Urteile:

a) des Bay. VG vom 08.12.1992 und
b) des Bay. VG vom 26.05.1993 bestätigt und in einem
c) Grundsatzurteil vom 01.06.1995
   zur Verpflichtung zur amtsangemessenen Beschäftigung eines verbeamteten Oberarztes an einer Universitätsklinik eindeutig Stellung bezogen (BVG 2 2094). **Nach diesem Grundsatzurteil war ein OP-Verbot ohne Begründung, ohne ein Disziplinarverfahren rechtswidrig.**

H.-J. R. versuchte deshalb in neun Fällen durch Einleitung eines Disziplinarverfahrens das von Anfang an widerrechtliche OP-und Dienstverbot zu legalisieren. Obwohl in allen neun Fällen kein Patient H.-J. R. von der Schweigepflicht entbunden hatte, wirkte H.-J. R. mit seinem privaten Rechtsanwalt auf die Rechtsabteilung der LMU mit erheblichen Pressionen ein, die nach meiner Klage gegen H.-J. R. vom 29.03.1995 groteske Züge annahmen. Bereits am 10.05.1994 hatte RA U. die Rechtsabteilung der LMU aufgefordert: „... Um eine solche „Vorverurteilung" von vorneherein zu verhindern, ist es unbedingt erforderlich, das gegen Herrn Prof. Beck gerichtete Disziplinarverfahren zügig durchzuführen (das in Wirklichkeit nie eröffnet worden war). Nur so wird Herr Prof. R. (H.-J. R.) vor der unzumutbaren Situation bewahrt, nun selbst als „Täter" im Sinne von § 164 StGB einem langwierigen Ermittlungsverfahren ausgesetzt zu sein, während Herr Prof. Beck der Presse wahrheitsgemäß mitteilen könnte, dass gegen ihn derzeit disziplinarrechtlich nicht ermittelt werde. Ein solches Ergebnis würde die Dinge auf den Kopf stellen!"

Die Rechtsabteilung der LMU schloss sich diesem Vorhaben nicht an, obwohl das KuMi einen mit H.-J. R. befreundeten Gutachter Prof. Dr. Seeger, Freiburg bestellt hatte, der mich bei der Bewerbung um die Chefstelle um Bogenhausen bereits einmal rechtswidrig abqualifiziert hatte (Brief von Prof. Dr. H. an OB Kronawitter vom 14.05.1992, Kap. 5.2, Anlage 21). Allein deshalb hätte das Bay. KuMi Herrn Prof. Dr. Seeger niemals mit einer Stellungnahme beauftragen dürfen. Seine Stellungnahme vom 13.05.1996, die ich erst acht Monate später und nach rechtsanwaltlichen Bemühungen erhalten hatte, entbehrte außerdem jeder Genauigkeit, Objektivität und Neutralität. Im Fall IX (E. G.) überzog mich Seeger mit falschen Verdächtigungen, die er größtenteils von der Anklageschrift des H.-J. R. übernommen hatte und die ich in meiner kritischen Auseinandersetzung vom 17.02.1997 seiner Stellungnahme vom 13.05.1996 gegenüberstellte und mit Tatsachenbeweis total widerlegen konnte. Beide Schreiben hatte ich dem Präsidenten der Deutschen Gesellschaft für Neurochirurgie mit der Bitte um Überprüfung zugesandt. Im Antwortschreiben des Herrn Prof. Dr. Dr. S. vom 16.06.1997 fühlte sich die Dtsch Ges für NCH überfordert, die juristischen Angelegenheiten zwischen Mitgliedern zu beurteilen. Ein Antwortschreiben auf meine kritische Auseinandersetzung wurde mir von Seeger nie zugänglich oder was näher lag, das KuMi hatte es aus nur allzu verständlichen Gründen zurückbehalten. Im Fall VIII (P. M.) konnte selbst Seeger, seinem Ordinariuskollegen nicht helfen und musste mir bestätigen, nicht gegen die Regeln der ärztlichen Kunst verstoßen zu haben (Stellungnahme 13.05.1996, Seite 7 Zeile 2 und 3).

Zusammengefasst entbehrten alle neun Fälle, bei denen mir H.-J. R. Fehlleistungen unterstellt hatte, in Wirklichkeit jeglicher Grundlage, so dass sich die Rechtsabteilung der LMU nicht dazu entschließen konnte, ein Disziplinarverfahren gegen mich einzuleiten. Allein deshalb hätte das KuMi das von H.-J. R. angeordnete rechtswidrige Verbot der Berufsausübung wegen angeblicher Verstöße gegen die ärztliche Kunst nicht aufrecht erhalten dürfen. Obwohl nach dem Grundsatzurteil des Bundesverwaltungsgerichts Berlin vom 01.06.1995 auch mein OP-und Dienstverbot rechtswidrig war, **ignorierten H.-J. R., der Klinikumdirektor S., der Dekan P., der Rektor der LMU H., der Kanzler der LMU R. und vor allem mein oberster Dienstherr, der KuMi Zehetmair, die Rechtslage.** So sah ich mich nach einer über 5 Jahre anhaltenden Hinhaltetaktik und unzähligen frustranen Versuchen einer außergerichtlichen Einigung gezwungen, am 09.05.1996 Klage wegen amtsangemessener Verwendung zu erheben. Nach dem

d) Urteil des Bay. VG vom 20.10.1998 (M 5 K 96.2487)
   war die Herausnahme mit OP-Verbot aus meinem Aufgabenbereich nicht rechtmäßig (Anlagen 12, 13). Klinikumdirektor S. war bei der Verhandlung anwesend. Er hatte das widerrechtliche OP-Verbot gegen mich stillschweigend jahrelang geduldet, vermutlich auch unterstützt. Erst als er meinem Wunsch, dem Urteil laut zuzustimmen, nachgekommen war, willigte ich im Interesse der Neurochirurgischen Klinik in den von der Richterin Frau N. vorgeschlagenen Vergleich ein.

Von den vielen Gratulationen, die mir nach diesem Urteil zuteil wurden, darf ich die von dem Neurochirurgen Herrn Dr. R. W. hervorheben, zeigen mir seine Zeilen doch, dass mein jahrelanger Kampf für eine gerechte Sache nicht umsonst war (Anlage 14).

BAYERISCHER VERSICHERUNGSVE.
VERSICHERUNGSAKTIENGESELLSCHAFT

EIN UNTERNEHMEN DER VERSICHERUNGSKAMMER BAYERN

Tattenbachstraße 2

Postanschrift:
80530 München

Kopie an: 960208

Herrn Prof. Dr.
Oskar Beck
Boschetsrieder Str. 10

81379 München

--------------------------------------------------------
6HS124/FH 312766/G  NO   (Bitte bei Antwort stets angeben)
Wenden Sie sich bitte an Frau Nordmann, Tel.(089) 2160-1618
                                    Fax (089) 2160-1666
--------------------------------------------------------

München,  5. August 1996

Haftpflichtversicherung - Heilwesen

### Bestätigung

Für Herrn Prof. Dr. Oskar Beck, Boschetsrieder Str. 10, 81379
München besteht beim Bayerischen Versicherungsverband seit
01.01.1965 eine Berufs-Haftpflichtversicherung.

Zu diesem Vertrag wurden seit Beginn keine Schadenersatzzahlungen
geleistet.

BAYERISCHER VERSICHERUNGSVERBAND
VERSICHERUNGSAKTIENGESELLSCHAFT

BAYERISCHER VERSICHERUNGSVERBAND
VERSICHERUNGSAKTIENGESELLSCHAFT

Postanschrift: Tattenbachstraße 2 · 80530 München
Telefon: (0 89) 21 60-0
Telefax: (0 89) 21 60-27 14

Sitz: München
Vorstand: Heinz Prokop (Vorsitzender),
Dr. Willy Lappe (stv. Vorsitzender), Walter Lechner,
Kunz Lederer, Paul Leyers, Karl Panzer, Dr. Karl-Heinz Weinmann
Vorsitzender des Aufsichtsrats: Heinrich Schmidhuber
Handelsregister: Amtsgericht München HRB 110 000

Konten Bayerischer Versicherungsverband:
Bayer. Landesbank Girozentrale München (BLZ 700 500 00), Kto. 240 54
DG BANK Bayern, Filiale München (BLZ 701 600 00), Kto. 1057 81

Hinweis für den Schadenfall:
Die Daten der beteiligten Personen haben wir gespeichert.

Ruprecht-Karls-Universität Heidelberg • Klinikum Mannheim
Neurochirurgische Klinik
Direktor: Prof. Dr. P. S

Klinikum Mannheim. Neurochirurgische Klinik · Postfach · 68135 Mannheim

68135 Mannheim,
Theodor-Kutzer-Ufer
Telefon        (06 21) 383-0
Durchwahl   (06 21) 383-
Telefax        (06 21) 383-2004

```
Herrn
Prof.Dr.A.H
Direktor der Urologischen Klinik
und Poliklinik
Klinikum Großhadern
Marchioninistr. 15

 81377 München
```

```
              Prof.Schm/Na        0621 383- 2360     24.1.1994
```

Sehr geehrter Herr Kollege H

Ihr Schreiben vom 12.1.d.Js. habe ich erhalten. Ich möchte dazu
vorweg sagen, daß ich nicht sehr glücklich darüber bin, in diese
ganze Angelegenheit mitinvolviert zu werden. Andererseits muß ich
allerdings auch klar sagen, daß für die Nichteinteilung von Herrn
Professor Dr. Beck zu operativen Eingriffen sicherlich nicht ich in
meiner damaligen Funktion als Leitender Oberarzt der Klinik verantwortlich war. Eine Entscheidung in dieser Tragweite für die Gesamt-
struktur einer Klinik liegt auch nicht in der Zuständigkeit des jeweiligen Leitenden Oberarztes.

Anläßlich eines Telefongespraches im Dezember des letzten Jahres mit
Herrn Kollegen R      habe ich bereits um entsprechende Richtigstellung gebeten. Ich hoffe, Ihnen mit diesen Angaben gedient zu haben
und verbleibe

mit besten Grüßen

Ihr

Prof.dr.P.S
Direkto der Klinik

Postanschrift:
KLINIKUM, Theodor-Kutzer-Ufer 1-3, 68167 Mannheim

Fernsprecher (Vermittlung)
(06 21) 383-0

Telex
4-63041 krama d

Telefax
(06 21) 383-2004

Anlage 8

Ruprecht-Karls-Universität Heidelberg · Klinikum Mannheim
Neurochirurgische Klinik
Direktor: Prof. Dr. P. S‹

Klinikum Mannheim, Neurochirurgische Klinik · Postfach · 68135 Mannheim

68135 Mannheim,
Theodor-Kutzer-Ufer
Telefon      (06 21) 383-0
Durchwahl   (06 21) 383-
Telefax      (06 21) 383-2004

Herrn
Prof. Dr. A. H‹
Direktor der Urologischen Klinik
und Poliklinik
Klinikum Großhadern
Marchioninistr. 15

.81377 München

OA.PD.Dr.Oe : 'Na   0621 383- 2360    3.2.1994

**Ausschluß von Herrn Professor Beck aus dem Routineprogramm der Neurochirurgischen Klinik**

Sehr geehrter Herr Professor H‹

auf Ihre Anfrage bezüglich des Ausschlusses von Herrn Professor Beck vom Routine-Operationsprogramm der Neurochirurgischen Klinik in der Zeit als ich mit der Funktion des Leitenden Oberarztes beauftragt war, darf ich wie folgt Stellung nehmen:
Der Ausschluß aus dem Routine-Operationsprogramm war eine eindeutige Anweisung von Herrn Professor Re‹ ‹ ‹, sowohl in der Amtszeit von Herrn Professor Sch‹       als auch in meinem kurzen Interregnum.
Professor R‹      hat in meiner Gegenwart während einiger Operations-programm-Besprechungen sowie auch vor anderen Zeugen auf den von Herrn Profesor Beck geäußerten Wunsch eine Operation durchzuführen, mehrmals geäußert, daß er derzeit nicht gedenke, ihn am Operations-programm zu beteiligen. Dies werden Ihnen ggf. auch andere Teilneh-mer der Operationsprogramm-Besprechung aus den Kreisen der Oberärzte und Stationsärzte bestätigen können.

Zu weiteren Auskünften stehe ich Ihnen selbstverständlich zur Verfügung.

Mit freundlichen Grüßen

OA.PD.Dr.R.Oe
Stellvertr. Klinikdirektor

Anlage 9

## Ludwig-Maximilians-Universität München - Klinikum Großhadern

Neurochirurgische Klinik
Direktor: Prof. Dr. med. H.-J. R

Klinikum Großhadern · Neurochirurgische Klinik · 81366 München

81377 München
Marchioninistr. 15
Durchwahl: (089) 7095 -

An den ärztlichen Direktor der Klinik
Professor Dr. med. D    S

- im Hause -                                          13. März 1995

Nachrichtlich: Herrn Prof. Dr. med. H.-J. R      , Direktor der Neurochirurgischen Klinik,
im Hause

Sehr geehrter Professor S

angesichts des anhaltenden Unfriedens in unserer Klinik, der Atmosphäre des Mißtrauens,
sowie der fortwährenden Agitationen die ihren Ursprung in ein und derselben Person
finden, nämlich Oberarzt Professor O.J. Beck, möchte ich Ihnen hiermit über meine
fehlende Bereitschaft informieren, mit Professor Beck weiterhin zusammenarbeiten.

Diese Entscheidung beruht letztlich auch auf meine Besorgnis, selber im Rahmen meiner
Dienstgeschäfte mit Professor Beck als Instrument der Agitation und Unruhestiftung
mißbraucht zu werden.

Mit freundlichen Grüßen,

W-    S
Assistent der Klinik

NCIII 5.93    Postanschrift    Fernsprecher (Vermittlung)    Fernschreiber    Telefax    Öffentliche Verkehrsmittel:
D-81366 München    (089) 7095-1    5/212228 kmgh/d    (089) 7095-8871    U-Bahn: Linie 6 Klinikum Großhadern
Bus: Linien 3-4, 65, 67 und 68

Anlage 10

Dr. med. C. ⋅ ⋅ ⋅ G⋅

Münsinger Str. 18
81477 München
Tel. 781 631
FAX 785 68 21

Dr. C  ⋅ ⋅ G  ⋅, Münsinger Str. 18, 81477 München

München, 10.03.95

An Herrn
Prof. Dr. H.-J. R ⋅⋅⋅
Neurochirurgische Klinik

im Hause

<u>nachrichtlich:</u>  An Herr Prof. Dr. D. S⋅ ⋅, Geschäftsführender Ärztlicher Direktor
des Klinikums Großhadern

Sehr geehrter Herr Prof. R⋅

aufgrund der bekannten Vorkommnisse sehe ich mich ausserstande weiterhin mit Herrn Prof. Beck
zusammen zu arbeiten.
Ich möchte Sie daher sehr höflich bitten dies bei der Gestaltung der Operations- und Dienstpläne
zu berücksichtigen.

mit freundlichen Grüßen

Dr. med. C  ⋅ G

Verband der angestellten und beamteten Ärzte Deutschlands
Landesverband Bayern e.V.

Marburger Bund ▪ Bavariaring 42 ▪ 80336 München

# Bayerisches Verwaltungsgericht München
# OP-Verbot ist rechtswidrig !

Durch einen am 20.10.1998 vor dem Bayerischen Verwaltungsgericht geschlossenen Vergleich besteht nun die Hoffnung, daß eine jahrelange Auseinandersetzung zwischen dem Direktor der Neurochirurgie im Klinikum Großhadern in München, Prof. R., und seinem Oberarzt, Prof. B., ihr Ende finden kann.

Oberarzt Prof. B. sah im Jahre 1996 keinen anderen Weg zu seiner Rehabilitierung und amtsangemessenen Verwendung als C-2-Professor  als den der Klage gegen den Freistaat Bayern, obwohl bereits ein Urteil des Bundesverwaltungsgerichts (Urteil vom 01.06.1995, Az: 2 C 20.94) in einem völlig vergleichbaren Fall vorgelegen hatte, der sich ebenfalls an der Universität München ereignet hatte.

Hier hatte das Bundesverwaltungsgericht bereits entschieden, daß ein Klinikdirektor "verpflichtet" ist, seinen Oberarzt amtsgemäß einzusetzen, d. h. entsprechend seinem Amt im statusrechtlichen und abstrakt funktionellen Sinn zu beschäftigen. So ist ein Klinikdirektor der Frauenklinik nicht befugt, einem Oberarzt gegenüber ein OP-Verbot zu verhängen, da Operationen zum amtsgemäßen Aufgabenbereich eines Oberarztes der Frauenheilkunde gehören. Nur das Disziplinarrecht biete die Möglichkeit, einen Beamten in ein anderes Amt zu versetzen.

Oberarzt Prof. B., von Mitarbeitern, Kollegen und Patienten hochgeschätzt, ist ein national und international anerkannter Spezialist auf dem Gebiet der Neurochirurgie mit etwa 30-jähriger Berufserfahrung. Er war langjährig unter dem früheren Klinikleiter Prof. M. tätig, zuletzt 3 Jahre als Leitender Oberarzt. Nach dem Wechsel in der Klinikleitung am 01.02.1991 zu dem jetzigen Klinikleiter, Prof. R., wurde er unmittelbar nach dem Tode des früheren Chefs seiner Funktion als Leitender Oberarzt am 01.08.1991 enthoben. In der weiteren Folge wurde er bereits **ab** dem 01.08.1991 vom neuen Klinikleiter in seinen Funktionen ständig reduziert, der Ausschluß vom gesamten Klinikbetrieb folgte ab dem 21.03.1995, er wurde faktisch "kaltgestellt".

Bis zum heutigen Tag darf er weder operieren noch sonst eine seinem statusrechtlichen Amt und seiner Funktion als Oberarzt angemessene Tätigkeit in der Neurochirurgischen Klinik ausüben - dies aber bei vollem Gehaltsbezug!

Dieser Zustand wurde geschaffen ausschließlich durch die klinikinternen Maßnahmen des jetzigen Klinikchefs, Prof. R., ohne daß es entsprechende Weisungen der Universitätsleitung der LMU-München oder des übergeordneten  Staatsministeriums gegeben hatte.

Marburger Bund ▪ Bavariaring 42 ▪ 80336 München ▪ Telefon 089/725 30 56 ▪ Telefax 089/721 19 08
Deutsche Apotheker- und Ärztebank München (BLZ 700 906 06) Konto 0 001 135 899

Anlage 12

Seite 2

Eine der vermutlich wesentlichen Ursachen der langjährigen Auseinandersetzung zwischen Oberarzt Prof. B. und Klinikleiter Prof. R. mit Folge des Ausschlusses vom gesamten Klinikbetrieb für Oberarzt Prof. B. war ein Streit über das Aufnahmeverfahren von Kassenpatienten und Privatpatienten gleich nach Beginn des Klinikleitungswechsels. Klinikleiter Prof. R. hatte im Juli 1991 das stationäre Aufnahmesystem für die Patienten dahingehend umgestellt, daß mittel- bzw. langfristig keine Termine mehr für die stationäre Einbestellung von Kassenpatienten vergeben werden durften.

Von dieser Umstellung hatte Oberarzt Prof. B. nicht nur durch den neuen Klinikleiter, sondern vorwiegend durch Beschwerdeanrufe einweisender, praktizierender Ärzte und zahlreicher Kliniken erfahren, die sich bei ihrem langjährigen Ansprechpartner Oberarzt Prof. B. darüber beschwerten, daß plötzlich keine Aufnahmetermine mehr für ihre Kassenpatienten vereinbart werden konnten. Es war vielmehr so, daß diese Einweisungspatienten, soweit sie Kassenpatienten waren, auf eine Warteliste gesetzt wurden.

Nachdem Oberarzt Prof. B. von diesem neuen Aufnahmesystem zu Lasten von Kassenpatienten erfahren hatte, versuchte er zunächst in einem persönlichen Gespräch unter vier Augen mit Klinikdirektor Prof. R. diesen zur Änderung des Patientenaufnahmeverfahrens zu bewegen. Dieser war jedoch zu keiner Änderung bereit.

Gegen das neue Aufnahmesystem war auch ein Kollege, Prof. Ö., der kurz darauf die Klinik verließ.

Im Ergebnis wurde das von Oberarzt B. beanstandete System der Bevorzugung von Privatpatienten trotz dessen Opposition noch bis zum 31.12.1992 fortgesetzt, bevor es dann doch zum 01.01.1993 revidiert werden mußte.

Der Versuch von Klinikdirektor Prof. R., ein Disziplinarverfahren gegen Oberarzt Prof. B. einzuleiten, scheiterte im Anfangsstadium, da die Rechtsabteilung der Universität die Einleitung eines Diziplinarverfahrens wegen der von Klinikdirektor Prof. R. erhobenen Vorwürfe aus tatsächlichen und rechtlichen Gründen ablehnte. Wie das Bundesverwaltungsgericht entschieden hat, hätte allenfalls ein ordungsgemäß durchgeführtes, erfolgreiches Disziplinarverfahren gegen Oberarzt Prof. B. zur Änderung seiner amtsgemäßen Beschäftigung führen können.

Um eine gerichtliche Auseinandersetzung zu vermeiden, hatte Oberarzt Prof. B. wiederholt versucht, durch persönliche Eingaben gegenüber der Universität und dem Kultusministerium sein Recht auf amtsgemäße Beschäftigung durchzusetzen. Weder das Staatsministerium noch die Universitätsverwaltung hatten jedoch die dazu gebotenen Maßnahmen ergriffen. Nur seine Petition beim Bayerischen Landtag erweckte erstmals breites Interesse.

Die Vorsitzende Richterin Neuner stellte in der Verhandlung am 20.10.1998 daher ganz klar fest, daß unter Bezug auf die erwähnte Bundesverwaltungsgerichtsentscheidung die Amtsenthebung von Oberarzt Prof. B. nicht rechtmäßig gewesen war. Diese Erklärung wurde ausdrücklich zu Protokoll gegeben.

Nachdem auch der an der mündlichen Verhandlung teilnehmende Ärztliche Direktor des Klinikums Großhadern, Prof. S. die Meinung vertrat, Prof. B. sei zu Unrecht vom Klinikdienst ferngehalten worden, fühlte sich Prof. B. rehabilitiert und stimmte einer gütlichen Beilegung des Rechtsstreits zu, lies aber durchblicken, daß es für ihn als Arzt sehr schwer sei, diese doch schon so lange andauernde

7-jährige Amtsenthebung zu verkraften, die dadurch aufgezwungene Untätigkeit seinen Patienten gegenüber sei für ihn äußerst belastend gewesen. So seien durch die langjährige Verbannung aus dem
OP neurochirurgische manuelle Fertigkeiten aus seiner mehr als 30-jährigen Tätigkeit in diesem Bereich geschmälert worden.

Durch den nun abgeschlossenen Prozeßvergleich wird Prof. B. bereits ab dem 01. November 1998
eine klinische Tätigkeit im Klinikum Großhadern entsprechend der Aufgabenzuweisung des Ärztlichen Direktors des Klinikums Großhadern übernehmen. Künftiger Schwerpunkt der Dienstaufgaben
wird eine diagnostische Tätigkeit im Bereich der Abteilung für Neuroradiologie sein, speziell im Bereich der CT-Diagnostik. Im Vergleich wird ausdrücklich einvernehmlich bestätigt, daß Prof. B. hier
seine lebenslangen Berufserfahrungen einbringt und in vorzüglicher Weise alle Voraussetzungen für
diese äußerst verantwortungsvolle Aufgabe erfüllt. Gleichzeitig übernimmt er die Leitung der Gu-
tachtensstelle der Neurochirurgischen Klinik. Einvernehmlich wird in einem weiteren Punkt des Ver-
gleichs u. a. klargestellt, daß die jahrelange Pause in operativer Tätigkeit und das zwischenzeitlich
erreichte Lebensalter von Prof. B. eine Wiederaufnahme vollverantwortlicher operativer Tätigkeit
durch ihn nicht sinnvoll erscheinen lassen. Nur in Anerkennung dieser durch den Zeitablauf eingetre-
tenen veränderten Verhältnisse betrachtet er die neuen, ihm zugewiesenen Dienstaufgaben des Ver-
gleichs als amtsangemessen. Außerdem verpflichten sich der Freistaat Bayern und die LMU, sicherzustellen, daß Prof. B. die nun zugewiesenen Aufgaben ordnungsgemäß erfüllen kann.

Unfallchirurg
1999 · 102: 319 © Springer-Verlag 1999

Redaktion:
G. Muhr, Bochum

**Medizin aktuell**

Susanne Dobler*

# OP-Verbot ist rechtswidrig!

## Bayerisches Verwaltungsgericht gibt Oberarzt recht

Mit einem Vergleich, vor kurzem geschlossen vor dem Bayerischen Verwaltungsgericht, könnte jetzt endlich ein jahrelanger Streit zwischen dem Direktor der Neurochirurgie im Klinikum Großhadern in München und seinem Oberarzt ein Ende finden.

Oberarzt Prof. B., von Mitarbeitern, Kollegen und Patienten hochgeschätzt, ist ein national und international anerkannter Spezialist auf dem Gebiet der Neurochirurgie mit etwa 30jähriger Berufserfahrung. Er war langjährig unter dem früheren Klinikleiter Prof. M. tätig, zuletzt drei Jahre als Leitender Oberarzt. Nach dem Wechsel in der Klinikleitung am 1.2.1991 zu dem jetzigen Klinikleiter, Prof. R., wurde er unmittelbar nach dem Tod des früheren Chefs seiner Funktion als Leitender Oberarzt zum 1.8.1991 enthoben. In der weiteren Folge wurde er immer stärker in seinen Funktionen beschnitten, der Ausschluß vom gesamten Klinikbetrieb folgte ab dem 21.3.1995.

Dieser Zustand entstand ausschließlich durch die klinikinternen Maßnahmen des jetzigen Klinikchefs, ohne daß es entsprechende Weisungen der Universitätsleitung der LMU-München oder des übergeordneten Staatsministeriums gegeben hätte.

Oberarzt Prof. B. sah 1996 keinen anderen Weg zu seiner Rehabilitierung und amtsangemessenen Verwendung als C-2-Professor, als den der Klage gegen den Freistaat Bayern, obwohl bereits ein Urteil des Bundesverwaltungsgerichts (Urteil vom 1.6.1995, Az.: 2 C 20 94) in einem völlig vergleichbaren Fall vorgelegen hatte, der sich ebenfalls an der Universität München ereignet hatte.

Damals hatte das Bundesverwaltungsgericht bereits entschieden, daß ein Klinikdirektor „verpflichtet" ist, seinen Oberarzt amtsgemäß einzusetzen, d.h. entsprechend seinem Amt im statusrechtlichen und abstrakt funktionellen Sinn zu beschäftigen. So ist ein Klinikdirektor der Frauenklinik nicht befugt, einem Oberarzt gegenüber ein OP-Verbot zu verhängen, da Operationen zum amtsgemäßen Aufgabenbereich eines Oberarztes der Frauenheilkunde gehören. Nur das Disziplinarrecht biete die Möglichkeit, einen Beamten in ein anderes Amt zu versetzen.

### Streit über Aufnahmeverfahren

Eine der vermutlich wesentlichen Ursachen der langjährigen Auseinandersetzung zwischen neuem Klinikleiter und Prof. B. war ein Streit über das Aufnahmeverfahren von Kassenpatienten und Privatpatienten gleich zu Beginn des Klinikleitungswechsels. Klinikleiter Prof. R. hatte im Juli 1991 das stationäre Aufnahmesystem dahingehend umgestellt, daß mittel- bzw. langfristig keine Termine mehr für die stationäre Einbestellung von Kassenpatienten vergeben werden durften. Von dieser Umstellung hatte Oberarzt Prof. B. nicht nur durch den neuen Klinikleiter, sondern vorwiegend durch Beschwerdeanrufe einweisender Ärzte und zahlreicher Kliniken erfahren.

### Gespräche hatten keinen Erfolg

Prof. B. versuchte zunächst in einem persönlichen Gespräch unter vier Augen den Klinikleiter zur Änderung des Patientenaufnahmeverfahrens zu bewegen – ohne Erfolg. Gegen das neue Aufnahmesystem war auch ein Kollege, der aber kurz darauf die Klinik verließ. Das vom Oberarzt beanstandete System wurde noch bis zum 31.12.1992 fortgesetzt und erst zum 1.1.1993 eingestellt.

Der Versuch des Klinikdirektors, ein Disziplinarverfahren gegen Oberarzt Prof. B. einzuleiten, scheiterte daran, daß die Rechtsabteilung der Universität dies aus tatsächlichen und rechtlichen Gründen ablehnte. Um eine gerichtliche Auseinandersetzung zu vermeiden, hatte Oberarzt Prof. B. wiederholt versucht, durch persönliche Eingaben gegenüber der Universität und dem Kultusministerium sein Recht auf amtsgemäße Beschäftigung durchzusetzen. Weder das Staatministerium noch die Universitätsverwaltung hatten jedoch die dazu gebotenen Maßnahmen ergriffen. Nur seine Petition beim Bayerischen Landtag erweckte erstmals breites Interesse.

Die Vorsitzende Richterin Neuner stellte in der Verhandlung Ende Oktober daher ganz klar fest, daß unter Bezug auf die erwähnte Bundesverwaltungsgerichtsentscheidung die Amtsenthebung von Oberarzt Prof. B. nicht rechtmäßig gewesen war. Nachdem auch der an der mündlichen Verhandlung teilnehmende Ärztliche Direktor des Klinikums der Meinung, vertrat, Prof. B. sei zu Unrecht vom Klinikdienst suspendiert, fühlte sich Prof. B. rehabilitiert und stimmte einer gütlichen Beilegung zu, ließ aber durchblicken, daß es für ihn als Arzt sehr schwer sei, diese doch schon so lange andauernde 7jährige Amtsenthebung zu verkraften.

Durch den nun abgeschlossenen Prozeßvergleich hat Prof. B. zum 1. November eine klinische Tätigkeit am Klinikum übernommen: als Leiter der Gutachtenstelle Neurochirurgie und für die Diagnostik in der Neuroradiologie. Freistaat und LMU sind laut Vergleich dazu verpflichtet, sicherzustellen, daß Prof. B. die Aufgaben ordnungsgemäß erfüllen kann.

* Susanne Dobler ist Juristin beim Marburger-Bund-Landesverband Bayern.

**Anlage 13**

Dr. R   W                                    Pündterplatz 3
- Neurochirurg -                             80803 München

Dr. R   W    Pündterplatz 3  80803 München

Herrn
Prof. Dr. Oskar J. Beck
- Neurochirurg -
Boschetsriederstr. 10
81397 München

München, den 21. 10.1998

Sehr geehrter Herr Professor Beck,

heute habe ich aus der Presse erfahren, daß Sie sich durch den Spruch des
Verwaltungsgerichtes München "rehabilitiert fühlen". Zwischen den Zeilen lese ich,
daß Ihnen auf der ganzen Linie Recht zuerkannt wurde und Ihrem Kontrahenten das
Unrecht. Ich wünsche Ihnen von Herzen, daß Sie über dieses Urteil zu einem
persönlichen Frieden finden können und daß Sie an unserem doch insgesamt so
schönen Beruf die verdiente Freude wiederfinden, auch wenn das an Ihnen begangene
Unrecht kein Gericht dieser Welt jemals wiedergutmachen ("heilen") kann.

Sie haben unseren jungen Kollegen, auch wenn diese dies wahrscheinlich nicht zu
schätzen imstande sind, sehr viel geholfen: mit Ihrem Mut, Ihrer Standhaftigkeit und
auch Ihrer Opferbereitschaft. Dafür möchte ich Ihnen meinen tiefen Respekt
ausdrücken, verbunden mit den besten Wünschen für Ihre zukünftige berufliche
Tätigkeit.

Ich freue mich auf ein Wiedersehen und darf Ihnen nochmals meine Wertschätzung
ausdrücken: Kollegen und Lehrer wie Sie wird jeder anständige und
zwischenmenschlich kompetente Arzt auf immer in seinem Herzen und seinem Gehirn
behalten! Vielleicht ist gerade Letzteres der tiefere Sinn all' Ihrer Pein und der
erduldeten Schmach der letzten Jahre.

Mit den besten Wünschen verbunden
mit aufrichtiger kollegialer Hochachtung

Dr. R   W

# 5.    Die Folgen des OP-Verbotes

## 5.1    Für Patienten

### 5.1.1    PE statt Entfernung eines Akustikusneurinom

Patient XY
Bei diesem Patienten XY fehlen die genauen Daten, da ich nicht als Operateur vorgesehen war.

Prof. Dr. E. K., Chef der HNO-Klinik in Großhadern, ein Studienkollege von mir, schickte uns viele Patienten, insbesondere Akustikusneurinome, die seine Mitarbeiterin Frau Prof. Dr. K. S. audiologisch abklärte und die postoperativ in der Regel sehr gute Ergebnisse aufwiesen. Diese Tumore sind gutartig, müssen aufgrund ihrer Rezidivneigung aber total entfernt werden. Wunschgemäß zeigte ich E. K. die postoperativen Bilder des letzten von H.-J. R. operierten Akustikusneurinoms. Zweimal sagte E. K. zu mir, das letzte Mal immer ärgerlicher werdend: „Die postoperativen Bilder und nicht die präoperativen Bilder will ich sehen", bis er merkte, dass es die postoperativen Bilder waren. Mit dieser Operation hatte H.-J. R. den Beweis erbracht, dass er besser operiere als wir alle zusammen, wie er uns bei seinem Vorstellungsgespräch am ersten Tag gesagt hatte.

### 5.1.2    OP-Aufschub zum Schaden der Patientin bei akuter Indikation

Das OP-Verbot gestaltete sich anfänglich so, dass ich am offiziellen OP-Programm nicht mehr berücksichtigt wurde, Patienten aber, die sich nur von mir operieren lassen wollten, noch operieren durfte. Auch im Dienst konnte ich vorerst noch meinen operativen Pflichten nachkommen.

Meine Patienten aber wurden Opfer eines völlig unqualifizierten Vorgehens von H.-J. R. wie die nächsten Beispiele zeigen:

Die Patientin C. H., 48 Jahre, ist ein Beispiel für die Rücksichtslosigkeit, wie H.-J. R. gegen meine Patienten vorging (Anlage15). Frau C. H. hatte eine große Solitärmetastase eines Lungenkrebses (Abbildung 4) im Bereich der rechten hinteren Schädelgrube und wollte nur von mir operiert werden (Anlage 16). Bildgebend waren Einklemmungszeichen nachgewiesen (Abbildung 4). Darunter wird eine Einklemmung des Hirnstammes im Schlitz des Kleinhirnzeltes verstanden. Sie kann von oben nach unten als sog. Großhirneinklemmung erfolgen, die sich meist mit Bewusstseinseintrübung ankündigt. Die sog. Kleinhirneinklemmung, von unten nach oben in den Tentoriumschlitz oder nach unten durch Druck der Kleinhirntonsillen im foramen magnum auf die medulla oblongata, kommt aus heiterem Himmel mit plötzlichem Atem- und Kreislaufstillstand (Abbildung 4). Wir hatten am Beethoven Platz eine junge Patientin mit einem ähnlichen Tumor in der Vor-CT-Ära verloren, die bis zum plötzlichem Atem- und Kreislaufstillstand voll bei Bewusstsein war. Auf Anordnung von Marguth mussten Patienten fürderhin mit dieser Art von Tumoren sofort nach ihrer Aufnahme operiert werden, wenn sie bildgebend Einklemmungszeichen hatten.

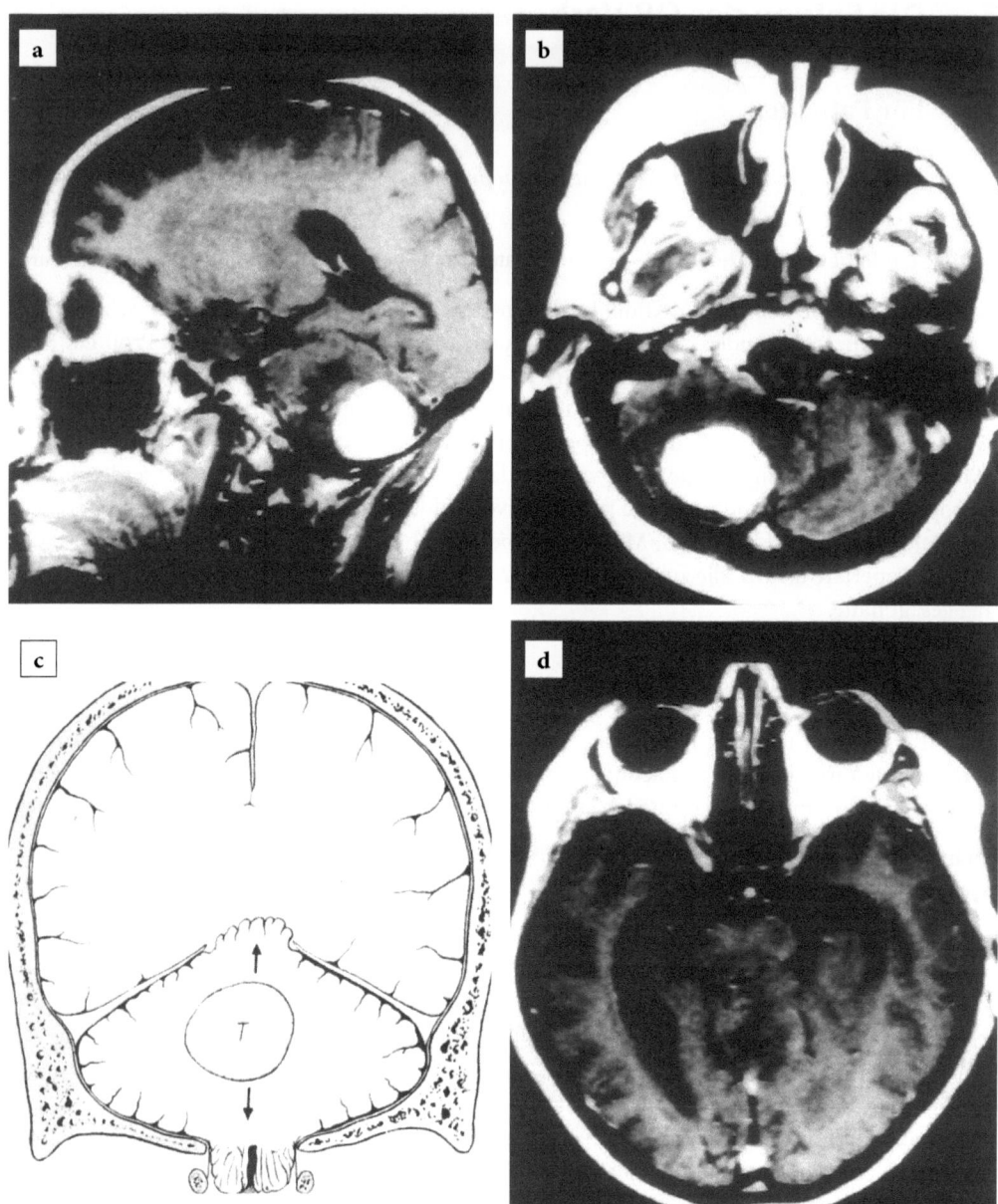

Abbildung 4: Patientin C. H. 48 J.
Rechte Kleinhirnmetastase (a, b) mit Einklemmungszeichen nach oben (c, d).

H.-J. R. ließ die Patientin, die ordnungsgemäß auf dem OP-Programm stand und bereits prämediziert war, d.h. mit Narkosemitteln versehen war, vom Operations-Tisch herunterholen, weil er wegen eines Betriebsausfluges die Bilder nicht ansehen wollte. Er verschob deshalb die Operation, wobei er für die Patientin ein extrem hohes Todesrisiko einging. Dies war umso unverantwortlicher, da heute, im Gegensatz zu früher, bildgebend die nach oben oder unten geschobenen Kleinhirnteile gesehen werden können (Anlagen 15 und 16, Abbildung 4).

Frau C. H. durfte ich erst am nächsten Tag operieren. Ein Jahr später kam sie im guten Zustand wieder mit einer Solitär Metastase, dieses Mal im oberen Spinalkanal, um sich wieder nur von mir operieren zu lassen. Aufgrund meines nun totalen OP-Verbotes wurde die Patientin von einem anderen Neurochirurgen operiert. Sie verstarb gegen Ende der OP in tabula.

### 5.1.3   OP-Aufschub zum Schaden von Patienten bei dringlicher Indikation

Aufgrund einer Wartezeit von 10 Monaten bei Frau P.F., 42 Jahre (Abbildung 5) vergrößerte sich ein Meningiomrezidiv erheblich. Diese Patientin ist nur ein Beispiel für eine Reihe weiterer Patienten mit ebenso langer Wartezeit, wie z.B Herr H.N., 60 Jahre, wie aus dem Brief von Frau Dr. H. hervorgeht (Anlage 17).

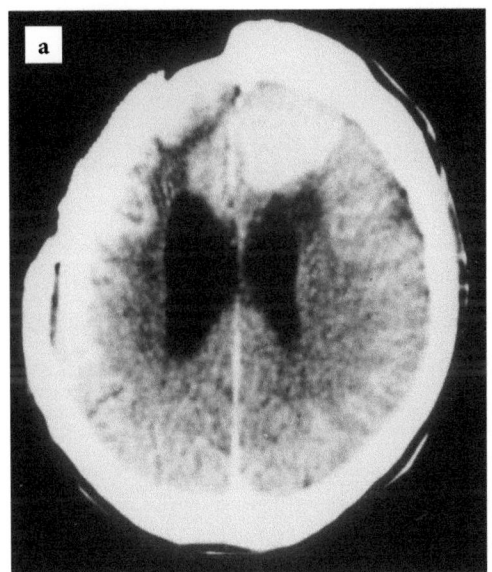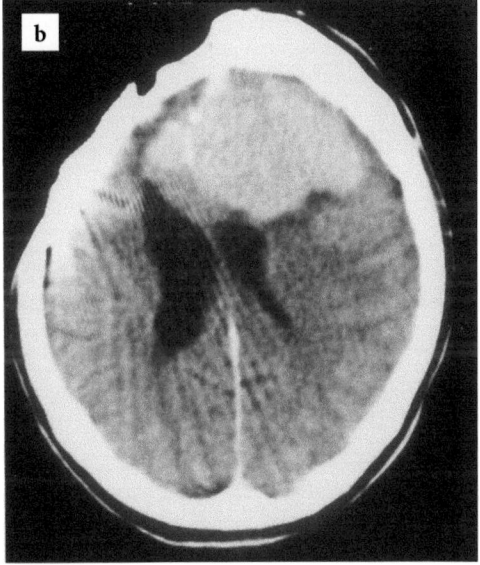

Abbildung 5: Patientin P. F.
a) Rezidiv eines li. Falxmeningioms; b) Größenzunahme nach 10 Monaten

C          H          , Etztalstr. 20, 82335 Berg
_____

Herrn Professor
Dr. D.      ı S.
Klinikum Großhadern
Marchionistr. 15

81377 München

Berg, den 18. März 1995

Sehr geehrter Herr Professor S.

die Zeitungsartikel "Neurochrirugie in Großhadern" veranlassen mich, Ihnen meine
- aus Sicht des Patienten - gemachten Erfahrungen zur Kenntnis zu bringen.

Nach Vorlage der Kernspin-Aufnahmen hat mir am 17. 2. 1995 Dr. W             , Neurologe, erklärt, daß eine Operation schnellstmöglich erfolgen muß und er hat mich
als Notfall in die Klinik eingewiesen. Gleichzeitig hat er mit Prof. Beck einen
Besprechungstermin vereinbart. Mein Mann hat mich von der Praxis Dr. W
sofort in die Klinik gefahren und wir haben die Kerspin-Aufnahmen sowie den Bericht
hierzu Prof. Beck vorgelegt.

Auch Prof. Beck bestätigte uns, daß eine Operation schnellstens durchgeführt werden
muß und ich wurde sofort stationär aufgenommen. Ich habe Herrn Prof. Beck gebeten,
daß er die Operation bei mir durchführt, was er mir auch zusagte.

Am Montag früh wurde ich - wie vorgesehen - in den Operationsraum gebracht und für
die Operation vorbereitet. Kurz bevor die Narkose eingeleitet werden sollte, kam
Prof. Beck und erklärte mir, daß "er mich nicht operieren darf",obwohl er mir dies
zugesagt hatte (und auch von den Ärzten auf der Station wußte ich, daß ich am Montag
von Prof. Beck operiert werde).
Ich wurde dann - ohne weitere Erklärungen - vom Operationstisch weg auf die Station
zurückgebracht

- 2 -

Mein Mann wollte sich daraufhin am Nachmittag bei Herrn Professor R    erkundigen,
warum die Operation abgesetzt wurde. Laut Frau Z       war Prof. R    jedoch
mit Mitarbeitern auf Betriebsausflug und sein Stellvertreter, Prof. Dr. O    , war
im Operationssaal und ebenfalls nicht erreichbar. Ich war also bis Dienstag früh
nicht sicher, ob und wann die Operation erfolgen wird; tatsächlich ist diese dann
am Dienstag im Laufe des Vormittags ausgeführt worden.

Können Sie sich - sehr geehrter Herr Professor S    - vorstellen, was im Kopf
einer Patientin vorgeht, die bereits am dem OP-Tisch liegt, wartet, daß bald alles
vorbei und hoffentlich gut geht und dann vom Chirurgen erklärt bekommt, daß er
nicht operieren darf. Da kommen Gedanken auf, warum werde ich nicht operiert, ist
die Operation sinnlos, kann man den Tumor doch nicht mehr entfernen, warum darf
mich der Chirurg nicht operieren und sonstige quälende Fragen.

Wie ich gelesen habe, sei ähnliches oder gleiches auch bei anderen Patieten vor-
gekommen. Hier scheint alles anderes wichtiger zu sein als der Patient. Etwas
Fürsorge oder Rücksicht sollte ein Patient doch erwarten können.

Was würden Sie, sehr geehrter Herr Professor S    , empfinden und sagen, wenn
z.B. das Gleiche Ihrer Frau passiert wäre?

Mit freundlichen Grüßen


C    H(

*Die Bilder von Frau H... wurden am*
*Freitag, den 17.2.95 demonstriert (O.A. Sc... u...*
*u. am Montag Herr O.A. Dr... Di Di ... 9⁴⁵*
*Prof R... wollte die Bilder um 8⁴⁵ den 20.2.95 od. 20.2.95 nicht sehen –*

LUDWIG-MAXIMILIANS-UNIVERSITÄT
Klinikum Grosshadern
Neurochirurgische Klinik

                                 Direktor: Prof. Dr. H.-J. R

## OPERATIONSEINWILLIGUNG

Präoperative Diagnose:      H
                                    C.
                                    Lützelsteiner Str. 22/5
                                    80939 München
                                    11.10.47-234010      224382-5951

                                    BARMER München/LG Bayern 8380007
....................................   072553632 1             FREIW.
                                    STAT       17.02.95    50/I 9 A     ..............

Ich wurde über meine derzeitige Erkrankung und deren Folgen sowie die Behandlungsmöglichkeiten unterrichtet. Die Notwendigkeit der Operation wurde mir erklärt. Über den Umfang und die Gefahren des Eingriffs wurde ich aufgeklärt, insbesondere über

1. postoperative Nachblutungen
2. oberflächliche und tiefe Wundinfektionen
3. postoperative Liquorfistel
4. Auftreten von.............
5.....................
6.....................

*Ich möchte bitte nur von Herrn Prof. Dr. Be... operiert werde...*
*20.2.95 C...*
*H.*

Alle meine Fragen wurden verständlich beantwortet. Ich bin nach ausreichender Bedenkzeit mit der Operation einverstanden und geben den Ärzten der Klinik meine Einwilligung zu dieser Operation.

*Stat J 9*
*Zi 216*

| **Zustimmung gilt nur für bestimmten Arzt** |
| --- |
| Wird vor einer anstehenden Operation ausdrücklich vereinbart, daß die Operation nur von einem bestimmten Arzt durchgeführt wird, so gilt die Einwilligung des Patienten in den Eingriff auch nur für diesen Arzt.          (OLG München – 1 U 1649/89) |

.......................................................

(Unterschrift des Arztes)

.......................................................

(Zeuge)

Datum:...............
Uhrzeit:...............

## DR. MED. R H

Dr. med. R. H. ~ Marschnerstraße 1- D-81245 München

**Anschrift:**
Marschnerstraße 1
D-81245 München

Herrn Dr.
Paul Wilhelm, MdL
Maximilianeum

**Telefon:**
Praxis:
0 89/88 52 55
**Telefax:**
0 89/83 52 45

81627 München

24.04.1996

Sehr geehrter Herr Dr. Wilhelm,

mit meinem Schreiben wende ich mich in einer Angelegenheit an Sie, die mich sehr betroffen macht.

Seit langen Jahren betreue ich einen schwerkranken Patienten hausärztlich.
Herr H. N., geb. 03.05.1932, leidet an einem parasagittalen Meningeom, einem Hirntumor, der häufig zu immer neuen Geschwulstbildungen führt, die, um sein Leben zu erhalten, auch immer wieder entfernt werden müssen.
Bisher wurden 5 Eingriffe durchgeführt (31.01.80, 21.04.80, 23.04.82, 17.06.91, 26.11.92).

Durch den Artikel „Langjähriger Oberarzt vom Chef kaltgestellt" in der Süddeutschen Zeitung vom 09.02.96 bin ich hellhörig geworden. 1992 hatte mein Patient so um die 10 Monate warten müssen, bis er einen OP-Termin erhielt. Damals dachte ich, daß die lange Warteliste durch eine übermäßige Nachfrage bedingt sei und bin jetzt entsetzt, daß, wie es in den o.a. Artikel heißt, „eine Ungleichbehandlung zwischen Privat- und Kassenpatienten" stattfand, die „auch Ende 1992 wieder abgeschafft wurde".

Herr N. wurde am 26.11.92 operiert!

Eine neuerliche Operation ist nun wiederum erforderlich. Wenn es bei ihm bis zum OP-Termin zu einer Visuseinschränkung kommen sollte, verschlechtern sich seine Chancen. Und jetzt besteht die Schwierigkeit, daß Herr N. Patient von Herrn Prof. Beck ist, dem lt. Zeitungsartikel seit März 95 ein „völliges Operationsverbot" ausgesprochen wurde, obwohl das Oberverwaltungsgericht in Berlin bereits im Juni 95 ein solches OP-Verbot für rechtswidrig erklärte.

Mein Patient ist mit Herrn Prof. Beck über Jahre eng verbunden und möchte selbstverständlich auch nur von ihm operiert werden.

**Anlage 17**

- 2 -

Es ist mir ein ärztliches und menschliches Bedürfnis, daß endlich „Licht in das Dunkel"
gebracht wird.
Ich bitte Sie, alles Ihnen Mögliche zur Aufklärung der beklagten Mißstände zu veranlassen.

Mit freundlichen Grüßen

zur Kenntnis an:

Herrn Prof. Dr.
O. J. Beck
Boschetsriederstr. 10

81379 München

### 5.1.4 OP-Verweigerung bei bei einer singulären großen zerebralen Metastase

Patient B. S., 84 J., männlich
Die Entfernung einer großen zerebalen Melanom Metastase bei dem Patienten wurde trotz schnellem Wachstums der Metastase von H.-J. R. abgelehnt (Anlage 18, Seite 1 und 2). Die einweisende Klinik, die Dermatologie der LMU, hatte für ein solches Verhalten kein Verständnis und überwies den Patienten in die Neurochirurgie Bogenhausen.

### 5.1.5 OP-Verweigerung bei erneutem Rezidiv eines intramedullären RM-Tumors

Patient Y. N., 29 J., männlich
Der Patient, ein 29-jähriger Türke, hatte einen auffallenden Verlauf. 1991 war er nach Teilresektion und Bestrahlung eines intramedullären Tumors in der Türkei 6 Wochen postoperativ von mir bei einem neurologisch vollständigen Querschnitt nachoperiert worden.

In seinem Brief vom 04.09.1991 sah H.-J. R. für meine Operation keine Indikation und appellierte an mich, derartige Operationen aufgrund ihrer schlechten Prognose in Zukunft zu unterlassen. Einige Tage postoperativ reichte die Sensibilität schon wieder über die Kniekehlen nach kaudal und der Patient konnte sämtliche Muskelgruppen der Ober- und Unterschenkel, sowie der Füße wieder willkürlich innervieren. Bei der Verlegung in die Türkei konnte er im Liegen Beine und Füße aktiv bewegen. Ein Jahr postoperativ kam Herr Y. extra von der Türkei nach München und zeigte voller Stolz, dass er, allerdings mit einem erheblichen Krückenaufwand, wieder gehen konnte. Am 29.01.1996, also 5 Jahre nach meiner OP, kam es zu einem erneuten Rezidiv. Ich hatte nun vollständiges OP-Verbot, und andere Kollegen sahen sich nicht in der Lage den Eingriff vorzunehmen.

### 5.1.6 „Sterben in Würde" statt Operation

Die folgenden Briefe des Vaters einer Patientin vom 28.10.1993 und 21.02.1994 zeigen, wie H.-J. R. seine Stellung als Ordinarius missbrauchte, „Herr über Leben und Tod" zu spielen. Da die Briefe (Anlagen 19 und 20) an Klinikumdirektor S. gerichtet waren, war das gesamte Klinikum über das Verhalten von H.-J. R. informiert, das klare Züge von unterlassener Hilfeleistung erkennen ließ. Auch das KuMi (Ministerialrat Dr. W.) war nachrichtlich verständigt. Bei der Patientin S. F., 36 Jahre, war seit 8 Jahren eine Meningiomatose bekannt. Persönlich fühlte ich mich der Patientin verbunden, da ihre spastische Halbseitenlähmung Folge einer ärztlichen Fehlleistung aus dem Jahre 1985 war. Nach Entfernung dreier mandarinengroßer links parasagittaler Meningiome war es über Nacht zu einer occipitalen Entlastungsblutung gekommen. Ohne ein CT vorzunehmen und ohne mich als Operateur zu verständigen, entfernte der diensthabende Arzt nachts die occipitale Blutung quer durch das Gehirn der Zentralregion, was eine bleibende rechtsseitige Halbseitenlähmung zur Folge hatte. Mit einer ungeheuer positiven Einstellung und einem enormen Lebenswillen meisterte die Patientin vom Rollstuhl aus ihr neues Leben. Immer wieder traten in den folgenden acht Jahren raumfordernde Meningiome auf, die ich stets meist problemlos entfernte. Als die Patientin nun erneut mit einem raumfordernden Meningiom zu mir kam, durfte ich sie auf Anordnung von H.-J. R. nicht mehr operieren. Sie wurde vielmehr „zum Sterben in Würde" nach Hause geschickt (Zeugin: Schwester der Patientin).

Einschreiben

Dipl. Ing. B     S

24.2.96.

Sehr verehrter Herr Prof. Beck,

Nachdem ich den Bericht in der Süddeutschen Zeitung vom 9.2.96. gelesen habe, fühle ich mich verpflichtet Ihnen den beigefügten Bericht über meinen Krankheitsverlauf zu übersenden.

Aus dem Bericht geht hervor, dass ich infolge der unglaublichen Verhältnisse bei der Neur-Chirurgie in Großhadern in eine lebensgefährliche Situation geraten bin.

Zur Warnung andrer Patienten unter ähnlichen Zuständen bevollmächtige ich Sie ausdrücklich von diesem Bericht öffentlich Gebrauch zu machen!

Ich würde am 15.2. mit absolutem Erfolg von Herrn Prof. Lumenta, dem Chefchirurgen in Bogenhausen operiert. Ich würde bereits gestern als völlig geheilt entlassen.

Mit freundlichen Grüßen

P.S.    Ich schlage Ihnen vor eine Ausfertigung meines Berichtes an den Hochschulausschuss des Bayerischen Landtages weiterzuleiten.

Anlage: 2 Berichte

Dipl. Ing. B     S

Bericht über meinem Krankheitsverlauf im Zusammenhang mit den unglaublichen
Zuständen bei der Neurochirurgie im Klinikum Großhadern.
(siehe Artikel in der Süddeutschen Zeitung vom 9.2.1996)

Ich bin langjähriger Patient bei der Dermatologischen Klinik im Städtischen Krankenhaus in
München. Am 1.3.1993 wurde bei mir erstmalig ein Melanom am linken Unterarm
festgestellt. Erst im Juni 1995 zeigten sich als Folge Schwellungen der Lymphdrüsen unter
der linken Achsel. Am 9.6.1995 wurde ich im Kreiskrankenhaus Starnberg operiert. Dabei
wurden Metastasen eines malignen Melanoms festgestellt. Anschließende CT am
Schädel und Abdomen waren ohne Befund. Danach folgte eine erneute Behandlung, bei
der Dermatologischen Klinik in München mit vorsorglicher Polychemotherapie (16.6. -
21.6.95). Auf Anraten der Ärzte stellte ich mich zur Nachuntersuchung erneut in der
Dermatologischen Klinik in München vor (25.1. - 6.2.96). Dabei wurde durch CT ein etwa
2cm grosser Tumor im Schädel festgestellt.

Und nun begann das Drama!
In Anbetracht des schnellen Anwachsens des Tumors hielt man eine sofortige Beseitigung
für notwendig. In Unkenntnis der Verhältnisse bei der Neurochirurgie im Klinikum
Großhadern -die erst nach dem Bericht der Süddeutschen Zeitung vom 9.2.96 bekannt
wurden „Langjähriger Oberarzt vom Chef kaltgestellt" - wurde ich von der Dermatologischen Klinik aus am 2.2.96 nach Großhadern zu Herrn Professor Beck (dem o.g.
langjährigen Oberarzt) überwiesen. Anhand des CT hat Prof. Beck sofort erklärt, daß eine
Operation möglich sei. Er hielt jedoch zuvor eine Kontrolle durch Kernspinn-Untersuchung,
die in Großhadern durchgeführt wurde, für notwendig. Prof. Beck bestätigte danach, die
Operationsmöglichkeit trotz meines Alters von 84 Jahren, erklärte aber gleichzeitig, daß er
nicht operieren könne. Er habe meine Unterlagen durch den Neurologen Herrn Professor
W   seinem Chef Herrn Professor R      (der mit Prof. Beck nicht mehr spricht !) vorlegen
lassen. Am <u>Freitag den 9.2.96</u> bestätigte Herr Prof. W   daß er auf Bitte von Herrn Prof.
Beck meine Unterlagen Herrn Prof. R     vorgelegt habe.
**Dieser habe eine Operation jedoch abgelehnt.**
In unserer großen Sorge haben meine Frau und ich nochmals den Versuch unternommen
mit dem Chefarzt Prof. R    persönlich zu sprechen. Am gleichen Tage gegen 11:00 Uhr
erklärte uns dessen Sekretärin Frau S     jedoch, daß man sich bei einem Chefarzt
mindestens 14 Tage zuvor anmelden müße! Auf unsere Bitte, hat sie uns dann einen
Termin für den 15.2.96 um 14:30 Uhr eingeräumt.
Die Dermatologische Klinik hatte für ein solches Verhalten kein Verständnis und vermittelte
mich noch am gleichen Tag an das Krankenhaus Bogenhausen. Der Leiter der
Neurochirurgie, Herr Professor L      hat mich dann noch am Freitagnachmittag
empfangen. Anhand der vorgelegten Unterlagen (CT + Kernspinn des Schädels) hat er sich
sofort bereit erklärt -trotz meines Alters- die Operation durchzuführen.
Die Operation erfolgte am 15.2.96 mit absolutem Erfolg! Ich wurde am 23.2.96 bereits als
gesund entlassen und habe am gleichen Tag eine stundenlangen Spaziergang
unternommen.

Feldafing den 24.2.96

C.   Fe                              81247 München, 28.10.93
                                     Betzenweg 74
                                     Tel. 811 18 41


Ärztlichen Direktor
des Universitätsklinikums Großhadern
Prof. Dr. S
Marchioninistraße
81377 München


Beschwerde über die Leitung der Neurochirurgischen Klinik, Prof. Dr. R


Sehr geehrter Prof. S        ,
als Eltern nehmen wir das Verhalten des Leiters der Neurochirurgischen Klinik Ihres
Hauses. Prof. Dr. R      i, am 13.09.93 zum Anlaß, über die Art und Weise des Umgangs
mit Schwerkranken Beschwerde zu führen, wobei die Frage offenbleibt, ob es sich
hier nicht bereits um einen Fall der unterlassenen Hilfeleistung handeln könnte.
Folgendes geschah:
Unsere Tochter (36), die seit 1985 wegen Meningeomatose in der Neurochirurgischen
Klinik Ihres Hauses mindestens ein Dutzend erfolgreicher Operationen hinter sich
gebracht hat und der zuletzt im März dieses Jahres durch Prof. Dr. Beck zwei Meningeome
im Halswirbelbereich entfernt worden sind, wurde am 11.09.93(Samstag) über den ärztlichen Notdienst wegen einer gravierenden Verschlechterung ihres psychosomatischen
Gesamtzustandes mit neurochirurgischer Indikation in die Notaufnahme des Klinikums
eingewiesen. Von dort kam sie in die Station I 9.
Am darauffolgenden Montag erkundigten wir uns in der Station nach dem weiteren ärztlichen
Vorgehen und erfuhren von einem Arzt (Dr. Sc .... ), daß der "Chef"
die vorhandenen MR-Aufnahmen ansehen und dann über die weiteren Maßnahmen
entscheiden wolle.
Ein kurz danach geführtes Telefongespräch mit der Leiterin des Stützpunktes I 9
brachte die kommentarlose und überraschende Auskunft, daß unsere Tochter nach zwei
von der Urolog. Poliklinik durchzuführenden Blasenuntersuchungen nach Hause
entlassen werde.
Ein weiteresTelefongespräch mit Dr. E.  .  ergab die Auskunft, daß Prof. R
die Entlassung verfügt habe, weil eine "curative Operation" nicht mehr möglich sei.
Außerdem benötige man dringend die Betten für andere Patienten. Ich gab
dem Arzt zu verstehen, daß der Pflegedienst zu Hause erst wieder organisiert werden
müsse und dafür Zeit notwendig sei. Außerdem forderte ich von dem Arzt, daß im Entlassungsbericht begründet werden müsse, warum man keine "curativen Maßnahmen"
mehr für möglich halte.
Gegen Mittag rief Oberarzt Dr. W.   . bei uns an und wiederholte, daß man
unsere Tochter entlassen wolle. Wegen des Pflegedienstes meinte er, daß wir als Senioren
doch in der Lage seien, unsere Tochter zu pflegen. Er mahnte mehr Kooperation an.
Außerdem sei es immer besser, wenn jemand zu Hause sterben könne, statt
in einer Klinik. Auch unserer zweiten Tochter, die inzwischen in die Klinik gekommen war,
teilte Dr. W.    r die Entlassung mit. Dabei ließ er es der Patientin gegenüber nicht an
Deutlichkeit fehlen, daß man von der Klinik aus nichts mehr tun wolle.
Unsere Tochter bekam kurz danach einen heftigen epil. Anfall, während ihre Schwester
bei ihr im Zimmer war. Danach konnte sich die Patientin sprachlich nicht mehr äußern.

- 2 -

In dieser Zeit erschienen die Sanitäter zum Abtransport. Gleichzeitig rief ich
über das Zimmertelefon an und erfuhr von unserer zweiten Tochter, daß gerade Dr.
W..... r mit den Sanitätern wegen des Transports verhandle. Ich sagte ihr, daß sie
bei Dr. W. .' .: darauf dringen solle, daß im Entlassungsbericht deutlich enthalten
sein solle, weshalb unsere kranke Tochter entlassen werde. Da übernahm
Dr. W.... r den Hörer und wollte wissen, warum wir dies forderten. Ich sagte ihm, daß
bei einer derart schwerwiegenden Entscheidung doch wohl eine schriftliche Begründung verlangt werden dürfe. Dr. W..... gab seinem Mißtrauen gegen unsere Forderung
Ausdruck und ließ durchblicken, daß dies eine Entscheidung des Chefs gewesen sei,
für die er keine Verantwortung zu übernehmen beabsichtige. Er berichtete dann, daß
unsere Tochter gerade einen Anfall hinter sich habe, und daß er die Sanitäter angewiesen hätte, bei Komplikationen während des Transports zu einem Computer-Tomo-
gramm zurückzukommen. Als sich herausstellte, daß die zweite urolog. Untersuchung
noch ausstehe, wurden die Sanitäter wieder weggeschickt. Als man dann feststellte,
daß die Patientin nicht mit eigener Kraft stehen konnte, verzichtete man auf diese
Untersuchung und organisierte erneut den Transport nach Hause, der dann etwa zwei
Stunden später durchgeführt wurde.
Zu Hause dauerte in den Tagen darauf der bedenkliche Zustand bei unserer Tochter an,
was uns veranlaßte, über den bisherigen Operateur, Prof. Dr. Beck, und über den
Hausarzt unserer Tochter Verbindung mit dem Leiter der Kopfklinik des Universitätsklinikums Erlangen, Prof. Dr. F: ...., Verbindung aufzunehmen. Nach Einsicht des
diagnostischen Materials sagte man uns dort einen Termin für eine Katheterembolisation
für Ende November, Anfang Dezember zu. Wegen dieser langen Wartezeit nahmen
wir auch - ebenfalls mit ärztlicher Hilfe - Verbindung mit der Neurochirurgischen Klinik des
städt. Krankenhauses Bogenhausen auf und erhielten einen Termin beim Klinikchef
Prof. Dr. L\ .. Dort erfuhren wir zu unserer Verblüffung, daß man auch hier
Katheterembolisationen durchführe. Prof. L.... .. entschied sich nach der Auswer-
tung des diagnostischen Materials für eine Embolisation der zahlreichen Meningeome
im Scheitelbereich und zu einer daran anschließenden Entfernung des Tumorgewebes.
Dabei wurden wir auf das hohe Risikopotential bei diesen Eingriffen hingewiesen.
Die Operation ist inzwischen erfolgreich durchgeführt worden.

Was uns als Eltern bei diesem Kampf ums Überleben unserer Tochter so sehr betroffen gemacht hat, war das rigorose und von uns als gefühllos empfundene Verhalten des Chefs der Neurochirurgie in Großhadern, der selbst nie in Erscheinung
trat, auf den sich aber seine Ärzte stets beriefen und kundtaten, daß hier nach dessen
Urteil keine curativen Möglichkeiten mehr bestünden. Inwieweit sie selbst der
gleichen Meinung waren, konnte man anzweifeln, erlebte aber die Ärzte insgesamt
als getreue Erfüllungsgehilfen Ihres Chefs, die dort, wo sie mehr sagen hätten können, das
Schweigen vorgezogen haben. Verglichen mit früheren Zeiten in der Neurochirurgie unter
Prof. Dr. Marguth erlebte man ein Klima, das keinesfalls so geartet war, Vertrauen
zu bilden. Man wurde abgefertigt und hatte die Entscheidungen als endgültig hinzunehmen.
Ähnliche Ereignisse sind uns über die Eltern einer ehemaligen Mitpatientin unserer Tochter aus Wolfratshausen bekannt geworden, der Prof. R . ebenfalls weitere Eingriffe
verweigert hatte.
Es ist uns ebenso bekannt, daß unserer Tochter in den Jahren 91 und 92 die vom bisherigen Operateur für notwendig gehaltenen Eingriffe von Prof. R ..... Vorenthalten wurden, was im Bereich der zahlreichen Meningeome weitere raumgreifende Prozesse
zur Folge hatte. Dazu ist eine der anamnestischen Fragen von Prof. L\ bezeich-

- 3 -

nend, die sich darauf richtete, warum in den letzten drei Jahren im Kopfbereich keine Operationen mehr in Großhadern erfolgt seien. Dies sei ein erstaunlich tatenloses Zusehen bei einem keineswegs statischen Krankheitszustand.

Nachdem wir heute wissen, daß es in unserem Fall mit den curativen Möglichkeiten eben nur nach dem Urteil der Klinikleitung in der Neurochirurgie Großhaderns zu Ende gewesen sein soll, stellt sich natürlich schon die Frage, welchen Grad an Kompetenz einer solchen Klinik noch zuzutrauen ist, in der das sicher vorhandene breite Kompetenzspektrum der Ärzteteams über die Verengung der autokratischen Entscheidungsmacht des Klinikleiters verloren geht.Daß es mit ihrem Renomee nicht mehr so sehr weit her zu sein scheint, konnte man aus der Reaktion des Arztes des Ärztl. Notdienstes entnehmen, der, als er am 10. Oktober anläßlich eines Notrufes bei unserer Tochter war, auf den Hinweis, die Klinikleitung der Neurochirurgie hätte unsere Tochter zum Sterben nach Hause geschickt, meinte, daß er schon lange keine Patienten mehr in die Neurochirurgie nach Großhadern einweise, sondern ausschließlich in die Neurochirurgie des Krankenhauses Bogenhausen, weil er sie dort in besserer Obhut wisse. Er kenne die Zustände in Großhadern und wisse auch über die Presse von anhängigen Verfahren.

Da wir durch die Krankheit unserer Tochter seit 1985 fast schicksalsmäßig mit der Neurochirurgie Großhaderns verbunden waren und sie dort stets tatkräftige und kompetente Hilfe erfahren hat, ist die Abschiebeaktion, die unsere Tochter dort zuletzt auf Anweisung des Klinikleiters erfahren mußte, ein deutliches Zeichen, wie gravierend sich dort das Klime verändert hat. Es ist keine Art, wenn die Ärzte sich auf keine Gespräche einlassen, keinen Rat für die nächste Zukunft geben, auch oder gerade wenn sie schon den Standpunkt vertreten, es handle sich um einen hoffnungslosen Fall. Der stereotype Hinweis, der Klinikleiter hätte die Entscheidung getroffen, machte das auf eine Einmannkompetenz so bedenklich reduzierte Know-How so überdeutlich.

Entschied dieser so, weil er im Rahmen seiner eigenen Verantwortung keine Möglichkeiten für die notwendige Hilfe sah? Das wäre für eine Universitätsklinik mit dem Markenzeichen Großhadern nach unseren heutigen Erfahrungen ein Armutszeichen.
Entschied er so, weil er der Meinung war, für diesen kranken Menschen sei es besser, wenn er stürbe, weil er durch eine nach seiner Meinung sinnlosen Operation der Gesellschaft nur unnötige Kosten aufbürde? Das wäre eine Entscheidungshaltung für einen Klinikchef, die penetrant an frühere Euthanasiezeiten erinnerte.
Entschied er so, weil ihm an seiner Klinik keine geeigneten Instrumente zur Verfügung stehen, mit denen auch schwierige Operation in den Bereich des Möglichen rücken, z. B. die Katheterembolisation von Tumoren? Wäre es so gewesen, könnte man es nicht verstehen, weil mindestens der medizinische Laie die Vorstellung mit sich trägt, in einer Neurochirurgischen Klinik des weltbekannten Vorzeigeklinikums Großhadern müsse im Rahmen von Forschung und Lehre auch eine optimale Ausbildungsmöglichkeit für ihre praktizierenden Studenten vorgehalten werden, ein Instrumentarium, das anderswo offensichtlich längst zum Standard gehört.

Uns als Eltern jedenfalls sind diese Gedanken und Fragen nach dem schlimmen Erlebnis, unsere Tochte ohne Hilfe auf die Straße gesetzt zu bekommen, durch den Kopf gegangen. Sie erscheinen uns wichtig genug, sie an verantwortlicher Stelle vorzubringen, um vielleicht doch dazu beizutragen, daß die Neurochirurgie von Großhadern wieder alle schwerkranken Patienten zur offenen und hilfreichen Institution wird.

- 4 -

Derzeit erscheint sie uns jedenfalls als Selektionsstelle, in der das Gutdünken des Chefs über behandelbare und nicht zu behandelnde Patienten entscheidet. Im Rahmen der dem Klinikum Großhadern seitens der Staatsregierung zugewiesenen Versorgungsstufe entspricht ein solches Gebaren innerhalb der angesprochenen Klinik keineswegs der zugedachten Aufgabenstellung. Das halten wir keineswegs für gut für die Patienten und schon gar nicht für das Renomee.

Mit freundlichen Grüßen!

C. .F.

Abschriftlich auch an das
Bayer. Staatsministerium f. Unterricht, Kultus, Wissenschaft und Kunst
z.Hd. von H. Ministerialrat Dr. W.

C  F
Betzenweg 74, 81247 München                                      21. Februar 1994
Telefon 089 / 8111841

*[handschriftliche Notiz:]*
# Prof. Bech
zu Information
Herl froup
Ihr C. Feller

C. F    · Betzenweg 74 · 81247 München

Herrn Prof. Dr. D. Sc .
Ärztlicher Direktor des Klinikum Großhadern
Marchioninistr. 15

81377 München

**Stellungnahme von Prof. R⋯⋯ zu unserem Schreiben vom
28.10.93; hier: Erwiderung**

Sehr geehrter Professor S⋯ .

nachdem nun die längst überfällige Stellungnahme eingetroffen ist, erlauben
wir uns, darauf wie folgt zu erwidern:
Sie stellt auch für einen medizinischen Laien ein wenig überzeugendes Konvo-
lut aus neurochirurgischen Fachbegriffen, chronologisch teilweise unrichtigen
Ablaufschilderungen, allgemeinen Belehrungen und Bekenntnissen dar, die offensichtlich verdecken sollen, daß in diesem Fall der unterlassenen Hilfeleistung der Leiter der Neurochirurgischen Klinik, Prof. R⋯⋯, seine Entschei-
dungskompetenz fehlerhaft gebraucht hat. Diese Feststellung ist ganz einfach
an der Tatsache festzumachen, daß die Person, über die Prof. R⋯⋯ seine
Stellungnahme abgibt und für die er in seiner Verlaufsprognostik hartnäckig
nur noch "das Sterben in Würde" für möglich hält, daß diese Person, unsere
Tochter, nach zwei – zugegeben – schweren und risikoreichen Operationen mit
vorausgegangener Katheterembolisation und nachträglicher Einsetzung eines
Hydrocephalusventils (anstelle des verstopften Shunts, 1986 in der NCH Großhadern gelegt), sich zur Freude aller Beteiligten im Stadium einer langsamen
Erholung, verbunden mit einer sich abzeichnenden Reaktivierung der nervli-
chen Funktionen in den Gliedmaßen, befindet. Sie kann bei klarem Verstand
wieder deutlich und artikuliert sprechen und entwickelt sukzessiv psycho-
physische Aktivitäten, die vor den Operationen nicht mehr möglich waren. Sie
ist außerdem dabei, den Schock zu verarbeiten, den man ihr zur Begründung
der Entlassungsentscheidung am 14.09.93 so überaus "human" auf der I 9 der
NCH versetzt hat, ohne jede Chance einem langsamen Sterben ausgeliefert zu
sein, von dem Herr R⋯⋯ salbungsvoll vom "Sterben in Würde" spricht.
Wenig überzeugend ist sie auch deswegen, weil es offensichtlich noch andere
Neurochirurgen gibt, die trotz der gleichen Befunde der Meinung waren,
durch Eingriffe helfen zu können, was sich ja inzwischen auch deutlich bestätigt hat. Inwieweit dies "möglicherweise aufschiebende, aber sicher keine
curative Wirkung" haben wird, sollte Herr R⋯⋯ dem Schicksal und der Kon-
stitution unserer Tochter überlassen und dem Glück, stets auf mutige und
kompetente Neurochirurgen mit den Fähigkeiten und der Souveränität eines

-2-

Prof. L. und seines Teams zu treffen, so, wie es früher einmal Prof. Beck für unsere Tochter in der NCH von Großhadern sein durfte.
Unter diesem Aspekt mutet die Behauptung von Prof. R. geradezu zynisch an, wenn er schreibt, daß die Mehrzahl der Angehörigen von Patienten , bei denen man am Ende der Möglichkeiten angelangt sei, der Meinung beipflichte-ten, den Patienten dann in Würde sterben zu lassen. Wären wir also seinem Fehlurteil gefolgt und hätten auf den Tod unserer Tochter "in Würde" zuge-wartet, könnten wir uns jetzt der Mehrzahl von Angehörigen mit dem gleichen Schicksal zurechnen. Welch ein Trost!
Dies ist jedoch für Herrn R. noch nicht genug in der apodiktischen Ein-schätzung der Überlebenschance unserer Tochter, stuft er doch den Umstand, "eine Zweitmeinung eingeholt " zu haben als das Klammern "an jeden Stroh-halm" ein, für das er "Verständnis" habe. Auch mit großem Wohlwollen kann man diese Bemerkung nur so werten, daß die beiden erfolgreichen Operationen durch Prof. L. im Klinikum Bogenhausen eigentlich überflüssig gewesen sind, weil sie, als die Folge einer "Zweitmeinungsbildung," eben nur Stroh-halme waren, nach denen wir griffen, ohne zu akzeptieren, daß eigentlich Sterben in Würde angesagt war. Hier wird deutlich, wie fixiert Prof. R. in seiner Urteilslogik ist, wenn er solche Sätze trotz der nun veränderten Reali-tät des Falls als Stellungnahme verfaßt und die hervorragende operative Lei-stung seiner Kollegen im Krankenhaus Bogenhausen als lediglich aufschiebend herabsetzt. Es darf einfach nicht sein, daß hier ein Mensch eine weitere Chance für sein Leben erhielt, wenn er gottähnlich verkündet hat, daß diese Chance nicht mehr besteht. Soll man so einen Klinikchef nun fürchten oder bemitleiden?
Im gleichen Licht erscheint der Vorwurf, den Prof. R. seinem Oberarzt Prof. Beck macht, weil er kritisiert, daß Prof. Beck ("...bisher behandelnder Arzt...", dem er aber weitere Eingriffe bei unserer Tochter untersagt hat) es trotz seiner Bitte unterlassen habe, uns als Angehörige , "wie sich dies ge-hört", über die "Unheilbarkeit" der Erkrankung und den weiteren Verlauf aufzuklären, wozu man "persönlichen Mut und großes Einfühlungsvermögen" benötige. Dies habe aber Prof. Beck Dr. W. überlassen, "anstatt sich selbst darum zu kümmern." Prof. R. ist der Meinung, daß ("....Herr F. spricht immer von curativen Operationen....") es nicht "korrekt" sei," wenn dann aus Mitleid unrichtige Aussagen über den Verlauf oder sogar nicht haltbare Versprechungen gemacht werden".
Prof. R. behauptet hier ohne Kenntnis der Wirklichkeit, daß uns der "bisher behandelnde Arzt" keinen reinen Wein eingeschenkt und uns "inkorrekt" in dem falschen Glauben gehalten habe, hier bestünden "curative" Möglichkeiten. Woher weiß er das eigentlich? Entstammt diese Behauptung der Rivalität anderen Neurochirurgen gegenüber, die sich in der Diagnostik als kompetenter erwiesen haben, nachdem wir es gewagt hatten, nach Beratung durch Prof. Beck "eine Zweitmeinung" einzuholen, die schließlich zum jetzigen Erfolg geführt hat?
Der Begriff "curativer Eingriff" stammt übrigens von einem der Ärzte aus dem Team von Prof. R., der uns damit das Ende der Möglichkeiten signalisieren wollte, wie auch in meiner Beschwerde vom Sept. 93 nachzulesen ist. Außerdem kann Herr R. nicht wissen, daß uns Prof. Beck noch zu Lebzeiten von Prof. Marguth anläßlich des Überlebenskampfes unserer Tochter nach der er-sten großen Operation und den postoperativen Nachblutungen 85/86 ohne jede Beschönigung über den Verlauf der Erkrankung unserer Tochter und ihrer Neigung zum Rezidiv in Kenntnis gesetzt hat. Er hat sich nur nicht angemaßt, zu wissen, ab wann Eingriffe nicht mehr sinnvoll sind, weil man an "die Grenzen der Möglichkeiten" gestoßen sei.

-3-

Die Behauptung, Prof. Beck hätte es im Sept 93 trotz der Bitte von H. Re
unterlassen, uns über die Aussichtslosigkeit der Erkrankung zu informieren,
ist außerdem unwahr, weil nach meinen Aufzeichnungen Prof. Beck, den wir in
dieser Sache um Hilfe bitten wollten, zu dieser Zeit beurlaubt war
(Laserkongreß), was uns anläßlich unserer telefonischen Kontaktversuche mit
ihm durch den Anrufbeantworter in seinem Arztzimmer stereotyp zur Kenntnis
gebracht wurde. Da drängt sich die Frage auf, wie Herr Re    zu diesem
Vorwurf kommt, wenn er – wie anzunehmen ist – seinen Oberarzt zu diesem
Kongreß selbst beurlaubt haben muß.
Im Zusammenhang mit der Darstellung von Herrn Re    auf Seite 1 zur Operation des cervikalen Meningeomrezidivs unterläßt er zu berichten, daß anläßlich dieser Operation eine zusätzliche Komplikation durch den Anästhesisten
eingetreten ist, weil dieser während der Anästhesie einen Lungenflügel durch-
stoßen hatte, was einen operativen Zusatzeingriff am Thorax notwendig machte.
Diese Komplikation, gekoppelt mit der Operation im Halswirbelbereich, hatte unsere Tochter übermäßig geschwächt, sodaß ihre Entlassung aus der H9 nach
Bad Heilbrunn gar nicht möglich und somit auch nie beabsichtigt war. Sie sollte zur Nachsorgebehandlung ins Bezirkskrankenhaus Gabersee verlegt werden,
was damals nur durch das Eingreifen von Prof. Beck (wegen der weiten
Entfernung für uns Angehörige) verhindert wurde. Unsere Tochter kam dann
zu Dr. Büchele auf die Station 1a der Aufnahmeklinik im Bezirkskrankenhaus
Haar, wo sie bis zum Juli blieb und erst von dort aus nach Bad Heilbrunn zur
Reha-Behandlung verlegt wurde.

Insgesamt ist diese Stellungnahme das Musterbeispiel einer uneinsichtigen
Selbstrechtfertigung, weil sie nur darauf abzielt, die Eigenwilligkeit der diagnostischen Folgerungen und die darauf basierende Entlassung mit der dra-
matischen Darstellung eines aussichtslosen Krankheitsbildes zu belegen, ohne
darauf einzugehen, daß unsere Tochter nun doch erfolgreich operiert wurde.
Herr Re    will es partout nicht wahrhaben, daß es unserer Tochter nach
den Operationen im Krankenhaus Bogenhausen den Umständen entsprechend
viel besser geht. Er versucht, seine Darstellung durch Fakten zu untermau-
ern, obwohl er am Anfang des Textes davon spricht, daß "interessanterweise
alle früheren Krankenakten unserer Tochter einschließlich des gesamten Bild-
materials unauffindbar" seien. Eine solche Feststellung wirkt beim ersten Lesen kurios, dann aber greift man sich an den Kopf, weil man es nicht für
möglich hält, daß es so etwas geben soll. Ist hier etwa der große Unbekannte
am Werk ? Sollen hier Unterlagen aus dem Weg geschafft werden, die irgend
etwas beweisen könnten? So rätselt man herum und staunt, daß es so etwas
an der einstmals hochrenommierten neurochirurgischen Abteilung des Klinikums
Großhadern gibt. Sind dies auch die einzigen Akten, die "interessanterweise"
unauffindbar sind?
Wir kommen zu dem Schluß, daß die Entlassung unserer Tochter auf einer
Entscheidung des Klinikleiters beruht, die einer unterlassenen Hilfeleistung
gleichkommt. Um zu verhindern, daß auch anderen Patienten ein solches
Schicksal zugemutet und autokratisch über ihr Leben oder Sterben verfügt
wird, sollte man intensiv über die notwendigen Kompetenzen zur Leitung einer
solchen Klinik nachdenken und möglicherweise daraus die erforderlichen Konsequenzen ziehen, nicht zuletzt auch deshalb, weil dieser uns betreffende
Vorfall keineswegs ein singuläres Geschehen gewesen zu sein scheint.

Mit freundlichen Grüßen!

C. fe.

## 5.2 Verlust der Chefarztstelle der Neurochirurgie am Klinikum Bogenhausen

Im Frühjahr 1992 hatte ich mich um den Dienstposten der Chefarztstelle für Neurochirurgie am Klinikum Bogenhausen der Landeshauptstadt München beworben. Der Erhalt dieses Dienstpostens wäre für mich die absolute Erfüllung meines Berufsweges als Arzt gewesen. Es war der Wunsch von Marguth, dass ich, als sein Schüler, Chef der Neurochirurgie des Klinikums Bogenhausens werden sollte. Bei der Übernahme hatte H.-J. R. ausdrücklich zugesagt dieses Anliegen zu unterstützen.

Der ehemalige Chefarzt Dr. S. hatte mich als Nachfolger vorgeschlagen, der Oberarzt und die Assistenten, die mich von Operationen und Vorträgen persönlich kannten, freuten sich auf mein Kommen.

Meine Degradierung und das OP-Verbot erfolgten unmittelbar vor der Ausschreibung Bogenhausen. Auf Wunsch von H.-J. R. musste sich plötzlich bei dieser Ausschreibung ein zweiter Kollege unserer Klinik, nämlich S. bewerben. S. kam aus der experimentellen Chirurgie wie H.-J. R. und hatte jahrelang im Operations-Saal um ein Stückchen menschliches Gehirn gebettelt, um die Cortisonwirkung auf das Hirnödem untersuchen zu können. Als Assistent gehörte er später zum „Vaskulären Team", da er die pathophysiologischen Untersuchungen für die Indikation zur Anastomose gemacht hatte, die im weiteren Verlauf allerdings ins Wasser fiel. Er war ein ulkiger Typ und ich mochte ihn, da er nicht hinter dem Geld her war, wie viele Kollegen. Nach einer Operation hatte ich ihm einmal sogar entscheidend geholfen! Umso erstaunter war ich, dass er mir bei der Bewerbung um Bogenhausen in den Rücken fiel, vermutlich auf Wunsch von H.-J. R.

Das Krankenhaus Bogenhausen gehört organisatorisch zur Technischen Universität München. Eigentlich hätte der Gesundheitsreferent der Stadt München Herr Dr. Z. nach Rücksprache mit Frau Prof. Dr. T., der Chefin der Neurochirurgie im Klinikum rechts der Isar, die Auswahl der Gutachter treffen müssen. So aber hatte Dr. Z. drei Gutachter ausgewählt, die H.-J. R. ergeben waren, um dessen Wunschkandidaten S. als Chefarzt durchzubringen.

Obwohl die „Grünen", die mich schätzten, an der Reihe gewesen wären, hatte Frau P., die Sprecherin des SPD-Gesundheitsausschusses, erreicht, dass die SPD zwei Mal hintereinander das Chefarztvorschlagsrecht bekam. Sie wurde bald darauf Chefin der Pflegeleitung im Städtischen Krankenhaus Harlaching.

Bei der Sitzung am 22.03.1992 zur Berufung des Chefarztes der Neurochirurgie Bogenhausen waren die Universitäts-Professoren G., Augsburg; K., Wien und S., Freiburg, als Gutachter H.-J. R. behilflich, indem sie mein operatives Leistungsvermögen abqualifizierten und Pressionen auf das Wahlgremium ausübten: „Wenn Sie Beck wählen, verlassen wir den Raum." Da das Gremium S. nicht als Chef wollte, da er sich OP-Schwestern gegenüber ungebührlich verhalten hatte, wurde Prof. Dr. L., Leitender Oberarzt aus Düsseldorf, gewählt. Nach der Wahl sagte G.: „Dann war ja alles umsonst, d.h. wir hatten Beck umsonst schlecht gemacht."

Prof. H., der Leiter der Berufungskommission, teilte den Verlauf der Sitzung (Anlage 21) Oberbürgermeister Kronawitter mit, der über die Gutachter entsetzt war und mich noch einmal auf einen Listenplatz setzen ließ. Die Entscheidung aber war gefallen. Deshalb hielt ich keinen Bewerbungsvortrag mehr, sondern erzählte Anektoden aus meiner Kind- und Jugendzeit, die zeigen sollten, dass ich ein Kind des Glücks bin, da ich während der Kriegsjahre viele Bombenangriffe unbeschadet überlebt hatte. Die Stadträte konnten es einfach nicht verstehen, dass ich es als Glück betrachtete, dass meine Bewerbung unter diesen Umständen abgelehnt worden war.

Frau Sabine Csampai, die als dritte Bürgermeisterin den Vorsitz hatte und neben mir saß, hatte mich verstanden. Als ich H.-J. R. das Ergebnis mitteilte, konnte er es nicht fassen. Er hatte für seinen Oberarzt S. doch alles so klug eingefädelt und extra noch eine Show-OP mit ihm veranstalten lassen. Bei den einweisenden Ärzten aber schlug die Nachricht wie eine Bombe ein. Die Leidtragenden waren Chefärzte und Politiker, die in den nächsten Wochen und Monaten von einweisenden Ärzten, die sich für mich einsetzten, mit Briefen überzogen wurden, z. B. Anlagen 22 bis 26 (1992).

Anlage 21:   Herr Prof. Dr. H. H., Direktor der Klinik und Poliklinik für Mund-, Kiefer- und Gesichtschirurgie der Technischen Universität München

Anlage 22:   Herr Ch. R. Neblett, MD, Neurological Surgery Houston, Texas USA, Secretary/ Treasurer of LANSI

Anlage 23:   Herr Prof. Dr. A. H., Präsident der Deutschen Gesellschaft für Lasermedizin

Anlage 24:   Frau Dr. S. H., Vorsitzende des Ärztlichen Kreisverbandes Starnberg

Anlage 25:   Herr Prof. Dr. M. H., Chefarzt des Bundeswehrkrankenhauses München für Neurologie und Psychiatrie

Anlage 26:   Herr Chefarzt Dr. W. R., Innere Medizin des Städtischen Krankenhauses, Bad Tölz

Obwohl ich allen Leuten abriet, schrieben auch Patienten Briefe und selbst Oberbürgermeister Kronawitter wurde nicht verschont. Ich hatte einfach zu viele Menschen gut operiert, und diese Patienten hatten Angst, keinen vertrauenswürdigen Operateur wiederfinden zu können. In Großhadern hatte ich Operationsverbot, und in Bogenhausen kam ein Neuer, den man operativ noch nicht kannte, von dem man nur wusste, dass er in verwandtschaftlicher Beziehung zu Ministerpräsident Dr. h. c. Max Streibl stand. L. hatte aber meine Unterstützung, da er mir von meiner Lasertätigkeit in Düsseldorf als guter Operateur bekannt war. Im Hinblick auf mein zwischenzeitlich erreichtes Lebensalter und die beschränkten Möglichkeiten vergleichbarer Dienstposten im Raum München, den ich nicht mehr verlassen wollte, war ich mir im Klaren, dass eine Chefarztposition nicht mehr möglich war. Mit dieser Situation hatte ich mich voll und positiv abgefunden. Ich hatte sozusagen mit meinem beruflichen Ehrgeiz Frieden geschlossen und wollte ausschließlich meiner Passion in einer dem einzelnen Patienten sehr zugewandten Form leben.

UNIV.-PROF. DR. MED. DR. MED. DENT.
HAI HE HC
Direktor der Klinik und Poliklinik
für Mund- Kiefer- Gesichtschirurgie
der Technischen Universität München
Klinikum rechts der Isar

Ismaninger Straße 22
8000 München 80
Telefon (0 89) 41 40 - 29 20

14.05.1992

Herrn
Oberbürgermeister
Georg Kronawitter
Rathaus der
Landeshauptstadt München
Marienplatz 8

8000 München 2

**Berufung eines Chefarztes für die Abteilung Neurochirurgie am Städtischen Lehrkrankenhaus der TUM, München-Bogenhausen**

Sehr geehrter Herr Oberbürgermeister Kronawitter!

Als Vertreter der Technischen Universität München habe ich an der abschließenden Sitzung des Arbeitskreises zur Berufung eines Chefarztes für die Abteilung Neurochirurgie am Städtischen Krankenhaus Bogenhausen am Montag, den 23. März 1992, teilgenommen.

Im Verlauf der Sitzung wurde durch die auswärtigen Fachgutachter, die Herren Univ.-Proff. Gr , K und S die fachliche Qualifikation und Eignung von Herrn Univ.-Prof. Dr. O.J. Beck, Oberarzt an der Neurochirurgischen Klinik des Klinikums Großhadern, in Zweifel gezogen. Diese Haltung der Fachgutachter führte dazu, daß Herr Univ.-Prof. Dr. O.J. Beck keinen Listenplatz erhielt. Es wurde daraufhin eine Dreier-Vorschlagsliste erstellt, auf der sich kein Bewerber mit speziellen Kenntnissen auf dem Gebiet der Laser-Neurochirurgie befindet, obwohl dies in der Stellenausschreibung erwünscht war.

Wie mir persönlich bekannt ist, handelt es sich bei Herrn Univ.-Prof. Beck um einen klinisch anerkannten Neurochirurg, der durch seine langjährige Tätigkeit am Klinikum Großhadern auf dem gesamten Gebiet der konventionellen-, mikrochirurgischen- und Laser-Neurochirurgie große Anerkennung gefunden hat.

Anlage 21

-2-

Diese Meinung wird auch von vielen national und international anerkannten Neurochirurgen vertreten, was Sie den in Anlage beigefügten Schreiben entnehmen können.

Sehr geehrter Herr Oberbürgermeister, aus den genannten Grün- den darf ich Sie hiermit bitten, bei der Berufung eines Chef- arztes für die Abteilung Neurochirurgie am Lehrkrankenhaus München-Bogenhausen die Bewerbung von Herrn Univ.-Prof. Dr. O. J. Beck zu berücksichtigen.

Mit bester Empfehlung
bin ich Ihr


Univ.-Prof. Dr. Dr. H.-H. H


Anlagen

LASER ASSOCIATION OF NEUROLOGICAL SURGEONS INTERNATIONAL

Scurlock Tower 1748
6560 Fannin
Houston, Texas 77030
Ph. 713-797-0966
Fax. 713-797-9135

April 9, 1992

2 1. APR. 1992

Prof. H. H
Direktor der Univ. Klinik fur Mund-,
   Kiefer-Und
Gesichtschirurgie
Neets der Isar
Ismanninger StraBe 22
D-8000 Munchen

Dear Prof. H

This letter is in reference to Prof. O. J. Beck. It is my
understanding Prof. Beck is under consideration for a post at
your institution. His reputation, both in the United States and
in the international laser neurosurgical community which I have
personally followed over the past ten years, is of the highest
quality. It was at that time that the Laser Association of
Neurological Surgeons International was founded with Prof. Beck
as a founding member. His works include quality production in
the research laboratory as well as excellent clinical work. He
is well respected as a surgical technician with skill
enhancements provided through the microscope and the laser.
Prof. Beck will serve as the president of LANSI in 1993 and our
annual meeting will be held in Munchen.

I am pleased to have the opportunity to endorse Prof. Beck not
only as a quality neurosurgeon but as a gentleman of high
integrity.

Very truly yours,

Charles R. Neblett, M.D.
Secretary/Treasurer

CRN:me

cc: Chefarzt E. K

# DEUTSCHE GESELLSCHAFT
# FÜR LASERMEDIZIN e.V.

┌ Deutsche Gesellschaft für Lasermedizin e.V., München
  Klinikum Großhadern, Marchioninistraße 15, D-8000 München 70 ┐

Herrn Professor
Dr.med.H. H
Direktor der Klinik
f. Mund-, Kiefer- u.
Gesichtschirurgie der
Technischen Universität
Ismaninger Strasse 22
└ 8000 München 2    ┘

Präsident
Prof. Dr. A. H
Direktor der Urologischen Klinik und Poliklinik der
Ludwig-Maximilians-Universität München
Klinikum Großhadern
Marchioninistraße 15
D-8000 München 70
Telefon (089) 7095-2971

München 70, den    31.3.1992

nachrichtlich:
An den stellvertretenden
Direktor d. Klinikums Bogenhausen
Herrn Chefarzt Dr.med.E. K

Sehr geehrter Kollege H

als derzeitiger Präsident der Deutschen Gesellschaft für
Lasermedizin habe ich mit großem Erstaunen zur Kenntnis
genommen, daß bei der Auswahl der Kandidaten für die
Nachfolge von Herrn Chefarzt Dr. S          im
Klinikum Bogenhausen, Prof.Dr.med.H. Beck nicht einmal auf
der Liste erschienen ist. Ich finde dies nicht nur erstaun-
lich, sondern auch befremdend, nachdem die Laserchirurgie
ein Teil der Ausschreibung war und es in Deutschland zur
Zeit sicherlich keinen erfahreren Neurochirurgen auf dem
Sektor Lasermedizin gibt als Herrn Prof. Beck.
Professor Beck ist, wie zahlreiche Zeugnisse belegen und
wie ich aus eigener Erfahrung weiß, <u>der</u> international aner-
kannte Neurochirurg mit Lasererfahrung und vertritt die
Deutsche Gesellschaft für Lasermedizin auf dem Sektor Neurochirurgie.
Wenn ich die Liste der von der Berufungskommission vorgeschlagenen Kandidaten durchsehe, so ist mir keiner der Kandidaten
als lasererfahren bekannt, so daß die Frage erlaubt sein sollte,
ob die moderne Lasertechnologie in Bogenhausen nicht erwünscht
ist. Dies wäre bedauerlich.

Präsident:        Prof. Dr. A. H        . München
Vizepräsident:    Dr. E. K        München
Generalsekretär:  Prof. Dr. G. H. Willital, Münster
Komm. Schatzmeister: PD Dr. D. Wallwiener, Heidelberg

Konto der Deutschen Gesellschaft für Lasermedizin e.V.:

Sehr geehrter Herr Kollege H

als Präsident der Deutschen Gesellschaft für Lasermedizin möc
ich Sie bitten, in einem Sondervotum den Stadtrat der Landeshauptstadt München auf diese Sachlage aufmerksam zu machen.


Mit freundlichen kollegialen Empfehlungen
Ihr

Prof.Dr.A. H
Präsident der Deutschen
Gesellschaft für Lasermedizin

An die
Kassenärztliche  Vereinigung Obb

Elsenheimerstr. 39

8000 München

Starnberg den 7.4.92

Ärztlicher Kreisverb
Starnberg

8130 Starnberg


Sehr geehrter Herr Vorsitzender der KV Obb.Dr. P˙

Lieber R˙ ˙ ˙ !

Bezugnehmend auf unser Telefonat vom 6.4.92,betrifft Besetzung der
Chefarztstelle der Neurochirurgie Bogenhausen / München, darf ich
Dich bitten im Sinne der niedergelassenen Kassenärzte Oberbayerns,
Dich für die richtige Beurteilung von Prof. Dr. med Oskar Beck,
Oberarzt im Klinikum Großhadern einzusetzen. Ebenso darf ich Dich bitten
den Stellvertretenden Vorsitzenden der KVB Dr. Gert G._ H˙
einzuschalten, dem sicherlich Prof. Dr. Beck kein Unbekannter ist.

Prof. Beck ist seit Jahren als Leitender Oberarzt der Neurochirurgie
des Klinikums Großhadern bekannt. Prof. Dr. R     ist seit kurzem der
Nachfolger von Prof. Marguth. Beck hat sich immer bemüht, alle Patienten aufzunehmen, nicht nur für die Privatpatienten einen OP-Platz zu
reservieren, während dies unter der Leitung von Prof. R     nicht mehr
möglich ist. Ich selbst kenne Beck aus meiner Praxis seit 20 Jahren; er
war immer für meine Kassenpatienten da, selbst an Feiertagen hat er
meine Akutpatienten operiert, was Prof. I˙   (Chef des Kreiskrankenhauses Starnberg) bestätigen kann. Beck ist in Bayern seit 12 Jahren
als Oberarzt bekannt - die für eine neurochirurgische Operation vorgese-
henen Patienten sind immer aufgenommen worden. Beck ist für ˙ hervorragende OP-Ergebnisse nicht nur in Bayern, sondern auch in anderen Ländern und im Ausland bekannt.

Mit Erschütterung hat die Bayer. Ärzteschaft vernommen, daß Beck bei
der Kommissionssitzung zur Chefarztbesetzung der Neurochirurgie im Städt.
Krankenhaus Bogenhausen (Nachfolge von Dr. F.S˙     ˙r) nicht nur
keinen Listenplatz erhielt, sondern sogar von auswärtigen Gutachtern
fachlich abqualifiziert worden ist. Dies, obwohl Prof. Beck vor kurzem
berufen worden ist, im Jahre 1993 in München den Internationalen Welt-
kongreß für Laser- und Neurochirurgie als Präsident auszurichten. Dies
hat die auswärtigen Gutachter (Prof. G˙  , Augsburg, Prof. S˙
Freiburg, und Prof. K˙  , Wien) nicht davon abgehalten, die anderen
Kommissionsmitglieder vor Beginn der Sitzung dazu zu nötigen, einen so
hervorragend qualifizierten Mann nicht in die Liste aufzunehmen.

Anlage 24

- 2 -

Der Gesundheitsreferent der Stadt München, Herr Dr. Z⸱        , hat sich offenbar von Prof. R        und seinen Gutachtern völlig überfahren lassen. Nachdem bereits ca. 20 bayerische Klinikchefs gegen dieses Verfahren interveniert haben, muß ich die oberbayerische und bayerische Ärzteschaft eindringlich bitten, in gleicher Weise zu intervenieren, Einsicht in das Protokoll der Kommissionssitzung zu nehmen und auf ein faires Verfahren zu drängen.

Die Schreiben sollten - da die Sache sehr eilt - schnellstens gerichtet werden an:
- Prof. Dr. H        Direktor der Univ.Klinik für Mund-, Kiefer- und Gesichtschirurgie , Vertreter der Technischen Universität in der Berufungskommission, Klinikum rechts  der Isar, München 80, Ismaninger Straße 22
- nachrichtlich an Herrn Dr. med. K⸱        , Städt. Krankenhaus Bogenhausen, Patholog. Institut, München 81, Englschalkingerstr. 77

Ich wäre sehr dankbar, wenn die Sache als äußerst dringlich behandelt würde und wenn ich baldmöglich sowohl von Dir als auch von Dr. H   Abdruck der Schreiben erhalten könnte⸱

Mit besten kollegialen Grüßen

PROF. DR. MED. M.         H.

LEITENDER ARZT

DER ABT. NEUROLOGIE UND PSYCHIATRIE

AM BUNDESWEHRKRANKENHAUS MÜNCHEN

D-8000 MÜNCHEN 90

CINCINNATISTR. 64

TEL. 089/6 09 08 18

PROF. DR. H.    CINCINNATISTR. 64, D-8000 MÜNCHEN 90

E 9. APR. 1992

Herrn

Prof. Dr. H. H.

Direktor der Universitätsklinik

für Mund-Kiefer-Gesichtschirurgie

Klinikum Rechts der Isar

Ismaninger Str. 22

7.04.1992

8000 München 80

Betr.: Chefarzt-Nachfolge Dr. F. S.

Akademisches Lehrkrankenhaus München-Bogenhausen

Sehr geehrter Herr Kollege H.

bitte gestatten Sie mir, daß ich Ihnen unaufgefordert eine Stellungnahme
zugunsten von Herrn Prof. Dr. O. Beck zusende, nachdem ich hörte, daß nur
auswärtige Kollegen auf die Liste gesetzt worden sind. Ich fühle mich
hierzu verpflichtet, da wir am Klinikum der Bundeswehr - ohne
Neurochirurgie - seit vielen Jahren auf die schier unermüdliche,
kooperative Hilfsbereitschaft und fachliche Beratung von Herrn Prof. Beck
angewiesen waren.
Neben seinem abwägenden Urteil schätzen wir besonders das soziale
Engagement und die fachübergreifende Weitsicht. Eine besondere operative
Begabung und eine hilfsbereite Wesensart sind hierfür die Voraussetzung.
In vielen Jahren, ob bei Tag oder bei Nacht, ob an Wochenenden oder
während laufender Kongresse, Herr Prof. Beck hat unseren Patienten stets
uneigennützig zur Verfügung gestanden.

Da nun einmal das Bundeswehrkrankenhaus München in Kürze geschlossen
werden muß - zugunsten von Leipzig und Berlin - wäre es mir ein
besonderes Anliegen, am Klinikum Bogenhausen auch weiterhin für unser
dann ambulantes Patientengut und gerade für die Routine, einen
kompetenten Ansprechpartner zu wissen.

Mit freundlichen Grüßen

M. H.

Anlage 25

## Dr.med. W.  ꓵ d R

- Ärztlicher Direktor -
Internist - Gastroenterologie - Kardiologie
Chefarzt der inneren Abteilung

## STÄDTISCHES KRANKENHAUS BAD TÖLZ

Schützenstr. 15, 8170 Bad Tölz

Dr.med.W.  Re  , Städt.Krankenhaus, 8170Bad Tölz

An den
Vertreter der Technischen Universität für die
Berufungskommission zur Berufung des
Chefarztes für Neurochirurgie am Akademischen
Lehrkrankenhaus München-Bogenhausen
Herrn Prof. Dr. H. H  , Direktor der
Klinik für Mund-Kiefer- und Gesichtschirurgie
am Klinikum r.d. Isar der Technischen Univ. Mü.
Ismaninger Straße

8000 München 80

Tel.: 08041/507-01 (Vermittlung)
Durchwahl 08041/507-1221
06.04.92 Dr.R/E

D/Stellv. Direktor des Akademischen Lehrkrankenhauses München-Bogenhausen,
Herrn Chefarzt Dr. E. Kla  Krankenhaus München-Bogenhausen,
Englschalkinger Str. 77, 8000 München 81

**Stellungnahme zum Gutachterentschluß vom 23.03.1992 bezüglich**
**Chefarzt-Nachfolge Neurochirurgie (Dr. F. S  )**
**Städtisches Krankenhaus München-Bogenhausen**

Sehr geehrter Herr Professor H

Mit großer Bestürzung haben wir erfahren, daß Herr Prof. Beck als
Bewerber um die Chefarztnachfolge Neurochirurgie gemäß og. Gutachterentschluß keinen Listenplatz erhalten hat.

Wir haben Herrn Professor Beck in einer nun schon über 10 Jahre während
fruchtbaren Zusammenarbeit als einen sehr fähigen Neurochirurgen fachlich
wie auch menschlich kennen- und schätzengelernt.

Da wir auch in Zukunft seine fachliche Kompetenz, seinen wertvollen Rat
und seine Hilfe nicht missen möchten, würden wir es sehr begrüßen, wenn es
ihm ermöglicht würde, seine erfolgreiche Tätigkeit an der Neurochirurgischen
Abteilung des Krankenhauses Bogenhausen fortsetzen zu können.
Wir hoffen deshalb sehr auf einen positiven Ausgang des Bewerbungsverfahrens
zugunsten von Herrn Prof. Beck.

Mit freundlichen kollegialen Grüßen

Dr. W. R
-Chefarzt-

Anlage 26

## 5.3    Für einweisende Ärzte (1996)

Die folgenden 4 Briefe sind eine kleine Auswahl, die der Vorsitzende des Hochschulausschusses im Bay. Landtag, Herr Dr. Wilhelm, nach meiner Petition zur Aufhebung des widerrechtlichen OP-Verbotes von Kollegen erhalten hat.

Anlage 27:    Prof. Dr. P. K., Chefarzt der Inneren Medizin Kreiskrankenhaus, Traunstein
Anlage 28:    Prof. Dr. H. L., Chefarzt der Med. Klinik, Krankenhaus des Landkreis Starnberg, Akademisches Lehrkrankenhaus der LMU
Anlage 29:    Dr. M. P., Privatklinik Schindlbeck, Herrsching
Anlage 30:    Dr. M. S., Fachärztin für Radiologie, München

## 5.4    Für die Laserneurochirurgie (1996)

Der große Verlust für Patienten und für die Internationale Neurochirurgische Gesellschaft wird durch 4 weltweit bekannte (Laser-) Neurochirurgen bestätigt.

Anlage 31:    Charles Neblett M. D., P. A., Neurological Surgery, Houston Texas, USA ; ehem. Präsident der Int. Ges. für Laserchirurgie (LANSI)
Anlage 32:    S. J. Peerless, M.D., FRCSC, Prof. of Neurological Surgery of University of Miami, Director, Cerebrovaskular Unit and Director MERCY Neuroscience Institut Florida, USA
Anlage 33:    Toshiaki Takizawa, M. D., Head of Dpt. of Neurosurgery General Hospital, IR Tokyo, Japan; ehem. Präsident der Int. Ges für Laserchirurgie (LANSI)
Anlage 34:    Prof. Dr. W. P. Ascher, 1. Oberarzt der Universitätklinik Neurochirurgie, Graz; Präsident der Int. Ges. für Lasermedizin und Chirurgie, Österreich

## 5.5    Aus der Sicht ehemaliger Patienten und Mitarbeiter

### 5.5.1    Aus der Sicht ehemaliger Patienten

Anlage 35:    Frau R. S., Ärztin, München
Anlage 36:    Herr W. Z., Rechtsanwalt, München
Anlage 37:    Herr Prof. Dr. G. M., Regensburg
Anlage 38:    Herr A. L., St. Wendel
Anlage 39:    Herr Prof. Dr. F. Loew, Homburg/Saar
              N. B.: Prof. Dr. F. Loew war Tönnisschüler und zählte wie Prof. Dr. Pia, Gießen, und Prof. Dr. Marguth, München zu den angesehensten Neurochirurgen Deutschlands.

### 5.5.2 Aus der Sicht ehemaliger Mitarbeiter

Anlage 40:   Herr Dr. L. M:, Arzt, München
Anlage 41:   Herr Dr. H.-X. W., Internist, Kardiologe, Chefarzt der Klinik Kues
Anlage 42:   Frau Dr. med. H. B., Ärztin, München
Anlage 43:   Frau K. B., Krankenschwester, Insel Samos

PROF. DR. MED. P⎯  ⎯K⎯    ⎯ ⎯⎯

Alzstraße 11
D-8229 Traunstein
(08 61) 1 21 40

**Einschreiben**
Herrn                                                    29.4.96
Dr. Paul Wilhelm, MdL
Vorsitzender des Ausschusses
f. Hochschulfragen, Forschung und Kultur
des Bayerischen Landtages
Maximilianeum
81627  München

Sehr geehrter Herr Dr. Wilhelm,

erlauben Sie mir, daß ich mich an Sie, als Vorsitzenden des Hochschulausschußes des
Bayerischen Landtages, wende.
Mein Anliegen betrifft das Operationsverbot von Prof. Dr. O.J. Beck der Neurochirurgi-
schen Klinik des klinikums Großhadern.

Am Kreiskrankenhaus Traunstein waren wir bei der Versorgung unserer neurochirurgischen
Patienten auf die Zusammenarbeit mit der Neurochurgischen Klinik in Großhadern angewiesen, da wir selbst leider keine neurochirurgische Abteilung hatten.
Mit Prof. Dr. Beck als leitendem Oberarzt von Prof. Dr. Marguth, dem damaligen Direktor
der Neurochirurgischen Klinik, verlief die Zusammenarbeit im Hinblick auf die Organisation und vor allem die optimale neurochirurgische Versorgung über die Jahre hin vor-
züglich. Die Hilsbereitschaft von Prof. Beck, sein stetes Entgegenkommen auch in
schwierigsten Situationen machten ihn in unseren Augen zum neurochirurgischen
Nothelfer. Er übernahm zum Beispiel Patienten zur Operation, die in anderen Häusern
bereits abgelehnt worden waren, und erzielte dabei gute Erfolge.

Diese erfreuliche Zusammenarbeit änderte sich bedauerlicheweise schlagartig als Prof.
Dr. R⎯       die Neurochirurgische Klinik in Großhadern übernahm und Prof. Beck die
Position eines leitenden Oberarztes der Klinik entzogen wurde. Plötzlich hatten wir größte
Mühe unsere Patienten, insbesondere die neurochirurgischen Notfälle zu überweisen.
Trotz dringender Indikation wurde die Aufnahme einiger Patienten, auch junger Patienten,
abgelehnt.
Nach dem von Prof. R⎯    verhängten Operationsverbot für Prof. Beck, ließ dann
zusätzlich die Qualität der operativen Versorgung in erschreckender Weise nach.
Kollegiale Anmahnungen bei den nun zuständigen Oberärzten von Prof. R⎯    (Prof.
R⎯    war für uns nie erreichbar) sowie eine Darstellung der Situation beim Dekan der
Medizinischen Fakultät zeigten keinerlei Wirkung.
Nach Eröffnung der neurochirurgischen Abteilung in Vogtareuth, Kreis Rosenheim, wur-
den daher unsere Patienten nicht mehr nach Großhadern, sondern dorthin verlegt.
Andere Chefärzte von Krankenhäusern im Einzugsgebiet von München, mit denen ich
sprach, berichteten von ähnlichen Vorfällen und ihrer Entscheidung, die Patienten
ebenfalls in andere Kliniken zu verlegen.

**Anlage 27**

Prof R·    wäre, insbesondere im Interesse der Patienten, gut beraten, wenn er Prof. Beck wieder in seine alte Position, insbesondere als Operateur, einsetzen würde!

Im Interesse einer Reihe von Krankenhäusern, insbesondere der betroffenen Patienten, wäre ich Ihnen außerordentlich dankbar, wenn Sie Prof. Beck in seiner Forderung nach seinem Recht unterstützen würden.

Mit vorzüglicher Hochachtung

Prof.Dr.med. P... Ki
Leit. Arzt d. Med. Abteilung des
Kreiskrankenhauses Traunstein
bis 30.4.1994

Akademisches Lehr-
krankenhaus der
Ludwig-Maximilians-
Universität München

# KRANKENHAUS
# DES LANDKREISES
# STARNBERG

Medizinische Klinik

Chefarzt:
Prof. Dr. med. He   H.

Krankenhaus Starnberg · Oßwaldstraße 1 · 82319 Starnberg

Herrn Dr. Paul Wilhelm, MdL
Vorsitzender des Ausschusses
für Hochschulfragen, Forschung
und Kultur des Bayerischen Landtages
Maximilianeum

81627 München

| Ihre Zeichen, Ihre Nachricht vom | Bitte in der Antwort angeben<br>Unser Zeichen/Sachbearbeiter<br>**p1-hi** | Durchwahl 08151<br>18   **240** | Datum<br>**22.5.1996** |
|---|---|---|---|

Sehr geehrter Herr Dr. Wilhelm,

gestatten Sie mir, daß ich Sie als Vorsitzenden des Hochschulausschusses des
Bayerischen Landtages anspreche und mich für eine Aufhebung des
Operationsverbotes von Herrn Prof. Dr. O.J. Beck von der Neurochirurgischen
Klinik am Klinikum Großhadern einsetze.

Ich kenne Herrn Beck bereits seit Beginn seiner chirurgischen Tätigkeit an
der Chirurgischen Poliklinik der Universität München, ich war damals
Leitender Oberarzt an der Medizinischen Poliklinik. Unser Kontakt ist seit
Übernahme der Leitung der Medizinischen Klinik am Krankenhaus des Landkreises
Starnberg 1976 nicht abgerissen. Ich habe die berufliche Entwicklung von
Herrn Beck bis zu seiner Ernennung zum Leitenden Oberarzt der
Neurochirurgischen Klinik in Großhadern durch Herrn Prof. Marguth lückenlos
verfolgt. Über Jahrzehnte hat Herr Beck in hervorragender Weise mit meiner
Klinik zusammengearbeitet und sich für eine optimale neurochirurgische
Versorgung ebenso wie für die menschliche Betreuung der ihm anvertrauten
Patienten eingesetzt. Herr Beck war immer ansprechbar, er hatte als Chirurg
ausgezeichnete Erfolge und er fand auch nach 8 - 10-stündigen Operationen die
Zeit zu Erklärungen für Angehörige und einweisende Ärzte.

In den letzten Jahren der Tätigkeit von Herrn Prof. Marguth und insbesondere
nach seinem Ausscheiden hatte sich der Kontakt mit Herrn Prof. Beck weiter
intensiviert, Herr Beck hat aus meiner Sicht in dieser Zeit als
kommissarischer Leiter die Neurochirurgische Klinik in hervorragender Weise
nach außen vertreten. Ich hatte mir deshalb erlaubt, in der Auswahlphase für
einen Nachfolger von Prof. Marguth Herrn Beck Mitgliedern der Berufungs-
Kommission als Nachfolger vorzuschlagen.

**Anlage 28**

- 2 -

Die zwischenzeitliche Entwicklung ist Ihnen sicher bekannt. Auf Einzelheiten
des Konfliktes zwischen Herrn Beck und Herrn R̄____ möchte ich nicht
eingehen. Ich kenne allerdings Herrn Beck als bedingungslos ehrlich,
charakterlich integer und als einen Arzt, der seine Möglichkeiten und Grenzen
kennt. Somit habe ich für das Operationsverbot von Herrn Beck kein
Verständnis und ich weiß mich hier mit zahlreichen Ärzten aus dem
Einzugsgebiet von Großhadern im Süden Münchens einig. Im Interesse vieler
Patienten, aber auch vieler Kollegen wäre ich Ihnen sehr dankbar, wenn Sie
alle Möglichkeiten objektiv prüfen würden, wie Herr Kollege Beck wieder in
einer angemessenen Form ärztlich d.h. neurochirurgisch tätig werden kann.
Auch die Neurochirurgische Klinik in Großhadern wäre aus meiner Sicht
wohlberaten, wenn sie Herrn Beck wieder als Operateur und erfahrenen Arzt
einsetzen würde.

In vorzüglicher Hochachtung

Prof. Dr. He̅___ L̄
Chefarzt der Medizinischen Klinik
Ärztlicher Direktor des Kranken-
hauses des Landkreises Starnberg

PRIVATKLINIK DR. ROBERT SCHINDLBECK

GmbH & Co KG

Herrn
Dr. med. P. Wilhelm                                            07.05.1996
M. d. L. Vorsitzender des                                      Dr.Pr/wa
Hochschulausschußes
Maximilianeum

81627 München

Sehr geehrter Herr Dr. Wilhelm,

angeregt durch einen Artikel in der Süddeutschen Zeitung vom 09.02.1996 möchte
ich Ihnen mitteilen, daß die Zusammenarbeit der Medizinischen Privatklinik
Herrsching auf neurochirurgischem Gebiet in den Zeiten, als Herr Professor Marguth
die Abteilung für Neurochirurgie im Klinikum Großhadern leitete, ausgezeichnet
funktionierte. Die Patienten wurden hervorragend betreut, gut operiert und die
Ergebnisse waren sehr gut.

In den letzten Jahren konnten wir das nicht mehr beobachten und haben wegen sehr
unliebsamer Vorkommnisse sowie schlechter Operationsergebnisse die
Zusammenarbeit mit der neurochirurgischen Universitätsklinik weitgehend
vermieden, sodaß wir die Patienten zum Zentralklinikum Augsburg, ins
Unfallkrankenhaus Murnau oder gar nach Salzburg verlegen mußten.

Als Beispiel sei Ihnen das Protokoll einer Notfallverlegung einer Patientin als Anlage
beigelegt, die in Großhadern nicht aufgenommen wurde, obwohl die
neurochirurgische Abteilung in Großhadern Aufnahmedienst hatte. Dieser Vorfall
war seinerzeit der Anlaß für eine Beschwerde bei der Bayerischen
Landesärztekammer. Die Bayerische Landesärztekammer leitete diesen Vorgang
weiter an das Bayerische Staatsministerium für Arbeit, Sozialordnung, Familie,
Frauen und Gesundheit, das sich im Klinikum Großhadern erkundigten. Die Antwort
des Bayerischen Staatsministeriums liegt ebenfalls bei. Das Klinikum Großhadern
bedauerte den Vorfall, ob die Angaben an das Bayerische Staatsministerium jedoch
der Wahrheit entsprechen, wäre nur durch Zeugeneinvernahme zu klären gewesen.

Chefärzte                  Abteilungen für Gastro-        Banken:
Dr. med. Robert Schindlbeck    enterologie · Nephrologie ·     Kreissparkasse Herrsching
Dr. med M.  . Pi.          Intensivmedizin · Kardio-      Konto 430 361 451 · BLZ 700 540 80
Seestraße 43               logie · Medizinisches Labor ·  Volksbank Herrsching
82211 Herrsching           Nuklearmedizin · Physio-       Konto 18 783 · BLZ 700 952 00
Telefon 0 81 52, 29-0      therapie · Pulmonologie ·      Postbank München
Telefax 0 81 52  29 2 16   Radiologie/CT · Ultraschall    Konto 860 21-808 · BLZ 700 100 80

**Anlage 29**

PRIVATKLINIK DR. ROBERT SCHINDLBECK         Zum Schreiben vom         07.05.96         Blatt -2-

Herr Professor Beck ist mir seit 1969, als er noch Assistenzarzt an der Neurochirurgischen Universitätsklinik am Beethovenplatz war, als gewissenhafter Arzt und hervorragender Operateur bekannt. Daß ausgerechnet er in der neurochirurgischen Klinik Großhadern nicht mehr operieren darf, ist mir unverständlich.

Ich hoffe, daß dieser Brief ein klein wenig zur Klärung der Situation beiträgt.

Mit freundlichen Grüßen

Dr. med. M. P
Chefarzt

*Anlage:*       1 Protokollkopie
              1 Kopie des Schreibens vom Bayerischen Staatsministeriums

21.Februar 96

An die
Süddeutsche Zeitung
-Leserbriefe-
Sendlinger Strasse 8
80331 M ü n c h e n

Sehr geehrte Damen und Herren,

Zu dem Artikel **"Langjähriger Oberarzt vom Chef kaltgestellt."**
"Operationsverbot in Grosshadern beschäftigt den Landtag"
von Sybille Steinkohl in der SZ vom 9.2.96.

Als frühere Patientin und als Ärztin finde ich das Verhalten des Chefarztes
seinem Kollegen gegenüber aus menschlichen als auch aus medizinischen
Gründen unverzeihlich. Kann eine Universität auf hochqualifizierte Leute
verzichten, nur weil der Chef wechselt? Müssen persönliche Antipathien zu
Lasten der Patienten ausgelebt werden? Während meiner ärztlichen Tätigkeit
war es mir mehrfach nicht möglich einen Patienten als neurochirurgischen
Notfall in Grosshadern mangels Kapazität unterzubringen. Ja, wenn die
Kapazitäten nicht operieren dürfen, dann muss man die Patienten nach
Ausburg, Murnau und Ingolstadt schicken.
Ein Oberarzt der sich gegen die 2-Klassen-Medizin stellt, ist nur zu
beglückwünschen, bzw. eigentlich ist es seine ärztliche Pflicht nach
Dringlichkeit und nicht nach Kassenzugehörigkeit zu entscheiden.
Für alle Kranken ist es dringend notwendig, dass hier endlich eine
Klarstellung von Seiten der Universität erfolgt. Es kann nicht angehen, dass
Patienten das "Wissen und das Können" dieses Oberarztes nur aus persönlichen
Gründen vorenthalten wird. Kann sich die Medizin und das Gesundheitswesen
eine solche Vergeudung leisten?

*[handschriftliche Unterschrift]*

Anlage 30

CHARLES   NEBLETT, M.D., P.A.
1748 SCURLOCK TOWER
6560 FANNIN STREET
HOUSTON, TEXAS 77030

NEUROLOGICAL SURGERY                                                          (713) 797

April 22, 1936

Dr. Paul Wilhelm, MdL
Vorsitzender des Hochschulausschusses
Maximilianeum
81627 München
Germany

                    via FAX transmission 011 49 89 70 46 27

Dear Dr. Wilhelm:

This letter is a personal statement, not a political argument concerning Prof.
Dr. med. Oskar Joseph Beck.  It is my understanding that an investigation is
being conducted concerning Prof. Beck and his clinical status in neurological
surgery at the University Hospital in München.

As an American neurological surgeon, I have known of Prof. Beck professionally
for over two decades through his writings and his surgical reputation.  I have
personally known him for the past fifteen years.  His contribution to
neurosurgery has been most significant.  The quality of his research has
advanced the science of neurosurgery.  His expertise in laser application is
of the finest quality in the entire world.  Also, his clinical acumen and
surgical skills make him a most highly respected neurological surgeon.
Without reservation I can recommend Prof. Beck professionally to any
individual, organization or institution.

Oskar Joseph Beck is a true gentleman.  His kindness, consideration, caring,
class and sense of humor make him exemplary to all who know him.  His work in
the Laser Association of Neurological Surgeons, the prestigious international
society for advancement of all forms of high technology related to
neurological surgery, has been impressive.  A founding member of LANSI, he
served as President of this organization in 1993.  The annual scientific
meeting was held in München and was a grand success.  The quality of science
presented was far reaching and most stimulating.  Oskar presented to all who
attended a beautiful München and the ideals of Germany respected by everyone.
He is an excellent ambassador for your country.

Any way that I can provide information concerning Prof. Dr. med. Oskar Joseph
Beck, I will be most pleased to do, not only because he is a respected
colleague and dear friend, but most important because he is a gentleman of
high integrity and deserves to be treated in a respectful manner.

Anlage 31

Dr. Paul Wilhelm, MdL
Vorsitzender des Hochschulausschusses
April 2?, 1996
Page 2

It is a great loss to his patients and to the international neurosurgical
community to not provide him with the opportunity to continue to perform the
quality medical services he is so skilled to provide.   I am proud to write
enthusiastically endorsing Prof. Back to you.

Very truly yours,

Charles R. Neblett, M.D.

CRN:me

S. J. Peerless, MD, FRCSC
Director

April 22nd, 1996

Dr. Paul Wilhelm, MdL
Vorsitzender des Hochschulausschusses,
81627 München, Germany.

Re:    Prof Dr.med. Oskar J. Beck

Dear Dr. Wilhelm:

I am writing this letter in support of Dr. Beck, a neurosurgical colleague, whom I have known for many years.

Dr. Beck is internationally known for his research in the development and clinical applications of lasers in Neurosurgery. He is particularly well known for the development of the Nd: Yag laser.

Dr. Beck is well recognized as being a superb general neurosurgeon, with a wealth of clinical experience and has given devoted service to the people of Bavaria over a long career. I have visited him, and have seen him work in Munich. I appreciated then that he was well respected by his colleagues and by associated paramedical personnel.

It is my understanding that Dr. Beck's work has resulted in more than 65 original publications and more than 100 presentations before distinguished scientific societies.

In my opinion, Dr. Beck is honest, reliable and ethical, and over his long career, been industrious and always forthright. It is certain that his patients have recognized his skill and devotion to them, in that he has always put his patients' well-being before any other considerations.

Yours very truly,

S.J. Peerless, M.D., FRCSC
Director

SJP*hc

Mercy Health System / Sponsored by the Sisters of St. Joseph of St. Augustine, Florida
Suite 209 / 3661 South Miami Avenue / Miami, Florida 33133 / 305-856-7651 / 1-800-550-NEURO(6387)

Anlage 32

*To Prof. Beck.*                    *page 2*

Tokyo, 17 May, 1996

Dr. Paul Wilhelm, MdL,
Vorsitzender des Hochschulausschusses,
81627 München/Germany
Fax 0049 89 70 46 27

Dear Dr. Wilhelm:

On behalf of the Japanese laser neurosurgeons who belong to LANSI(Laser Association of Neurological Surgeons International), I would like to ask you strong support to Prof. Beck who is involved in a trouble with Prof. Reulen.

Prof. Beck is my old friend since 1981 when the International Congress of Neurological Surgery was held in Munich. On occasion when I hosted the annual meeting of LANSI in Tokyo in 1988, Prof. Beck was kind enough to give a wonderful lecture on laser surgery of brain tumors using the YAG laser and actively took part in workshop. All of the participants were deeply impressed by both his scientific achievement and his noble and kind personaliy. He is loved and respected by the people from all over the world. He hosted an annual meeting of LANSI two yers ago in Munich with a complete organization.

I have no personal communication with Prof. Re _ _, but I can't understand the reasons why he treat Prof. Beck so cruelly. Any way it is wrong to do so. Japanese people love and respect Germany very much since 1868 when new Japan was born by revolution. At that time new Government of Japan invited several excellent people from Germany as professor who educated new leaders of modern Japan including professors of modern medicine. Therefore, we believe that this problem will be correctly solved by your committee. We are looking forward to hearing good news from Munich. Vielen Dank für Ihre Mühe!

Sincerely yours,

*Toshiaki Takizawa*

Toshiaki Takizawa, M.D.
Department of Neurosurgery,
JR Tokyo General Hospital
2-1-3, Yoyogi, Shibuya-ku,
Tokyo, 151 Japan

UNIV.-PROFESSOR
## DR. MED. PETER WOLF ASCHER
1. OBERARZT der
Univ.-Klinik · Neurochirurgie · A-8036 Graz
Tel. (0316) 385-21 92

G.-v.-Nissen-Straße 64 · 5020 Salzburg · Tel. (0662) 82 37 25
Kopernikusgasse 15 · A-8010 Graz · Tel. (0316) 82 24 44

Herrn
Dr. Paul WILHELM
Vorsitzender des Hochschulausschusses
D-81627 München
Fax: 0049-89-704627

Graz, 21. Mai 1996

Betrifft: Qualifizierung des Herrn Prof.Dr.med. Oskar Josef Beck als Neurochirurg

Sehr geehrter Herr Dr. Wilhelm!

Mit Bedauern und Schrecken habe ich gehört, was mit Herrn Kollegen Beck in letzter Zeit geschehen ist. Ich darf Ihnen versichern, daß ich als Gründungspräsident der Laser Association for Neurological Surgeons International und derzeitiger Präsident der Internationalen Gesellschaft für Laser in Medizin und Chirurgie Herrn Beck seit dem Jahre 1975 persönlich kenne und ihn in dieser Zeit als ausgezeichneten Wissenschafter und hervorragenden Mikrochirurgen kennengelernt habe. Herr Beck hat wesentlich zur Verbreitung des Lasers in Neurochirurgenkreisen in Deutschland und Übersee beigetragen. Seine Arbeiten zeichnen sich durch Korrektheit und exzellente Dokumentation aus. Es ist mir deshalb nicht verständlich, wie ein Kollege, der nebenbei persönlich ein ausgesprochen liebenswerter bayrischer Charakter ist, derartig diskriminiert werden kann.

Ich darf Sie bitten, angesichts aller Laserneurochirurgen die Interessen des Herrn Beck nach bestem Wissen und Gewissen zu verteidigen.

Ich verbleibe mit den besten Wünschen

hochachtungsvoll

Univ.Prof.Dr. Peter Wolf Ascher
Derzeitiger Präsident der Internationalen
Gesellschaft für Lasermedizin und Chirurgie

*Kopie Herrn Prof. Beck z. Kenntnis*

R.   . S.                          München, 18.5.96
Halbreiterstr. 21a
81479 München


Herrn
Dr. Paul Wilhelm, MdL,
Vorsitzender des Ausschusses für
Hochschule, Forschung und Kultur
Maximilianeum
81627 München


Untersuchung der Vorgänge in der Neurochirurgie
------------------------------------------------
des Klinikums Grosshadern
-------------------------


Sehr geehrter Herr Dr. Wilhelm,

es ist mir ein grosses Bedürfnis, mich an Sie als den
Vorsitzenden des Hochschulausschusses des Bayerischen
Landtages zu wenden, der sich dafür einsetzt, dass die
merkwürdigen Verhältnisse in der Neurochirurgie
Grosshadern geklärt werden.

Ich schreibe Ihnen nicht nur als dankbare Patientin
von Professor Beck, sondern auch als Ärztin.

Vor 2 Jahren wurde ich von Herrn Professor Beck an
einem Hirntumor operiert und habe diese lebensgefährliche, grosse Operation ohne Folgen überstanden,
sodass ich heute wieder voll arbeitsfähig bin.

Natürlich ist jede Operation ein Einzelfall, aber ich
bin doch einer der zahllosen Beweise für das grosse
Können von Professor Beck.

Es ist mir unbegreiflich, wie es möglich ist, einen
solchen Arzt mit einer vieljährigen Erfahrung auf dem
diffizilen Gebiet der Neurochirurgie in seiner Arbeit
zu behindern und ihm sogar ein Operationsverbot zu
erteilen. Das geschieht doch offensichtlich nur wegen
hausinterner Differenzen, denn ich habe Herrn
Professor Beck als einen integren Menschen kennengelernt, der sich für seine Patienten einsetzt und
ihnen Mut und Zuversicht übermittelt.

Die baldige vollständige Rehabilitation von Herrn
Professor Beck ist mir ein grosses Anliegen, und ich
weiss mich darin mit vielen ärztlichen Kollegen einig.

Mit freundlichem Gruss

R.    S.

W.    Z

Makartstraße 34
81479 München

Rechtsanwalt     Telefon 089/79 42 18

Herrn
Volker Hartenstein, MdL
Bayerischer Landtag
Maximilianeum

81627 München

München, den 08.07.96

96--I29/K

Zustände an der Neurochirurgischen Klinik des Universitätsklinikums Großhadern
(Operationsverbot für Herrn Prof. Dr. Oskar Josef Beck)

Sehr geehrter Herr Landtagsabgeordneter Hartenstein,

als Senior eines seit vielen Jahren u.a. auch im Bereich des Arzt-
und Arzthaftungsrechtes tätigen, und damit dem Ärztestand besonders verbundenen, alteingesessenen und renommierten Münchner An-
waltsbüros beobachte ich mit Interesse und – seit einiger Zeit
leider auch – großer Sorge die bereits seit Jahren schwebenden und
in den Medien (vor allem Presse und Fernsehen) kolportierten, m.E.
in erster Linie für das Ansehen der Ärzteschaft als solcher und
deren Ruf als seriöser und integerer Berufsstand, aber auch für
die Vertrauenswürdigkeit des staatlichen Gesundheitswesens
schlechthin außerordentlich abträglichen, niveaulosen Auseinandersetzungen zwischen einigen Klinikdirektoren des Münchner Universitätsklinikums Großhadern (insbesondere der gynäkologischen Abteilung) und deren langjährigen verdienten (ebenfalls immerhin habi-
lierten!) Oberärzten.

Anlage 36

– 2 –

Obwohl bereits vor Jahresfrist immerhin das Bundesverwaltungsgericht als höchste deutsche Gerichtsinstanz der Verwaltungsge-
richtsbarkeit den Klinikdirektor der gynäkologischen Universitätsklinik in die ihm von Gesetz und Recht errichteten Schranken verwiesen und festgestellt hat, daß der betreffende, dort bereits
seit vielen Jahren verdient und mit Erfolg tätige (habilitierte!)
Oberarzt nicht länger – wie mit Methode und besonderer Hartnäckig-
keit vom zuständigen Klinikdirektor praktiziert – "kaltgestellt"
werden dürfe, sondern "angemessen und amtsgemäß zu beschäftigen"
sei, setzt der vorgesetzte Klinikdirektor, wie man hört, ganz offensichtlich unter Mißachtung der ergangenen gerichtlichen Anordnungen, seine eklatant rechtswidrige Handlungsweise uneingeschränkt fort.

Der Außenstehende – und insbesondere der betroffene und um seine
optimale ärztliche Versorgung besorgte, potentielle Patient! – muß
sich deshalb fragen, ob hier etwa gerichtliche Entscheidungen und
Anordnungen gezielt und bewußt von zuständigen Verwaltungsinstan-
zen und staatlichen Aufsichtsorganen boykottiert und mißachtet
werden?!

Die gleichen Mißstände – sachlich ungerechtfertigte "Kaltstellung"
eines langjährigen verdienten (ebenfalls habilitierten!) Oberarztes durch einen neu berufenen Klinikdirektor – scheinen sich seit
einiger Zeit, wie entsprechenden Presseberichten zu entnehmen ist,
nun auch an der, im Gegensatz zu heute, früher außerordentlich renommierten, Neurochirurgischen Abteilung des Universitätsklinikums
Großhadern, auszubreiten. So wurde und wird auch dort ebenfalls –
unter Mißachtung der zwar in anderer Sache, gleichwohl aber rich-
tungsweisend und mit grundsätzlich bindender Wirkung für gleichge-
lagerte Fälle (wie hier), ergangenen höchstrichterlichen Entscheidung des Bundesverwaltungsgerichts – ein, dem neuen Klinikdirektor
"unbequemer" und "mißliebiger" alter Oberarzt (Herr Prof. Dr. Oskar Josef Beck) rechtswidrig in seiner "amtsgemäßen" Berufsausübung – bis hin zum vollständigen Operationsverbot! – behindert,
ohne daß bisher offenbar die zuständigen Aufsichtsorgane, wie Kultusministerium und Hochschulausschuß des Bayerischen Landtages,
dagegen entsprechend eingeschritten und damit ihrer Aufsichts- und
Fürsorgepflicht in der gebotenen Weise nachgekommen wären!

- 3 -

Es wäre für den Normalbürger, insbesondere aber für den potentiel-
len, hilfsbedürftigen Kranken und Patienten schlicht nicht vorstellbar und geradezu eine Horrorvision, wenn im Bereich der Ge-
sundheitsversorgung der Bevölkerung, d.h. also hier insbesondere
des universitären Krankenhauswesens und der dortigen Ärzteauswahl,
tatsächlich sachliche Inkompetenz und Unfähigkeit der Ministerialbürokratie sowie etwaige "Amigo"-Gefälligkeitsdienste einer an
fachlichen Gesichtspunkten orientierten, sachgerechten Ausübung
obrigkeitlicher Aufsichts- und Fürsorgepflicht und Entscheidungsfindung, letzten Endes zu Lasten hilfsbedürftiger potentieller Patienten (!), im Wege stehen sollten!

Durch die in der Presse berichteten Maßnahmen gegen den langjährigen, verdienten Oberarzt der Neurochirurgischen Klinik am Universitätsklinikum Großhadern fühle ich mit persönlich ganz besonders
und umso mehr betroffen, als ich selbst die besonderen und hervorragenden, nicht nur rein medizinisch-operationstechnischen sondern
vor allem auch menschlichen Qualitäten des betr. Arztes, Herrn
Prof. Dr. Beck, im Rahmen der ärztlichen Betreuung nach erfolgreich durchgeführter Operation vor einigen Jahren "am eigenen Leibe" verspüren durfte!

Ich wäre Ihnen, sehr geehrter Herr Landtagsabgeordneter, deshalb
aus berechtigter Sorge um das Allgemeinwohl im Bereich der ärztlichen Versorgung der Münchner Bürger, dankbar, wenn Sie sich der
angesprochenen Dinge in den zuständigen Gremien des Bayer. Landtages entsprechend annehmen und für eine baldmögliche Wiederherstellung von Recht und Ordnung im Bereich des Universitätsklinikums
Großhadern und damit der Erhaltung der Vertrauenswürdigkeit der
Gesundheitsfürsorge in unserem Freistaat, Sorge tragen würden.

Mit freundlichen Grüßen

W.    Z.
Rechtsanwalt

**Universität Regensburg**
Institut für Pädagogik

*Prof. Dr. G___ M___*

93040 Regensburg,    7.06.1996
Universitätsstr. 31
Telefon (0941) 943-3783/4
Fax: (0941) 943-4989

Herrn
Dr. Paul **Wilhelm** MdL
Maximilianeum

**81627 München**

Sehr geehrter Herr Dr. Wilhelm,

erlauben Sie mir, meine Fassungslosigkeit darüber zum Ausdruck zu bringen, daß es sich bei dem in der Presse besprochenen Fall der Kaltstellung eines Oberarztes in der Neurochirurgie des Klinikums Großhadern um Herrn Prof. Dr. Oskar Josef **Beck** handelt, denn wie kein anderer wird gerade er von mir als Arzt und Fachmann hochge-schätzt.

Vor vier Jahren rettete er mir durch die Operation eines doppel-seitigen Meningeoms nicht nur das Leben, sondern ermöglichte mir hierbei dank seiner überragenden ärztlichen Kunst, Forschung und Lehre wieder in vollem Umfange wahrzunehmen. Erst nachträglich erfuhr ich, daß mein Internist schon damals nur gegen Widerstände durchsetzen konnte, daß dieser, in seinen Augen fähigste Kollege im Münchener Raum die Operation druchführte.

Nun sind auch mir die im universitären Bereich und speziell in Kliniken veranstalteten Ränkespiele des "homo ambitiosus" nur allzu geläufig. In diesem Fall, scheint mir, sind aber die Grenzen des Verantwortbaren bei weitem überschritten, wenn man in Rechnung stellt, daß hier nicht nur einem Manne von ungewöhnlichem Format zutiefst Unrecht zugefügt wird, sondern vor allem, daß ein Arzt, der noch viele Menschenleben retten könnte, an der Ausübung seiner Tätigkeit gehindert wird.

Ich darf Sie deshalb bitten, mein Votum an gegebener Stelle anzu-bringen. Darüber hinaus stehe ich selbstverständlich jederzeit gerne auch persönlich für eine Stellungnahme zur Verfügung.

Für Ihre Bemühungen danke ich Ihnen schon jetzt und verbleibe

mit freundlichem Gruß

Ihr

A..  . L.. .                                     St.Wendel,den 23.5.1996
Eichenweg 2
66606 St.Wendel


Volker Hartenstein,MdL
Maximilianeum
81627 München

nachrichtlich an
Dr.Paul Wilhelm,MdL
Maximilianeum
81627 München


Operationsverbot für H.Prof.Dr.O.J.Beck


Sehr geehrter H.Hartenstein,

da ich erst vor kurzem von den Anschuldigungen und dem OP-Verbot von
H.Prof.Dr.Beck erfahren habe,kann ich mich erst jetzt dazu äußern und
Ihnen meine Ansicht zu diesem Thema mitteilen.
1982 wurde meine Frau Brigitte mit dem Verdacht auf Gehirntumor in
die Universitätsklinik Homburg/Saar eingeliefert. Die mir von den
dortigen Ärzten und dem zuständigen Chef der Neurochirurgie
mitgeteilte Diagnose lautete: unheilbar,ihre Frau wird nur noch wenige
Wochen oder Monate leben.
In unserer Verzweiflung wandten wir uns an H.Prof.Dr.Beck,von dessen
gutem Ruf und hervorragenden Leistungen wir gehört hatten.
Dem Mut und dem ärztlichen Können von H.Prof.Dr.Beck haben wir es zu
verdanken,daß uns noch 8 wundervolle Jahre geschenkt wurden und
unsere kleinen Kinder - Julia war damals 5 Jahre,Daniel 3 Jahre
alt,Eva kam 1984 auf die Welt - ihre Mutter behalten durften.
Dafür sind wir H.Prof.Dr.Beck sehr dankbar,denn nur er ermöglichte
es,daß die Kinder in diesen wichtigen ersten Lebensjahren das
Glück,eine Mutter zu haben, erleben durften.
Mir ist es völlig unverständlich,wie ein solch hervorragender Arzt,der
sich mit fachlicher Kompetenz und perönlichem Engagement für seine
Patienten aufgeopfert hat, durch irgendwelche sachfremden
Machenschaften an der Ausübung seines Berufes gehindert werden soll.
Ich bitte Sie sehr herzlich, Ihren ganzen Einfluß dahingehend geltend
zu machen,daß dieser wunderbare,untadelige Mensch und hervorragende
Arzt weiterhin seiner segensreichen Tätigkeit zum Wohle der Patienten
nachgehen kann.


                        Mit freundlichen Grüßen

**Prof. Dr. Friedrich Loew**

Direktor der
Neurochirurgischen Universitätsklinik

D-6650 Homburg/Saar,    23. 8. 1983
Kassensprechstunde Tel. 16 27 99
Mo - Di - Fr  11 - 12 Uhr
nach Voranmeldung
Privatsprechstunde Tel. 16 26 08
Mi - Do nach Vereinbarung

Herrn Privatdozent
Dr. med. O. J. Beck

Oberarzt der Neurochirurg.
Universitätsklinik

Postfach 701 260

8000 München 70

Sehr geehrter Herr Kollege Beck,

vielen Dank für Ihre freundliche Antwort vom 18. 8. 1983,
Frau B        L        betreffend, und für die Zusendung der
Computertomogramme.

Ich gratuliere Ihnen zu Ihrem guten Ergebnis. Sie haben
zweifellos den besseren Riecher gehabt. Hoffentlich hält
der günstige Verlauf an.

Ich gebe Ihnen beiliegend die Computertomogramme mit bestem Dank wieder zurück.

                    Mit freundlichen kollegialen Grüßen

                    (Prof. Dr. F. Loew)

# KOPIE

**Dr. L      M**

Keplerstr. 1
81679 München
Tel.: 089/920901-13
Fax: 089/920901-20

Dr. L      M       Keplerstr. 1  81679 München

Herrn
Dr. Paul Wilhelm
MdL - Vorsitzender des Hochschul-Ausschusses
Maximilianeum

D-81627 MÜNCHEN

**Prof. Dr.med. O. Beck**                                    lm/ 11.11.1996

Sehr geehrter Herr Dr. Wilhelm,

als ehemaliger Mitarbeiter der Neurochirurgischen Klinik der LMU München-Großhadern von
1993 bis 1996 nehme ich soeben mit Entsetzen zur Kenntnis, daß über Herrn Prof. Beck vom
derzeitigen Klinikleiter, Prof. R      , ein <u>OP-Verbot</u> ausgesprochen wurde.
Herr Prof. Beck ist gleichermaßen ein international bekannter und hochgeschätzter
Wissenschaftler wie äußerst erfolgreicher Operateur. Er gilt als Pionier der Laserchirurgie in
seinem Fach und genießt weltweites Ansehen. Seine operativen Ergebnisse waren so
überdurchschnittlich, daß gerade Prof. Beck die besonders schweren Fälle (Hirntumore,
Aneurysmata etc.) operierte.

Es kann einer Universität nur schaden, wenn ein so bekannter Arzt einer derartigen, für mich in
keiner Weise nachvollziehbaren Willkür und Disziplinierung unterworfen wird.

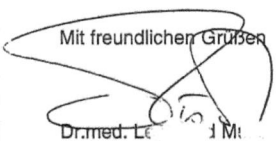

Mit freundlichen Grüßen

Dr.med. L      M

DR. MED. H. X. W!⌐⌐
Internist - Kardiologe
Chefarzt der Klinik Kues

Klinik Kues
Kueser Plateau
**54463 Bernkastel-Kues**
Telefon 0 65 31 / 92 27 32 / 31
Telefax 0 65 31 / 92 28 60

19. April 1996 Wi/Scho

Herrn
Dr.Paul **Wilhelm** MdL
Maximilianeum
81627 München

Sehr geehrter Herr Dr. Wilhelm,

erstmals erfuhr ich von den Vorgängen in der Neurochirurgischen Unversitätsklinik Münchens aus dem Artikel in Focus 11/95, der mir von meinen Mitarbeitern vorgelegt wurde. Alle die darin erwähnten Ärzte einschließlich der abgekürzten Namen sind mir aus meiner Tätigkeit an dieser Klinik in den Jahren 1968 bis 1971 bekannt. Ganz besonders gut kenne ich Herrn Kollegen Beck, mit dem ich auch einige gemeinsame wissenschaftliche Arbeiten zum Thema der Subarachnoidalblutung und ihrer Behandlung verfaßt habe. Herr Kollege Beck war immer schon ein Kollege, der sich durch eine besonders gewissenhafte Arbeit und eine charakterliche Integrität auszeichnete. Insbesondere diese letzte Eigenschaft machte ihn für manchen Vorgesetzten nicht immer zu einem angenehmen Mitarbeiter. Dennoch konnte er seine berufliche Laufbahn an der Neurochirurgischen Klinik bis hin zum Professor und Oberarzt verfolgen, was nur auf Grund seiner fachlichen Qualifikation verständlich ist. Herr Kollege Beck zeichnete sich bereits zu meiner Zeit dadurch aus, daß er in seiner Sorge um die ihm anvertrauten Patienten kompromisslos war. Dies ging soweit, daß er auch ohne Bezahlung und ohne Bereitschaftsdienst halbe Nächte in der ihm anvertrauten Intensivstation verbrachte, wenn er eine ungünstige Entwicklung bei einem frisch operierten Patienten auf Grund seiner klinischen Erfahrung befürchtete, und er hatte dabei fast immer Recht.
Wie ich dem Artikel in der Süddeutschen entnehmen muß und inzwischen im persönlichen Gespräch mit Herrn Kollegen Beck erfahren habe, war es wieder die Sorge um die ihm anvertrauten Patienten, die 1991 erstmals einen offenen Konflikt auslöste. Herr Prof.Beck kritisierte damals eine von dem neuen Klinikdirektor eingeführte Form der Patienteneinbestellung, die eine Ungleichbehandlung zwischen Privat- und Kassen-Patienten bedeutete (ein weit verbreiteter Mißstand, um den viele Verantwortliche wissen und dennoch nichts dagegen unternehmen!).
Einem qualifizierten Professor, der sich über Jahrzehnte an dieser Klinik bewährt hat, ein Operationsverbot auszusprechen und von allen klinischen Funktionen auszuschließen, empfinde ich nicht nur als persönliches Unrecht diesem Kollegen gegenüber. Ich halte es auch für unerhört und nicht annehmbar, wie hier mit öffentlichen Geldern und auch mit dem Potential an Wissen und Können eines hochqualifizierten Arztes umgegangen wird.
Ich wäre Ihnen deshalb sehr dankbar, wenn Sie alles in Ihrem Amt und in Ihrer Macht Mögliche

**Anlage 41**

- 2 -

einsetzten, um die „offenkundigen" Mißstände in der Neurochirurgischen Universitätsklinik aufzuklären.


Mit freundlichem Gruß

Dr.H.X.Wi.

Dr.med.He... Ba...                    München , 25.05.1996
Geisenbrunnerstr,45
81475 München




Herrn
Dr.Paul Wilhelm
Vorsitzender d. Hochschulausschußes
Maximilianeum
81627 München




Sehr geehrter Herr Dr.Wilhelm,


seit einiger Zeit schon verfolge ich die nunmehr gehäuft erscheinenden
Zeitungsartikel,welche sich mit der Situation in der Abteilung für
Neurochirurgie am Klinikum Großhadern beschäftigt.
(Nachrichtenmagazin Focus 1995, SZ Febr.1996,Münchner Merkur Febr.1996)


Während meines Studiums verbrachte ich einen Teil meiner Ausbildung in
der Neurochirurgie im Klinikum Großhadern.
Herr Prof.Beck war zu jener Zeit der leitende Oberarzt von Prof.Marguth
und bekam von ihm bevorzugt die operationstechnisch anspruchvollsten
Eingriffe der Abteilung zugewiesen.

Abgesehen von der herausragenden fachlichen Kompetenz von Herrn Prof.Beck
war es vor allem die menschliche Seite, die mich persönlich beeindruckte.
Herr Prof.Beck war einer der wenigen, der sich um die Studenten kümmerte
und dem viel an einer guten Ausbildung lag. Durch seine väterliche gütige
Art verlor man die Scheu, Fragen zu stellen, für die er stets ein offenes
Ohr hatte.

Einen weiteren Punkt möchte ich noch ansprechen.Bereits zu jener Zeit
war das Alkoholproblem eines Kollegen der Abteilung ein offenes Geheimnis.
Um so unverständlicher ist es für mich, daß dieser Arzt trotz eines Todes-
falls weiter operieren darf, wo gegen ein international anerkannter
Prof. der Neurochirurgie einfach "kaltgestellt" wird.

-2-

Ich begrüße die Tatsache, daß der bayr.Landtag endlich die Mißstände klären will, habe jedoch angesichts des bisherigen Verlaufes berechtigte Zweifel, ob tatsächlich entsprechende personelle Konsequenzen gezogen werden.

Die Situation in Großhadern ist kein Einzelfall.Wer derzeit den Arztberuf noch mit Idealismus betreibt, den verbittert es mitverfolgen zu müssen, wie machtbesessene Ordinarien in ihrer Willkür scheinbar ungestraft agieren können!


Mit freundlichen Grüßen


Dr.med.H    B

```
K┌    B┌                           Samos, 13.3.96
o.Vlamaris 66
Koutra/Vathy
GR - 83100 Samos



An
Süddeutsche Zeitung          nachrichtlich:
"Leserbriefe"                - Herrn
Sendlingerstr.8                Volker Hartenstein, MdL
D - 80331 München              Maximilianeum
                               D - 81627 München

                             - An den Vorsitzenden
                               des Hochschulausschusses
                               des Bayer. Landtages
                               Maximilianeum
                               D - 81627 München
```

OP-Verbot in Großhadern / SZ Nr.33, 9.2.96, S.36

Nach achtzehn Jahren in der neurochirurgischen und neurologisch-
rehabilitativen Krankenpflege wechselte ich vor ca. zwei Jahren
in das Land der alten Griechen, wo einst die wahre Heilkunst
ihren Ursprung hatte.
Einer der wenigen mir bekannten Ärzte, der mit diesem Verständnis seine Arbeit ausübte, darf nun schon jahrelang seiner Pro-
fession nicht mehr nachgehen.
Es ist unfaßbar, wie häufig, und nicht nur im klinischen Bereich,
hier aber besonders schwer nachvollziehbar, Fehlverhalten gedeckt, entschuldigt, akzeptiert, geduldet, von der Kollegenschaft
mitgetragen wird, wohingegen absolut korrekte Verhaltensweise,
besondere Gründlichkeit und vor allem Menschlichkeit, die Fähigkeit und der Wille, sich auf die Ebene der Patienten und ihrer
Angehörigen mit deren Nöten und Ängsten zu begeben,ge-outet und
wie in diesem Fall sogar mit Arbeitsverbot belegt wird.
Ist das eine Form von Angst, Unbehagen einer Gruppe von Kollegen,
Vorgesetzten, Mit?-arbeitern, die den Arztberuf aus anderer Pers-

- 2 -

pektive betrachten und ausüben?

Der obgn. SZ-Artikel läßt mich hoffen, daß viele derzeit für inoperabel erklärte Patienten, die aber Mut und Willen haben, sich auf operativem Wege bei der Heilung helfen zu lassen, baldigst wieder diese Form der ärztlichen Zuwendung erfahren dürfen, selbstverständlich auch alle anderen Patienten, die aus eigener früherer Erfahrung oder auf Empfehlung diesen weit über-regional bekannten und geachteten Arzt aufsuchen und seine operative Hilfe wünschen.

Insbesondere wünsche ich diesem herausragenden Neurochirurgen weitere aktive Berufsjahre, um mit seinem großen Geschick, der reichen langjährigen Erfahrung und seinem außergewöhnlichen Einsatz auch vor und nach jedem Eingriff diese höchstdiffizile Arbeit wieder ausüben zu können.

Mit freundlichen Grüßen aus Samos

Ka    B

# 6.    Die Petition

Mit der Petition vom 10.07.1996, also 5 Jahre nach meinem ersten Operationsverbot (01.08.1993) durch H.-J. R. war es mir erstmals möglich über die Abgeordneten die Öffentlichkeit über die tatsächlichen Zustände in der Neurochirurgie zu informieren, ohne meinen Beamtenstatus zu verlieren. Diese Mitteilungen sind nach dem Beamtenrecht nur dem Chef erlaubt und hatten zu einer Reihe vollständig einseitiger Zeitungsartikel geführt.

Den Rechtsstreit, die Petition abzuwenden, verlor H.-J. R. mit dem Beschluss des Landgerichts München vom 30.12.1996.

Nach mehreren Gesprächen mit dem Abgeordneten Herrn Gymnasiallehrer Hartenstein von den Grünen und Frau Haas von der SPD tagte der Ausschuss für Hochschule, Forschung und Kultur am 10.07.1996 unter der Führung des Juristen Dr. Wilhelm von der CSU. Mit 8 (SPD und Grüne) zu 7 (CSU) Stimmen wurde der Antrag auf „Nicht-Öffentlichkeit" abgelehnt.

Das war die Wende. Heute noch bin ich den beiden Abgeordneten von der CSU dankbar, dass sie zur Abstimmung zu spät gekommen waren. Offensichtlich hatten sie es mit ihrem Gewissen nicht vereinbaren können, die unhaltbaren Zustände in der Neurochirurgie weiter unter der Decke zu halten.

Der einseitige Bericht des MR K. vom Kultusministerium, der ganze Passagen des Rechtsanwaltes H.-J. R.s fast wörtlich vorgetragen hatte, führte im Landtag zu tumultartigen Szenen. Von den vielen Stellungnahmen sei nur auf einige wie den Bericht des Abgeordneten Coqui hingewiesen: Er stellte seinen Ausführungen die Überlegung voran, dass seit 1991 innerhalb der Klinik unstrittig Mobbing bis zum Grade der Rechtsverletzung stattgefunden habe. Das Thema sei dem Kultusministerium seit acht Monaten bekannt, aber heute erhalte der Landtag einen Bericht, den er selbst nur als Skandal bezeichnen könne. Ein solcher Bericht, der so offensichtlich von inhaltlichen und sachlichen Fehlern wimmele, dürfe dem Ausschuss nicht zugemutet werden. Er frage sich, wieso in einem solchen Fall des Mobbings das Kultusministerium nicht in der Lage sei einzugreifen und in die Klinik Ruhe zu bringen.

Aufschlussreich war auch der Einwand des Abgeordneten Wahnschaffe, von Beruf Richter:

> „ ... In diesem Punkte frage er sich, ob die Vorermittlung gegen Beck vielleicht nur deshalb zustande gekommen sei, weil dieser keine Ruhe gegeben und bestimmte Missstände in dieser Klinik angeprangert habe. Weil man sich damit zwangsläufig auseinandersetzen musste, habe man den Spieß umgedreht und ein Disziplinarverfahren gegen Beck eingeleitet. Allerdings sei dann auch zu fragen, warum, wenn die Vorwürfe seit 1994 im Raum stünden, das Disziplinarverfahren und die Vorermittlungen nicht bis zum Jahre 1996 in das Stadium der Entscheidung getreten seien. Nach wie vor sei alles offen. Hier gebe es auch nicht den Einwand, dass ein Vorgriff etwa im Blick auf das staatsanwaltschaftliche Ermittlungsverfahren nicht angezeigt sei. Soweit er wisse, sei kein staatsanwaltschaftliches Ermittlungsverfahren gegen Beck eingeleitet worden, vielmehr habe umgekehrt Beck Anzeige erstattet, aufgrund derer die Staatsanwaltschaft nun ermittle.

*Wenn also Beck solche gravierenden Vorwürfe zu machen seien, wie sie im Bericht erwähnt würden, hätten daraus sofort Konsequenzen gezogen werden müssen. Diese seien aber nicht gezogen worden, sondern er sei vielmehr – wenn auch nur marginal – noch als Operateur eingesetzt worden. Im Bericht gebe es außerdem eine umfangreiche Darstellung auch darüber, wie Beck künftig möglicherweise eingesetzt werden könnte. Dies alles müsste zwangsläufig entfallen, wenn die Vorwürfe tatsächlich zu Recht erhoben worden seien. Damit passe das Gedankengebäude des Berichts in sich nicht zusammen".*

Auch der Abgeordnete Dr. Schuhmann war über den Bericht entsetzt. Dieser lese sich wie eine Stellungnahme Prof. Rs., nicht aber wie eine Stellungnahme des Ministeriums.

Kritisch zu beurteilen sei die Abnahme des Mobiles, was der Vorsitzende Dr. Wilhelm als eine Art Mobbing ansehe, das die Absichten der Klinikverwaltung klar erkennen lasse! Solche Diskriminierung sei nicht notwendig usw., usw.

Die einseitige Unterstützung des Kultusministeriums stieß im Landtag auf heftige Kritik und fand in mehreren Pressemitteilungen ihren Niederschlag (Anlage 44).

Der Ausschuss forderte die Regierung auf zu dem einstimmig angenommenen Antrag „Monierte Rechtsverstöße in der neurochirurgischen Klinik, Klinikum Großhadern" Stellung zu beziehen.

Als ich Ministerialrat K. nach der Sitzung und auch in den nächsten Wochen wiederholt im Kultusministerium aufsuchen wollte, ließ er sich stets verleugnen.

Aber auch für die Staatsanwaltschaft waren Ministerialrat K. und sein Mitarbeiter nicht zu erreichen (Anlage 49).

Nach einem nichts sagenden Antwortschreiben des KuMi Johann Baptist Zehetmair begann auch hier wieder die bekannte Hinhaltetaktik, bis der Fall seine Aktualität verloren hatte. Petitionen sind der einzige Weg Aufmerksamkeit in der Öffentlichkeit zu bekommen, aber aufgrund der Seilschaften einer Jahrzehnte lang regierenden Partei (CSU), meist ohne Chance auf Erfolg.

Wenn auch das eigentliche Ziel, die Rücknahme des widerrechtlichen OP-Verbotes nicht erreicht worden war, führte die Stellungnahme der Abgeordneten des Bay. Landtages mit ihrem engagierten Eintreten zu einer heftigen Reaktion in der Bevölkerung, sogar grenzüberschreitend.

Die folgenden 4 Leserbriefe sind nur eine kleine Auswahl von weit über 100 Zuschriften auf diverse Zeitungsartikel nach meiner Petition (1996).

Anlage 45:  Herr Dr. B. V. K., Politologe, München
Anlage 46:  Frau B. C., Reiseveranstalterin, Bubikon, Schweiz
Anlage 47:  Frau E. S., med. techn. Assistentin, Wien
Anlage 48:  Frau G. W., Musiklehrerin, Leopoldshöhe

4.2 96 SZ Nr. 33 S.36

# Langjähriger Oberarzt vom Chef kaltgestellt

## Hochschulausschuß fordert einen Bericht von der Universität an / Grünen-Antrag einstimmig angenommen

Von Sibylle Steinkohl

Mit offenkundigen Mißständen in der Neurochirurgie des Klinikums Großhadern muß sich jetzt die bayerische Staatsregierung beschäftigen. Dort gibt es seit Jahren eine mit harten Bandagen geführte Auseinandersetzung zwischen dem Klinikdirektor und einem langjährigen Oberarzt, der inzwischen überhaupt nicht mehr operieren darf. Auf Antrag der Grünen forderte nun der Hochschulausschuß des Landtags in seiner jüngsten Sitzung einstimmig bis 1. Mai einen Bericht über die Rechtsverstöße in der Neurochirurgie.

Heftige Vorwürfe erhob der Grünen-Abgeordnete Volker Hartenstein: Ein Professor werde über Jahre hinweg daran gehindert, seine Arbeit zu machen, „weil ein Klinikdirektor Mobbing betreibt und die übergeordneten Behörden so tun, als ginge sie das nichts an." Der betroffene Oberarzt hatte sich 1991 gegen eine neue Form der Patientenbestellung des frisch gekürten Klinikdirektors zur Wehr gesetzt, die auf eine Ungleichbehandlung zwischen Privat- und Kassenpatienten hinauslief und auch Ende 1992 wieder abgeschafft wurde.

Schon damals sei der kritische Mediziner von Routineoperationen ausgeschlossen worden. Nach Darstellung Hartensteins eskalierte der Konflikt, als der Direktor ein Disziplinarverfahren gegen seinen Kontrahenten einleitete, dem sich allerdings die Rechtsabteilung der Universität nicht anschließen mochte. Der Oberarzt hätte seinerseits im März 1995 mit einer Strafanzeige wegen falscher Verdächtigungen reagiert. Kurz darauf sei ein völliges Operationsverbot ausgesprochen worden sowie der Ausschluß von weiteren ärztlichen Funktionen und der Teilnahme an Klinikbesprechungen erfolgt. Hartenstein erinnerte in diesem Zusammenhang an eine letztinstanzliche Entscheidung des Oberverwaltungsgerichts Berlin von Juni

1995, nach der ein solches OP-Verbot rechtswidrig sei. Dieses Urteil bezog sich übrigens ebenfalls auf einen Oberarzt des Klinikums Großhadern.

Der Abgeordnete berichtete noch von weiteren Mißständen in der Neurochirurgie bis hin zum Hausverbot für eine langjährige Mitarbeiterin. Einstimmig war der Ausschuß dann der Meinung, daß hier „enormer Erklärungsbedarf" bestehe, unter anderem auch darüber, warum die zuständigen Stellen der Universität ihrer Aufsichts- und Fürsorgepflicht nicht nachgekommen seien. Dies gelte ebenso für das Kultusministerium, das seine Kontrollfunktion offenbar nur ungenügend ausgeübt habe.

---

S.Z. 12.7.96

# Landtag ohrfeigt Ministerium

## Verärgerung bei allen Fraktionen über einseitigen Bericht

Von Sibylle Steinkohl

In der Dauerfehde zwischen dem Ordinarius für Neurochirurgie im Uniklinikum Großhadern und einem der langjährigen Oberärzte ist kein Ende in Sicht. Bei einer zweistündigen Debatte im Hochschulausschuß des bayerischen Landtags bezeichneten die Sprecher aller Fraktionen den Bericht des Kultusministeriums zu dem Streitfall als unzureichend und einseitig. Professor Oskar Josef B., der Oberarzt, sei dazu gar nicht gehört worden. Bis 1. Oktober muß das gescholtene Ministerium nun eine neue Stellungnahme liefern.

Wie mehrfach berichtet, besteht für B. ein Operations- und Dienstverbot. Die heftige Auseinandersetzung begann 1991 beim Amtsantritt von Klinikdirektor Hans-Jürgen R. Damals hatte sich der Oberarzt gegen eine neue Form der Patientenbestellung zur Wehr gesetzt. Ihm wurden dagegen Unkorrektheiten bei der Überstundenabrechnung und gravierende Fehler bei Operationen vorgeworfen. B. rief inzwischen das Verwaltungsgericht wegen übler Nachrede im Zusammenhang mit angeblichen Kunstfehlern an.

„Der Bericht des Ministeriums liest sich über weite Strecken wie eine Stellungnahme von Klinikchef R.", kritisierte Volker Hartenstein von den Landtags-Grünen, dessen Fraktion eine Stellungnahme

der Staatsregierung beantragt hatte. Er betonte, daß die Anschuldigungen gegen B., fehlerhaft operiert zu haben, entkräftet werden konnten. Deshalb seien auch keine staatsanwaltschaftlichen Ermittlungen eingeleitet worden. Für Gerda-Maria Haas (SPD) zeigt der Clinch „exemplarisch die Untauglichkeit der Strukturen von Unikliniken". Dort würden „Hierarchien zementiert, die jede menschliche und demokratische Weiterentwicklung unmöglich machen".

Wie die Opposition hielt auch der Ausschußvorsitzende Paul Wilhelm von der CSU den Bericht des Ministeriums nicht für überzeugend. Er verlangte, die Angelegenheit im Interesse der renommierten Klinik noch vor dem 1. Oktober zu bereinigen. B. müsse ein „faires und gerechtes Angebot für eine amtsgemäße Beschäftigung" gemacht werden. Nach einer Entscheidung des Bundesverwaltungsgerichts vom Juni vergangenen Jahres ist nämlich ein solches Operationsverbot rechtswidrig. „Bayern ist ein Rechtsstaat", sagte Wilhelm, der Freistaat könne ein höchstrichterliches Urteil nicht einfach ignorieren. Diese Gerichtsentscheidung hatte übrigens auch ein Oberarzt aus dem Klinikum Großhadern erstritten. Weil sie immer noch nicht umgesetzt ist, hat er mittlerweile das Vollstreckungsgericht angerufen.

An die Süddeutsche Zeitung
"Leserbriefe"
Sendlinger Straße 8

80331 München

München, den 29. Februar 1996

Artikel "Operationsverbot in Großhadern beschäftigt den Landtag"
von S. Steinkohl, erschienen am  09.02.1996

Gehen an der LMU die Uhren immer noch oder schon wieder anders ?

1941 wurden zwei Professoren der LMU, Prof. von Rintelen und Prof.
Buchner, vom Kultusminister Wagner ohne Rechtsgrundlage beurlaubt, und
heute werden wiederum zwei Professoren ohne Rechtsgrundlage vom
Operieren beurlaubt, dazu Hausverbot für eine langjährige Mitarbeiterin.

Operationsverbot für Professoren......<br>
Ausgrenzen von Professoren.......<br>
Zutritt verboten für Professoren.....

Unangenehme Erinnerungen werden wach. Wie kann gerade die LMU als
größte deutsche Hochschule derartig einschneidende Maßnahmen eines, bzw.
zweier Ordinarien tolerieren ?

Ein Dank den Abgeordneten des Bayerischen Landtags, für die zumindest
ein enormer Erklärungsbedarf besteht.

Mit freundlichen Grüßen

Dr. B. Vi      -K
Politologe

Nachrichtlich an den Hochschulausschuß des Bayerischen Landtages zu
Händen des Herrn Vorsitzenden Dr. Paul Wilhelm, Maximilianeum 81627
München.

An die
Süddeutsche Zeitung
Sendlinger Str. 8
D-80331 München


Bubikon, 04.03.96

"Leserbriefe"
Betrifft: "Langjähriger Oberarzt vom Chef kaltgestellt"
          von Sybille Steinkohl

**Glückliche Schweiz**

Mit grossem Interesse habe ich Ihren Artikel gelesen.
Offensichtlich schreckt hier ein Chefarzt nicht davor zurück,
altbekannte Methoden (Operationsverbot, Berufsverbot, Hausverbot)
gegen "unbequeme" Mitarbeiter widerrechtlich einzusetzen.

In der Schweiz werden heute Chefarztverträge meist zeitlich so
begrenzt, dass Entgleisungen dieser Art allein deshalb schon
schwer vorstellbar wären.

Der finanzielle Leerlauf bürdet dem Steuerzahler zusätzlich unnötige
Belastungen auf, für die man bei uns anscheinend weniger Verständnis
aufbringt als in Deutschland.

Das demokratische Bewusstsein der Abgeordneten des Bayerischen
Landtags ist nun gefordert!

Mit freundlichen Grüssen

29.2.96

An die
Süddeutsche Zeitung
Abteilung "Leserbriefe"
Sendlingerstrasse 8
D-80331    München

Betrifft: Bericht vom 9.2.96
         Langjähriger Oberarzt vom Chef kaltgestellt


    Ich bin ständige Leserin Ihres Blattes, und habe als
Witwe eines langjährigen Ordinarius diesen Artikel mit
großem Interesse gelesen.
    Ein mutiger und charakterstarker Oberarzt lehnt es
offensichtlich ab, moralische Unebenheiten seines Klinikchefs mitzutragen. Erwartungsgemäß fällt er in Ungnade und
wird gedemütigt.
    Universität und Ministerium schweigen. Die Wende muß
von korrekten Ordinarienkollegen kommen, die sich darauf be-
sinnen, daß das Wort "Professor" aus dem Lateinischen von
profiteri kommt, d.h.in erster Linie bekennen (zur Wahrheit)
und nicht von profitieren wollen.
    Aus eigener, reichhaltiger Erfahrung kann ich sagen,
daß sich leider in der heutigen humanen, wissenschaftlichen
Medizin auch Vertreter finden, die ihre Anschauungen nach
materiellen und machtpolitischen Werten ausrichten und vergessen, daß sie als Universitätsprofessoren in erster Linie
dem Forschen und Lehren zu dienen haben.
    Ein Dank den bayerischen Landtagsabgeordneten, die in
diesem Fall Solidarität zeigen und sich nicht in partei-
politischem Gezänk verzetteln.


                        E.S        Wien

G.    W.                                                    Leopoldshöhe, den 20.03.96
Am großen Felde 26 A
33818 Leopoldshöhe


G.    W.      , Am großen Felde 26 A. 33818 Leopoldshöhe

An die
Süddeutsche Zeitung
Abteilung "Leserbriefe"
Sendlingerstr. 8

80331 München


Betr.: Leserbrief zu dem Artikel "Langjähriger Oberarzt vom Chef kaltgestellt" in der
       Süddeutschen Zeitung vom 9.2.1996.


In Bayern gehen die Uhren wirklich noch anders. Dort kann ein Chefarzt ungeachtet dem
Patientenwohl einfach seine Eitelkeiten pflegen. Ein hochqualifizierter Arzt wird einfach
kaltgestellt, und niemand nimmt davon Notiz. Erst ein vom Chefarzt gegen einen Mitarbeiter
eingeleitetes Verfahren, dem sich die Universität nicht uneingeschränkt anschließt zeigt, daß
das Verfahren in der Regel nicht berechtigt ist.
Im umgekehrten Falle wäre der Mitarbeiter wohl in kürzester Zeit entlassen worden.
Inwiefern die Anschuldigungen des Chefarztes zutreffen, bedürfte eigentlich der Klärung durch
das Kultusministerium, doch das reagiert jahrelang mit Verzögerungstaktik auf Kosten der
Steuerzahler.
Menschlich nachvollziehbar, daß ein Chefarzt einen operativ und wissenschaftlich vielleicht
höher angesehenen Oberarzt demoralisieren möchte, daß ein Kultusminister dieses aber
jahrelang duldet, dürfte wieder einmal ein typisch bayrischer Schildbürgerstreich sein.
Anerkennung für die Abgeordneten, daß sie dem Grünen-Antrag einstimmig beigepflichtet
haben.


g. W.

# 7.    Psychoterror

## 7.1    Verbale Attacken des H.-J. R.

Bei Klinikbesprechungen wurde ich nun von H.-J. R. vor versammelter Mannschaft gedemütigt und beschimpft. Während in den Jahren 1992 und 1993 im Rahmen der morgendlichen Röntgenbesprechung die Dispute noch von fachlicher Auseinandersetzung geprägt waren, erreichten fachliche Abqualifikation, böswillige Beleidigungen und Diffamierungen im Jahre 1994 ihren ersten Höhepunkt.

Besonders in Erinnerung blieben die Attacken am 07.02., 08.03., 15.03., 31.05., 17.10., 18.10.1994 und 19.01.1995 vor jeweils versammelter Mannschaft der Neurochirurgie, sowie vor den stets bei der Morgenbesprechung anwesenden Kollegen anderer Kliniken. Diese Mobbing-Tiraden beinhalteten massive Beschimpfungen, z. B. „Nestbeschmutzer" und gipfelten in wilden Drohungen mein angebliches Fehlverhalten in die Presse zu bringen, was H.-J. R. dann auch tat („Verleumdungen und Intrigen in Großhadern", AZ 15.03.1995) um mich vom Dienst suspendieren zu lassen, z. B. wenn ich einen weiteren Brief an das Kultusministerium schreiben würde. Auch im Rahmen auswärtiger Fortbildungsveranstaltungen, z. B. Nervenärztliches Kolloquium in der Nußbaumstraße am 15.03.1995 wurde ich von H.-J. R. im Rahmen seines Vortrages diffamiert. Der Neurologe Dr. V., der bei der Veranstaltung anwesend war, berichtete einen Tag später über Unmutsbezeugungen der Zuhörer.

### 7.1.1    Beispiel einer Mobbing-Tirade während der Morgenbesprechung am 07.01.1994:

Bei der Morgenbesprechung wurde ein links-subfrontaler Tumor einer 45-jährigen Frau gezeigt und H.-J. R. fragte mich, wie ich therapeutisch vorgehen würde. Ich antwortete:"Mit Operation". Hierauf beschimpfte mich H.-J. R., dass ich seit zwei Jahren bei ihm nichts gelernt hätte und dass kein Mensch auf der Welt diesen Tumor operieren würde. Ich erwiderte sachlich, dass er zuerst die richtigen Bilder (T1 mit Kontrastmittel) anschauen sollte, da die bisher gezeigten Bilder (T2) gar keine Beurteilung erlauben würden. Die Assistenten zeigten Verwunderung und bedauerten das Verhalten des Klinikchefs. Dieser Fall war zusätzlich peinlich, da die Patientin bereits vor einem Jahr in unserer Ambulanz war, der Tumor damals viel kleiner war und therapeutisch keine Konsequenzen gezogen wurden. Therapeutisch gibt es selbstverständlich mehrere Wege, keinesfalls bestand jedoch ein Grund zu einer Mobbing-Tirade gegen mich.

Am 12.01.1994 wurde bei einer Morgenbesprechung ein etwa gleichartiger Tumor wie am 07.01.1994 gezeigt. Der Leitende Oberarzt O. (im Folgenden kann OA O. auch als PD. O. oder als Prof. O. genannt sein) entschied: „Operation!"

125 25 3519/95

436

1) Vermerk:
über Telefonat mit Hr Looler,
Kultusministerium   (2186 - 23 28)
am  20.12.95 :
Die  „Disziplinarsache" Prof
Beck wird nun von Hr
Ministrialrat Konrad und,
diesem unterstellt, Hr Krugl
bearbeitet.
Telefon:    Hr Min.Rat Konrad - 2435
            Hr Krugl          - 2383 .

2)    Vermerk:
Weder Herr Konrad, noch Hr
Krugl konnten trotz mehfacher
Versuche erreicht werden.

Dez. 1995

B:
Staatsanwältin

## 7.2    Verleugnung von O. J. Beck

Mit zunehmendem Mobbing der Neurochirurgischen Klinikleitung wurde ich nun auch von Mitarbeitern der Klinik vor Patienten immer häufiger negiert. „Prof. Dr. Beck gibt es nicht mehr", „Prof. Beck arbeitet nicht mehr in diesem Hause", „Prof. Beck muss in eine andere Klinik gekommen sein", usw. Einige Patienten und Ärzte hatten den Mut mir diese Aussagen mitzuteilen oder sich darüber zu beschweren; z.B. Frau W. 23.08.1994, Frau H. 06./07.04.1995, Herr M. 24.10.1995, Prof. Dr. M. 05.12.1995, Frau Dr. H. 07.12.1995 und Frau K. 03.09.1996.

Als Beispiel für eine Reihe weiterer Briefe dient der von Frau Dr. H. zur Verdeutlichung der Situation (Anlage 50).

Auch telefonisch wurden Patientengespräche nicht mehr an mich durchgestellt, wie die Schreiben von Frau Dr. P. vom 25.04.1993 beweisen: „Der Zustand meines Mannes verschlechterte sich laufend und wir konnten sie leider trotz häufiger Telefonate nicht erreichen und von Frau D. vom 22.12.1995: „Habe Sie dreimal angerufen, aber leider bin ich immer falsch verbunden worden". Nach einem Brief von Frau I. J., die ich an einem großen bifrontobasalem Meningiom erfolgreich operiert hatte, empfahl mir diese Dame einen Herrn M. mit einem hirnstammnahen Tumor. Als dieser Patient in Großhadern anrief und mich sprechen wollte, antwortete ein falscher Prof. Beck: „ … dass er im Aufbruch nach Erlangen wäre und für den operativen Eingriff würde er Freiburg vorschlagen". Frau J. bezeichnete nachträglich diese unglaubliche Anmaßung als „dicken Hund".

## 7.3    Vorlesung zur Unzeit

Auf Anordnung des Leitenden OA O. musste ich die Vorlesung am 14.12.1993 zu unpassender Zeit halten, obwohl am gleichen Tag in Neuherberg eine Verbundsitzung im Rahmen der GSF stattfand und ich gebeten hatte, mich für diesen Tag nicht einzuteilen. Diese Sitzungen waren für mich aufgrund meiner experimentellen Arbeiten und entsprechender Geldzuteilung von großer Wichtigkeit. Gleichzeitig mit der Vorlesung um 17:15 Uhr fand die große Weihnachtsfeier im Klinikum Großhadern statt – Tür an Tür im Hörsaaltrakt. Die Zumutung für alle war derart groß, dass ein Jahr später von der Klinikumleitung angeordnet wurde, dass Vorlesungen während der Weihnachtsfeier ausfallen müssen.

In meinem Brief vom 07.12.1993 bat ich OA O. dieses Mobbing in Zukunft zu unterlassen.

## 7.4    Manipulationen am Schwarzen Brett des Hörsaales

Unmittelbar vor Beginn des Wintersemesters 1996/1997 wurde meine Vorlesungsankündigung vom Schwarzen Brett im Hörsaaltrakt entfernt. Dies sollte den Studenten signalisieren, dass meine Vorlesung nicht stattfinde. Im Brief vom 28.10.1996 machte ich Dekan P. darauf aufmerksam, dass ich dies als gezielten Angriff gegen meine Lehrtätigkeit betrachte, da Ankündigungen von anderen Kollegen unbeschadet waren.

Dr. med. C:     .H               8172 Lenggries, 29.04.96 ms
       Internistin                           Isarstraße 19
                                      Telefon 0 80 42 / 29 68

---

Dr. med. C      H   · Isarstraße 19 · 8172 Lenggries

Herrn                            Nachrichtlich:
Dr. Paul Wilhelm, MdL          Herrn
Vorsitzender des Ausschusses    Prof. Dr. O.J.Beck
f. Hochschule, Forschung u. Kultur  Boschetsriederstr.10
                            81379 München
81627 München

Sehr geehrter Herr Wilhelm,

ich wende mich mit diesem Schreiben an Sie in der Sache Prof.
Beck, Oberarzt der Neurochirurgie des Klinikums Großhadern.

Seit über 20 Jahren bin ich als Internistin in Lenggries nieder-
gelassen und habe in diesen Jahren wiederholt Patienten in der
Neurochirurgie in Großhadern operieren lassen. Bemerkenswert war
für mich, daß die betroffenen Patienten nach der Entlassung häufig von Herrn Prof. Beck mir berichteten, der sich über seine
hervorragende operative Behandlung hinaus auch menschlich und
persönlich so sehr für seine Patienten einsetzte.
So wurde Herr Prof. Beck im Laufe der Jahre für mich eine "Institution", eine persönliche "Adresse", an die ich meine Patienten mit vollem Vertrauen überweisen konnte.

Seit einiger Zeit berichten mir Patienten, daß sie trotz meiner
Überweisung mit direkter Empfehlung an Prof. Beck dort nicht an-
kommen. Durch Nachfragen bin ich inzwischen über die besonderen
und veränderten Verhältnisse informiert. Neben der für mich er-
schreckenden Erkenntnis, daß es möglich ist, wegen persönlicher
Querelen zwischen Chef und Oberarzt einen so qualifizierten Neurochirurgen wie Herrn Prof. Beck von der operativen Tätigkeit zu
dispensieren, so ist es auch für mich nicht nachvollziehbar, daß
in einer Institution, die die Verpflichtung zu Forschung und Lehre doch gleichzeitig mit der Verpflichtung zu Ethik und Moral'
eingegangen ist, solche derartigen Zustände herrschen.
Aktuell sehe ich mich gezwungen, eine Patientin mit einem notwendigen neurochirurgischen Eingriff einer Reoperation von besonderer Schwierigkeit, an einen, mir von Herrn Prof. Beck empfohlenen
Kollegen in Duisburg zu überweisen.Die dafür erforderlichen Mehr-
kosten mit An- und Abreise dort,muß ich von der hiesigen Kranken-
kasse genehmigen lassen und werde dort auch eine entsprechende
Mitteilung machen, aus welchen nicht-medizinischen Gründen dies
erforderlich ist.

Als Vorsitzender des Hochschulausschusses und Mitglied des Landtages bitte ich Sie, die Problematik auch von Seiten eines niedergelassenen Arztes zu sehen.Wie froh sind wir an der Peripherie
und auf dem Land tätigen Ärzte, denen doch nicht die Möglichkeit
des ständigen Kontaktes mit großen Kliniken gegeben ist, wenigstens telefonisch einen persönlichen Ansprechpartner in den einzelnen Abteilung zu haben: So muß ein Patient, dem krankheitsbe-
dingt oft schon die Angst im Halse steckt, nicht anonym mit einer
Überweisung in die große Klinik gehen, sondern kann nach persönlicher Rücksprache direkt an den dortigen behandelnden Arzt weitergegeben werden. So sah ich die Situation mit Herrn Prof. Beck,
zum Wohle des Patienten!
Bitte setzen Sie sich mit Ihren Kompetenzen dafür ein, daß die
Hierarchie im Universitätswesen nicht dazu genutzt wird, fähigen Ärzten den Boden ihrer Tätigkeit zu entziehen und damit den
Patienten eine fachlich qualifizierte und menschlich wertvolle
Betreuung vorzuenthalten. Ich danke Ihnen.


Mit freundlichen Grüßen


Dr. med. Christina H

## 7.5    Wiederholte Manipulationen
## am Türschild meines Dienstzimmers H1 515

Die Manipulationen am Namensschild meines Dienstzimmers H1 515 vom 06.02.1995 –
24.02.1998 zeigen nicht nur eine Respektlosigkeit mir gegenüber, sondern waren auch eine Diffamierung meinerseits vor Patienten und Studenten (Abbildungen 6a–6d).

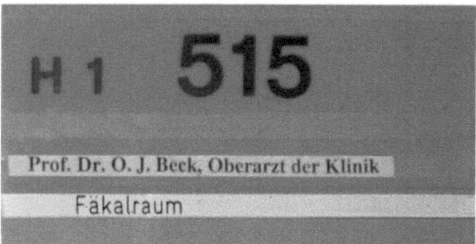

Abbildung 6a. Am 06.02.1995 wurde das offizielle Be-
schriftungsschild der Klinikverwaltung für mein Dienstzimmer „ H 1 515" unter meiner Namenszeile „Professor
Dr. O. J. Beck, Oberarzt der Klinik" in einer weiteren Zeile
beschriftet mit „Fäkalraum".

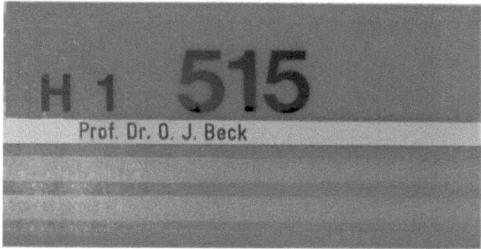

Abbildung 6b. Am 09.11.195 musste ich feststellen, dass
von besagtem Zimmerschild meine Dienstbezeichnung
„Oberarzt der Klinik" entfernt worden war. In einem Brief
vom 10.11.1995 machte ich H.-J. R. darauf aufmerksam,
dass ihm zur Änderung meines beamtenrechtlichen Status die Kompetenz fehle.

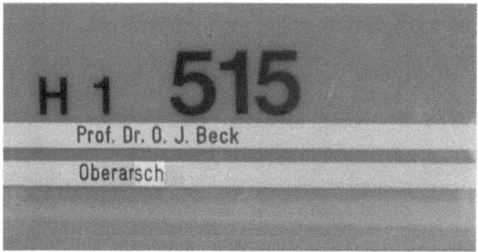

Abbildung 6c. Am 17.-19.03.1996 musste ich feststellen,
dass das besagte Schild in der Zeile unter meinem Namen
beschriftet worden war, mit „Oberarsch".

Abbildung 6d. Herr B./Ref. 26 meldete Herrn Verwaltungsdirektor St. am 06.05.1997 erneut eine Diffamierung
meines Türschildes. Mein Namen wurde durch ein ein-
geklebtes Schild mit der Aufschrift „WC" ersetzt. Dieser
Raum war nicht nur mein Dienstzimmer, sondern auch
mein Vorlesungsraum für Studenten. Das Sommersemes-
ter begann am 07.05.1997.

## 7.6    Wiederholte Manipulationen
##         am Türschloss meines Dienstzimmers H1 515

1.  Am 29.07.1996 gegen 07:55 Uhr musste ich beim Versuch, mein Dienstzimmer aufzusperren, feststellen, dass das Türschloss durch eine eingebrachte Klebemasse verschmiert und hierdurch funktionsuntüchtig gemacht worden war. Mein Dienstzimmer konnte ich erst nach Hilfestellung des Hausdienstes betreten.

    Beweis: Anliegende Bestätigung der Hausverwaltung (Anlage 51).

2.  07.12.2000 Schriftliche Bestätigung der Manipulation am Türzylinder meines Dienstzimmers durch meine Mitarbeiterin Schwester Mary (Anlage 52) und den Brief der Verwaltungsangestellten U. Sch., die den Austausch des Schließzylinders mit der Bezeichnung DOM DLLA 20-879 von meinem Büro bestätigte.

## 7.7    Mobbing Total

Anlage 53:    Abnahme des beruflichen Mobiles
Anlage 54:    Entzug der Studentenbetreuung

**Klinikum Großhadern**
Verwaltungsdirektion
   Haus- und Grundstücksverwaltung

**LMU**
Ludwig——
Maximilians—
Universität—
München—

13.08.96

Klinikum Großhadern · 81366 München

81377 München
Marchioninistraße 15    2008
Durchwahl: (089) 7095-

Herrn
Prof. Dr. Beck
Neurochirurgische Klinik

AZ.:    26-Ve
Bitte AZ und Datum im Antwortschreiben
angeben!

im Hause

**Bestätigung**

Sehr geehrter Herr Prof. Beck,

hiermit bestätigen wir Ihnen, daß am 29.07.96 der Schließzylinder der Tür zu Ihrem
Dienstzimmer ( H 01 - 515) ausgebaut und gereinigt werden mußte, da mutwillig eine zähe
Masse in die Schließzylinderbohrung gepreßt war und somit das Aufschließen verhindern
sollte.

Mit freundlichen Grüßen
i.

V
Reg. Amtsrat

B.
Leiter der Schlüsselverwaltung

VDI 794

Postanschrift:
D-81366 München

Fernsprecher (Vermittlung):
(089) 7095-1

Telefax:
(089) 7095-2002

Öffentliche Verkehrsmittel:
U-Bahn: Linie 6 Klinikum Großhadern
Bus: Linien 34, 65, 67 und 68

**Anlage 51**

Maria  Eichner
Stadtlohnerstr. 5
80687  München                    7. 12. 2000


Betrifft: Türschloss von Zi. NR. 515


Am 6. 12. 2000 war ich dabei als Prof. O. J. Beck
sein Büro verließ und er wie immer vorschriftsmäßig zusperrte. Schlüssel 2x umdrehen ist
bei uns Pflicht. Als ich zirka eine Stunde
später zurückkam - weil ich etwas vergessen
hatte - fiel mir beim Aufsperren auf - daß ich
den Schlüssel garnicht umdrehen mußte
weil bereits offen war - das fand ich allerdings
sehr merkwürdig. Ich holte das Vergessene raus
und sperrte wieder vorschriftsmäßig - Schlüssel
2x umdrehen zu.
Und siehe da - am nächsten Morgen konnte
ich mit dem selben Schlüssel nicht mehr
aufsperren - der Schlüssel ging überhaupt
nichtmehr in das Schloss - das kann ich
überhaupt nicht begreifen.


                        Maria  Eichner

**Klinikum Großhadern**
Neurochirurgische Klinik und Poliklinik
Direktor: Prof. Dr. H.-J. R

Ludwig——— **LMU**
Maximilians—
Universität—
München——

Klinikum Großhadern · Neurochirurgische Klinik · 81366 München

**Herrn**
**Prof. Dr. O. Beck**

- im Hause -

81377 München
Marchioninistraße 15
Postfach 70 12 60
Telefon: (0 89) 70 95-1
Durchwahl: (0 89) 70 95-

Prof. R/gw

30. August 1995

Sehr geehrter Herr Kollege Beck,

ich möchte Sie bitten, Ihren Funk, den Sie im Augenblick nicht benötigen, bei Frau S     abzugeben.

Mit bestem Dank hochachtungsvoll

Prof. Dr. H.-J. R

Klinikum Großhadern
Neurochirurgische Klinik und Poliklinik
Direktor: Prof. Dr. H.-J. R.

Ludwig———— LMU
Maximilians—
Universität—
München—

Klinikum Großhadern · Neurochirurgische Klinik · 81366 München

Dekanat der Medizinischen
Fakultät der Universität München
z. H. Frau Bruder
Bavariaring 19

80336 München

81377 München
Marchioninistraße 15
Postfach 70 12 60
Telefon: (0 89) 70 95-1
Durchwahl: (0 89) 70 95-

2590/91

Prof. R/gw

12. Dezember 1995

Betrifft:
Einrichtung zur Durchführung des Praktischen Jahres

Sehr geehrte Frau Bruder,

hiermit möchte ich Sie informieren, daß für die Einteilung der PJ-Studenten in der Neurochirurgischen Klinik

      Herr PD Dr. V.    OL          , Tel. 7095-2580,
      (in seiner Vertretung OA Dr. P    W.    , Tel. 7095-2699)

verantwortlich ist und nicht mehr Herr Prof. O. J. BECK. Bitte ändern Sie dies in den Dekanatsunterlagen.

Mit bestem Dank und freundlichen Grüßen

Prof. Dr. H.-J. R.

Kopie an **Herrn Prof.** Beck, Herrn PD Dr. Ol    , OA Dr. Wi

Postanschrift:    Fernsprecher (Vermittlung):    Telefax:    Öffentliche Verkehrsmittel:
D-81366 München    (0 89) 70 95-1    (0 89) 70 95-88 71    U-Bahn: Linie 6 Klinikum Großhadern
    Bus: Linien 34, 65, 67 und 68

Anlage 54

# 8.    Falsche Verdächtigungen

## 8.1    Abwesenheit während der Dienstzeit

Verdächtigung von OA O.: Während meiner Dienstzeit am 07.11.1994 nicht im Haus gewesen zu sein.

Nach meinem Gedächtnisprotokoll fand OA O. gegen 13:00 Uhr mein Auto nicht auf dem üblichen Garagenplatz. Er schloss daraus, dass ich zu diesem Zeitpunkt nicht im Haus gewesen sein konnte.

Da ich zu dieser Zeit im Haus Vorlesung gehalten hatte, betrachtete ich diese Anschuldigung als Spaß. Damit jedoch nicht genug. Am nächsten Tag wiederholte OA O. seinen Vorwurf. Er habe gestern um 12:30 Uhr einen Unfall gehabt und als er um 13:00 Uhr in die Garage kam, sei mein Auto nicht auf dem üblichen Garagenplatz gestanden und er fuhr weiter fort: „Wer im Kleinen lügt, lüge auch im Großen".

Da ich diese „falsche Verdächtigung" nun nicht mehr für einen Scherz hielt, ließ ich meinen Klinikaufenthalt von Ärzten und Studenten bestätigen, insbesondere, dass ich am 07.11.1994 um 13:00 Uhr im Haus Vorlesung gehalten habe.. Dieses Dokument (Anlage 55) widerlegt die Verdächtigung von OA O.

## 8.2    Ein Brief – zwei falsche Verdächtigungen

„Nicht um einen Vertreter für die Vorlesung bemüht" und „Wie schwer seine Erkrankung wirklich war?" (Anlage 56).

Die Verdächtigung mich nicht selbst um eine Vertretung für meine Vorlesung am 23.11.1994 bemüht zu haben, wird durch den Brief des Herrn Prof. Dr. P. vom 21.11.1994 widerlegt (Anlage 57).

Mein behandelnder Orthopäde Herr Dr. B. war von der Infragestellung seiner Diagnose derart erzürnt, dass er von einem Überwachungssystem mit Stasi-Methoden in der Neurochirurgie unter H.-J. R. sprach.

## 8.3    Angebliche Anzeigenerstattung gegen zwei Kollegen

Am 08.03.1994 und am 18.10.1994 drohte H.-J. R. in der täglichen morgendlichen Röntgenbesprechung vor allen Ärzten die Presse einzuschalten: „Weil jeder Assistent vor mir Angst haben muss". Am 14.03 1995 verwirklichte er seine Drohung im Münchner Merkur (Mit harten Bandagen gegen Neurochirurg). In den gleichen Röntgenbesprechungen verkündete H.-J. R., dass der Fall Dr. W. kurz vor der Aufklärung stünde. OA O., der neue Oberarzt U.D. S. und der Assistentensprecher R. S. zeigten sich solidarisch. Der Assistentensprecher R.S. mit seinem Brief vom 06.04.1994, der neue OA PD U. D. S. mit seinem Schreiben vom 22.02.1995 und OA O. mit seinem Brief vom 28.02.1995 (Anlage 58) beschuldigten mich, mehrere Mitarbeiter unserer Klinik mit anhängigen Strafverfahren belastet zu haben.

In Wirklichkeit hatte OA O. selbst Dr. W. bei einer Kollegin denunziert und diese daraufhin Anzeige erstattet (Münchner Merkur Nr. 61 vom 15.4.03.1995). Ein weiterer Kollege war überhaupt nicht angezeigt worden.

Obwohl diese Sachlage bei der Gerichtsverhandlung, bei der ich als Zeuge geladen war, gegen Dr. W. bereits am 17.05.1994 geklärt worden war, versuchte RA U. in seinem Brief vom 14.12.1995 an Herrn Ministerialrat Dr. W., also ein Jahr später, mit diesen falschen Verdächtigungen ein Disziplinarverfahren im KuMi gegen mich zu beantragen.

## 8.4 Eine Operation – zwei falsche Verdächtigungen

Ein junger Mann wurde mit einer frontalen Schussverletzung bewusstlos und mit Lähmung der rechten Extremitäten und des linken Beins vom Notarzt ins Klinikum gebracht, wobei das Projektil in der rechten Vertebralisschlinge lokalisiert werden konnte. Eine erhebliche Blutung aus Nase, Mund und dem Einschusskanal veranlassten den Chef der Radiologie zu einer sofortigen Embolisation der entsprechenden Gesichtsgefäße. Nach Versorgung des supranasalen Einschusskanals, entfernte ich bei dem kreislaufstabilen Patienten komplikationslos das Projektil aus der rechten Vertebralisschlinge. Noch während meiner OP ließ mich H.-J. R. wissen, der im Nebenraum eine Bandscheibe operierte, dass der Patient postoperativ sofort in das ca. 80 km entfernte einweisende Krankenhaus, rückverlegt werden muss. Auf meinen Einwand, dass bei der bestehenden Hirnstammschwellung bei einem Soforttransport die Gefahr eines akuten Atem-/ Kreislaufstillstandes besonders hoch sei, ließ er mir ausrichten, dass er die OP sowieso nicht gemacht hätte. Zusammen mit Frau Dr. S., einer hervorragenden und charakterstarken Anästhesistin widersetzte ich mich der für den Patienten überaus risikoreichen Anordnung. Als der Patient in der Aufwachphase eine rechtsseitige Halbseitenlähmung aufwies, beschuldigte mich H.-J. R., dass ich für diese Halbseitenlähmung verantwortlich wäre, weil ich den Patienten im Schock operiert habe.

Die einweisende Ärztin bestätigte mir in ihrem Brief vom 05.10.1994, dass die Lähmung bereits präoperativ vorhanden war.

6 Monate später teilte mir der Patient mit, das er total fit sei, keine neurologischen Ausfälle habe und seit einigen Wochen wieder voll arbeiten könne.

**Ludwig-Maximilians-Universität München - Klinikum Großhadern**
Neurochirurgische Klinik
Direktor: Prof. Dr. med. H.-J. Reulen

Klinikum Großhadern - Neurochirurgische Klinik - 81366 München

81377 München
Marchioninistr. 15
Durchwahl: (089) 7095 -

Mittwoch 7. 11. 94.

Im CT NCH· Besprechung mit Dr. Teoganidis
von 10⁰⁵ bis 11⁰⁰    Zeuge: _____

Mittagspause mit Peeper, (kein Anruf) im Cafe.
11⁵⁰ - 12²⁰    Zeuge: M. Eichner

Im CT NR· Besprechung mit Dr. Oolte
von 12³⁷ bis 13⁰⁰ Zeuge: _____

Oorlesung von 13⁰⁵⁴ bis 14⁴⁵ im Konferenzraum II
u. Ambulanzzimmer mit den Studenten

Alain Marcuse    _____
Philipp Steininger    _____
Helmut Salih    _____
Iris Roess    _____
Sean Nader    _____

Zeuge: PD Dr. M. Dietrich:

NCH1 5.93    Postanschrift    Fernsprecher (Vermittlung)    Fernschreiber    Telefax    Öffentliche Verkehrsmittel:
D-81366 München    (089) 7095-1    5/212228 kmgh/d    (089) 7095-8871    U-Bahn: Linie 6 Klinikum Großhadern
Bus: Linien 34, 65, 67 und 68

Anlage 55

## Ludwig-Maximilians-Universität München - Klinikum Großhadern

Neurochirurgische Klinik
Direktor: Prof. Dr. med. H.-J. R.

Klinikum Großhadern · Neurochirurgische Klinik · 81366 München

Herrn
Prof. Dr. Dr. h. c. K. P.
Dekan der Medizin. Fakultät

Herrn
Prof. Dr. D. S.
Ärztlicher Direktor
im Hause

81377 München
Marchioninistr. 15
Durchwahl: (089) 7095-2590/91

Prof. R/gw

22. November 1994

Nachrichtlich:
Herrn Prof. Beck, OA der Neurochirurgischen Klinik, im Hause

Lieber Herr P., lieber Herr S.,

am 08.11.94 teilten mir mein Vertreter, PD Dr. O., und seine Sekretärin, Frau Z., mit, daß sich Herr Prof. Beck krank gemeldet habe (s. beiliegende Kopie der Krankmeldung sowie Aktennotiz). Er hat Herrn O. gebeten, eine Vertretung für seine OA-Funktion im neurochirurgischen CT sowie bei der Mittwoch-Nachmittag-Vorlesung zu bestimmen. Herr Beck hat sich leider nicht selbst um einen Vertreter für die Vorlesung bemüht, wie wir das sonst untereinander immer handhaben.

Herr Beck war am Dienstag und Mittwoch in der Klinik nicht anwesend, war dann aber pflichtbewußt am Mittwoch, 09.11.94, ab 15 Uhr, erstaunlicherweise mit Krawatte und Jackett über mehrere Stunden in der äußerst wichtigen Fakultätssitzung. Zwei Fragen drängen sich auf:

a.)   Warum er lieber in die Fakultätssitzung ging als seine Pflichtvorlesung zu halten.

b.)   Wie schwer seine Erkrankung wirklich war.

Ich halte diese Meldung deshalb für erwähnenswert, weil bei Herrn Beck an anderer Stelle ebenfalls Ungenauigkeiten aufgetreten sind. Es rundet das Bild ab.

Mit freundlichen Grüßen

Prof. Dr. H.-J. R.

NCHI 5.93   Postanschrift          Fernsprecher (Vermittlung)   Fernschreiber        Telefax            Öffentliche Verkehrsmittel:
            D-81366 München        (089) 7095-1                 5/212228 kmgh/d      (089) 7095-8871    U-Bahn: Linie 6 Klinikum Großhadern
                                                                                                        Bus: Linien 34, 65, 67 und 68

**Anlage 56**

**Ludwig-Maximilians-Universität München - Klinikum Großhadern**

Neurologische Klinik, Poliklink und Konsiliardienst Innenstadt
Direktor: Prof. Dr. T        B

Klinikum Großhadern - NRO - 81366 München

Herrn
Prof. Beck
Neurochirurgische Poliklinik

- im Hause -

81377 München
Marchioninistr. 15 21.11.1994
Durchwahl: (089) 7095-3676

Fax (089) 7095-3677
Prof. Dr. P

Neurologiekurs Wintersemester 1994/95

Lieber Herr Professor Beck,

besten Dank für Ihre Bereitschaft, im Wintersemester 1994/95 eine Gruppe des
Neurologiekurses zu übernehmen. In der Anlage senden wir Ihnen die Liste der Gruppe 36.
Der Kurs findet jeweils für die Dauer von 90 Minuten am Mittwoch um 13.00 Uhr statt. Für
kommenden Mittwoch, den 23.11.1994 haben wir einen Vertreter bestellt. Ihr erster Kurstag
wäre dann - wie vereinbart - Mittwoch, der 30.11.1994 im Konferenzraum II.

Mit freundlichen Grüßen

Prof. Dr. H.-W. P
Oberarzt der Neurol. Klinik

**Anlage 57**

416

## Ludwig-Maximilians-Universität München - Klinikum Großhadern

Neurochirurgische Klinik
Direktor: Prof. Dr. med. H.-J. R

Klinikum Großhadern - Neurochirurgische Klinik - 81366 München

81377 München
Marchioninistr. 15      28.2.95
Durchwahl: (089) 70952580/81

Herrn
Prof. Dr. H.-J. R

im Hause

PD O /zi

Nachrichtlich: Herrn Prof. S        , Ärztlicher Direktor im Hause

Sehr geehrter Herr Prof. R

in letzter Zeit wurde zunehmend bekannt, daß Herr Prof. Beck durch seine Aussagen mehrere Mitarbeiter unserer Klinik mit anhängigen Strafverfahren belastet hat.

Nachdem Prof. Beck nun am 20.01.95, nach der Morgenbesprechung, mich selbst auf erpresserische Weise bedroht hat, sehe ich mich gezwungen, eine weitere Zusammenarbeit mit ihm abzulehnen.

Mit freundlichen Grüßen

Priv. Doz. Dr. V. O
(Ltd. Oberarzt d. Klinik)

Postanschrift      Fernsprecher (Vermittlung)    Fernschreiber    Telefax       Öffentliche Verkehrsmittel:
D-81366 München    (089) 7095-1                   5/212228 knigh/d  (089) 7095-8871  U-Bahn: Linie 6 Klinikum Großhadern
                                                                                  Bus: Linien 34, 65, 67 und 68

# 9.    Patientenschädigung

Mit den gegen mich erhobenen Verdächtigungen versuchten H.-J. R., bzw. seine Helfer nicht nur mir, sondern auch ganz konkret Patienten zu schaden.

## 9.1    Unnötige Reoperation

Einen Tag nach meiner komplikationslos verlaufenden Halsbandscheiben-Operation bekam der Patient W. R. ähnliche Beschwerden wie vor der OP. Dies ist ein normaler Verlauf, denn dabei handelte es sich um den sogenannten Erinnerungsschmerz, der durch eine Schwellungsreaktion der betreffenden Nervenwurzel nach ihrer Entlastung verursacht wird. Obwohl keine neurologischen Ausfälle bestanden und bildgebend kein Anhalt für ein Bandscheibenvorfallrezidiv vorlag, sollte der Patient noch einmal von einem anderen Neurochirurgen „nach"operiert werden. In einem offiziellen Schreiben beschrieb dieser Patient an den Dekan seinen Klinikaufenthalt folgendermaßen: „Tatsache ist, dass für die vorgesehene Revisions-OP das OP-Hemd am 13.11.1995 bereits auf meinem Bett lag. Prof. Dr. Beck konnte diese OP in letzter Minute noch verhindern. Abschließend bleibt der Verdacht, dass einem guten Operateur ein schlechtes OP-Ergebnis untergeschoben wird und dass man an dieser Klinik nicht zurückschreckt, dies auf Kosten eines Patienten zu tun."

Der Patient ist auch nach 20 Jahren beschwerdefrei (ohne Revision)!

## 9.2    Große Verunsicherung der Patientin

Ein Bericht in der Presse veranlasste eine ehemalige Patientin T. H. dem Vorsitzenden des Ausschusses für Hochschule, Wissenschaft und Kultur Herrn Dr. Paul Wilhelm im Landtag am 19.05.1996 Folgendes zu schreiben:

*Sehr geehrter Herr Dr. Wilhelm,*

*vor kurzem habe ich erfahren, dass der Artikel der SZ vom 09.02.1996 „Langjähriger Oberarzt vom Chef kaltgestellt" sich auf Herrn Prof. Dr. Oskar Beck bezieht.*

*Im Februar 1991 wurde ich von Prof. Dr. Beck an einem Tumor im Rückenmarksbereich operiert. Es war eine äußerst komplizierte und gefährliche Operation, Prof. Beck hat dabei eine hervorragende Leistung vollbracht. Er hat mich vor der bereits angekündigten Querschnittslähmung bewahrt, ich verdanke ihm, dass ich jetzt noch ein lebenswertes Leben führen kann.*

*Auch psychologisch hat mich Prof. Beck vorbildlich betreut und mir in dieser schweren Zeit entscheidend durch lange, persönliche Gespräche vor der Operation und durch einfühlsames Vorgehen bei der Aufklärung nach der Operation. Den fürchterlichen Moment der Konfrontation mit der Diagnose Krebs hat er erträglicher gemacht, weil er gespürt hat, welche Wahrheitsmenge ich jeweils verkraften konnte, und er konnte mir Mut geben und mich positiv beeinflussen.*

*Es ist für mich völlig unverständlich und abwegig, dass diesem fähigen Chirurgen mangelndes Können vorgeworfen wird und dass ein menschlich und fachlich so kompetenter Arzt an der Ausübung seines Berufes gehindert wird.*

*Auch ist es für mich als Patientin eine große Verunsicherung, wenn es plötzlich heißt, der Chirurg, der mich operiert hat, würde nicht die nötige Qualifikation besitzen.*

*Es ist äußerst begrüßenswert, dass die Vorgänge um Prof. Beck im Landtag untersucht werden. Ich halte es für dringend notwendig, dass hier Aufklärung stattfindet und Unrecht bereinigt wird.*

*Ich hoffe sehr, dass Prof. Beck zum Wohl und Nutzen vieler zukünftiger Patienten rehabilitiert und seinem Können entsprechend eingesetzt wird.*

*Mit freundlichen Grüßen*

## 9.3 Unterlassene Hilfeleistung

Eine Mitarbeiterin aus dem Haus, E. K., die Tochter eines ehemaligen Patienten, bat in ihrem Schreiben vom 12.08.1995 die Klinikleitung um Aufklärung und Hilfe:

*Betr. Vorgehensweise der Neurochirurgischen Abteilung am Klinikum Großhadern, München" am 03.Juli 1994 wurde mein Vater erstmals von Prof. Beck am Bandscheibenvorfall LWS 4/5 rechts operiert. Nun entstand die Notwendigkeit eines erneuten Eingriffes und ich wandte mich mit den Unterlagen wiederum an Prof. Beck.*

*Nach eingehender Betrachtung der Röntgenbilder und aller vorliegenden Befunde, teilte mir Prof. Beck mit, dass es ihm derzeit unmöglich sei, meinen Vater am Klinikum Großhadern zu operieren. Nach einer Erklärung für diese Aussage suchend, wandte ich mich am 26. Juli 1995 an den Leitenden OA O. (der Chefarzt der Klinik, Prof. R. befand sich im Urlaub). Auf mein Anliegen, das ich im vollen Bezug auf meinen Vater und dessen großes Vertrauen zu Prof. Beck, sachlich vorbrachte, erhielt ich von Prof. O. die Antwort: „ Das ist eine Entscheidung der Universität, die ich Ihnen nicht mitzuteilen habe. Schließlich frage ich ich Sie auch nicht, ob Sie geschieden sind, oder wie es um Ihr Liebesleben bestellt ist. Soll Prof. Beck Ihren Vater operieren wo er will, aber nicht in diesem Haus. Bis jetzt sind wir ohne Verluste ohne ihn ausgekommen, das wird auch weiter so sein. "*

*Während des ganzen Gespräches lagen die Röntgenbilder und Befunde meines Vaters unberührt und nicht beachtet auf Prof. O.s Tisch. Er zeigte keinerlei Eigeninteresse oder Engagement für die Krankengeschichte des Patienten, auch verwies er mich in keiner Form an einen anderen Kollegen.*

*Mit der Niederschrift dieses Ereignisses möchte ich zum Ausdruck bringen, dass es für mich unbegreiflich ist, dass leitende Ärzte auf dem Rücken eines Patienten, mehr noch in völliger Ignoranz der Not ihrer Patienten innerbetriebliche Konflikte austragen.*

*Für Prof. Beck, der mir als behandelnder Arzt meines Vaters stets in fachlicher Kompetenz und menschlichen Verständnis in bester Erinnerung bleiben wird, empfinde ich Vorgehensweisen wie oben geschildert extrem rufschädigend, nicht nur im Blick auf die Zukunft, sondern auch rückblickend, denn medizinische Laien (wie auch im Falle meines Vaters) reagieren auf solche, ihnen unverständliche Vorgänge mit einem klaren Vertrauensentzug, und fragen sich, ob sie überhaupt fachlich kompetent behandelt bzw. operiert wurden.*

*Prof. O.s Vorgehen war mir gegenüber, auch im Hinblick auf meine Mitarbeit im Hause, unsachlich, ja beleidigend.*

*In Betrachtung seiner ärztlichen Berufung und leitenden Position bin ich geneigt sein Verhalten unterlassene Hilfeleistung zu nennen.*

*Hochachtungsvoll*

## 9.4    „Erpressung oder Unterbindung einer aktiven Sterbehilfe"?

Eine mehrere Zentimeter dicke epidurale Nachblutung einer Patientin D. S., 35 Jahre, wurde vom Diensthabenden Oberarzt am 01.02.1995 um Mitternacht gegen alle Regeln der ärztlichen Kunst nicht entfernt. Als der gleiche Oberarzt O. bei der morgendlichen Röntgenroutinebesprechung am nächsten Tag diese Nachblutung immer noch nicht operieren wollte, weil eine Pupille bereits lichtstarr sei, die andere auf Lichteinfall nur noch spiele, sagte ich lautstark, dass ich die Ärztekammer einschalten werde, wenn die operative Entlastung nicht sofort erfolgen würde, zumal bei der jungen Patientin kein unheilbares Leiden vorlag. Mit Unterstützung von Oberarzt H.-J. S. wurde die Patientin operiert. Die postoperativen CTs zeigen die vollständige Entfernung des riesigen epiduralen Hämatoms.

Das OP-Ergebnis habe ich nicht erfahren. Aber:

▷  Hatte die Patientin überlebt, dann aufgrund meiner „Erpressung!"
▷  War sie verstorben, war sie 8 Stunden zu spät operiert worden.

Der entsprechende Oberarzt sprach von Erpressung und sah sich gezwungen, nicht mehr mit mir zusammenzuarbeiten (Anlage 58), da er vermutlich glaubte, im Sinne seines Chefs zu handeln. So hatte dieser z. B. bei einer von ihm selbst durchgeführten OP eine Nachblutung bei einem gutartigen Prozess nicht entfernen lassen und so lieber den Tod des Patienten als ein schlechtes OP-Ergebnis in Kauf genommen. Nach Drängen von Freunden rettete OA S. entgegen der Anordnung von H.-J. R. mit einem verspäteten Entlastungseingriff zwar noch das Leben des Patienten, konnte eine Defektheilung aber nicht mehr verhindern. Als die Ehefrau diese unerhörte Geschichte erfuhr, kam es zur Verhandlung mit Vergleich vor Gericht. Wie gefahrvoll diese von juristischer Seite angestrebten Vergleiche für andere Patienten sein können, zeigt gerade ein weiterer Fall einige Monate später, bei dem der Leitende Oberarzt im Sinne seines Chefs gehandelt hatte.

# 10. Kriminelle Energie

## 10.1 Verletzung des Briefgeheimnisses

Das Briefgeheimnis ist ein in der Verfassung garantiertes Grundrecht, das die Unverletzlichkeit von Briefen garantiert. In der BRD wird das Briefgeheimnis durch Artikel 10 des Grundrechtes garantiert. Bestraft wird eine Verletzung des Briefgeheimnisses gem. § 202 StGB: „Wer unbefugt einen verschlossenen Brief oder ein anderes verschlossenes Schriftstück, die nicht zu seiner Kenntnis bestimmt sind, öffnet, wird mit Freiheitsstrafe mit bis zu einem Jahr oder mit Geldstrafe bestraft, wenn die Tat nicht in § 206 mit Strafe bedroht ist." Um den geschätzten Leser nicht zu langweilen beschränke ich mich auf 6 Fälle, die aber gut geeignet sind, die Rücksichtslosigkeit von H.-J. R. und seiner Helfer aufzuzeigen, mit der sogar ein garantiertes Grundrecht umgangen wurde:

> 24.07.1996 Patientin A. H.
> 19.12.1997 Patient H. B.
> 13.05.1998 Patientin A. B.
> 16.12.1998 Frau Dr. D. B., MdL (mit corpus delicti)
> 06.09.1999 Herr Prof. Dr. W. P. A., Chef der Neurochirurgie der Universität Rostock
> 23.05.2000 Sachverständigenladung des Amtsgerichts München

## 10.2 Verletzung des Briefgeheimnisses zum Schaden der Patientin mit Todesfolge

Es handelte sich um lebenswichtige Unterlagen mit entsprechenden Aufnahmen, die an mich persönlich adressiert waren und die mir in der neurochirurgischen Ambulanz, meiner Posteinlaufstelle, 4 Wochen vorenthalten worden waren. Am 24.07.1996 teilte mir die Patienten A. H. aus Wiesbaden mit, dass sie bereits am 17.06.1996 diese Unterlagen mir persönlich zugesandt hatte. Die Poststelle bestätigte ihr Eintreffen im Klinikum. Als auf Druck des MDL Dr. Wilhelm die Unterlagen „gefunden" wurden, schickte mir Frau A. H. ein Entschuldigungsschreiben des Verwaltungsdirektors, das sie entsprechend beantwortet hatte: *„Mein Verdacht hat sich bestimmt bestätigt, dass die Unterlagen in der Chefetage waren. Durch diese Verzögerung hat sich mein Zustand verschlechtert. Die Post hat festgestellt, dass meine Unterlagen im Klinikum angekommen waren. Warum also diese Lügen?"*

Kurz nach einem Noteingriff in der Nähe ihres Heimatortes kam die Patientin ad exitum.

## 10.3 Verletzung des Briefgeheimnisses zum Schaden des Patienten

Folgender Fall ist auch auswärts von ärztlicher Seite dokumentiert: Ein Patient Herr H. B., den ich 1989 an einem Hirnstammtumor operiert hatte, kam mit einem Rezidiv als Notfall nach Passau. Nach telefonischer Rücksprache von Prof. Dr. G., warum ich bei einem Notfall keine Antwort gebe, kam diese Geschichte auf. Am 20.01.1998 bekam ich die Kopie seines Briefes vom

19.12.1997, den ich im Original nie erhalten hatte. Herr H. B. wurde einige Wochen später unter ungleich schlechteren Bedingungen in Regensburg operiert.

### 10.3.1 Verletzung des Briefgeheimnisses zum Schaden der Patientin

Eine Patientin A. B., die ich vor 6 bzw. 7 Jahren an einem Tumor in der hinteren Schädelgrube operiert hatte, gab Anfang März 1997 persönlich einen wichtigen Brief mit Unterlagen in der Steuerstelle der Neurochirurgischen Poliklinik für mich ab, einen Brief, den ich nie erhalten habe. Am 13.05.1998 bestätigte Frau A. B. diesen Vorgang mit Unterschrift (Anlage 59).

### 10.3.2 Verletzung des Briefgeheimnisses aus niedrigen Beweggründen. Verspätete Zustellung eines Briefes von Frau Dr. D. B., MDL, in geöffnetem Zustand am 16.12.1998.

▷ Was anfänglich sporadisch war, häufte sich gegen Ende des Jahres 1998.

▷ Während ich zu Beginn einen schlechten Klebstoff für meine eröffneten Briefe verantwortlich machte, bekam ich ab 18.12.1998 den Beweis für gewaltsame Brieföffnung. Beim morgendlichen Abholen der Post aus meinem Fach in der neurochirurgischen Ambulanz fiel Schwester Mary auf, dass ein ordnungsgemäß an mich adressierter Brief der Landtagsabgeordneten Frau Dr. B., MdL, die im Hochschulausschuss saß, gewaltsam seitlich eröffnet worden war (Anlage 60). Als ich diesen Brief dem Klinikumdirektor S. zeigte, forderte er mich auf diese Brieferöffnung zu vergessen. Entsetzt über sein Verhalten bat ich die Sekretärin von Herrn Verwaltungsdirektor St. um eine Aktennotiz. Mit seiner Aufforderung lieferte der Klinikumdirektor S. den Beweis, dass er die kriminellen Machenschaften H.-J. R.s deckte.

### 10.3.3 Verletzung des Briefgeheimnisses aus niedrigen Beweggründen am 06.09.1999. Brief von Prof. Dr. A., Chef der Neurochirurgie in Rostock.

**Die Dreistigkeit des H.-J. R. ging zwischenzeitlich sogar soweit, dass er sich über den Inhalt der von ihm eröffneten Briefe beim Absender beschwerte.** Am 01.09.1999 schrieb er an den Kollegen Prof. Dr. A., Chefarzt der Neurochirurgie Rostock: „Heute erhielt ich durch Zufall Ihr Schreiben vom 19.07.1999 unter anderem an Prof. Beck ..." (Anlage 61). Das Antwortschreiben von A. vom 20.09.1999 liegt im Original bei (Anlage 62). Den Inhalt, den H.-J. R. dem Brief von A. an mich entnahm, gab er in seinem Beschwerdebrief vom 01.09.1999 an eine Reihe hochgestellter Persönlichkeiten weiter, um daraus persönliche Vorteile zu ziehen. Er erfüllte somit vermutlich den Strafbestand des § 206 des StGB.

## 10.4  Sachverständigenladung des Amtsgerichts München (23.05.2000)

Nachdem mir die Leitung der neurochirurgischen Gutachtenstelle bei Gericht und vom Klinikumdirektor am 19.01.1999 zugesprochen wurde, ging die Verletzung des Briefgeheimnisses weiter. So wurde mir eine Sachverständigenladung des Amtsgerichts München vorenthalten, bis der Termin abgelaufen war. Immerhin hatte der neue Klinikumdirektor Herr Prof. Dr. P. im Gegensatz zu seinem Vorgänger das Rechtsbewusstsein, H.-J. R. auf die Rechtswidrigkeit seines Vorgehens hinzuweisen (Brief vom 10.07.2000).

**Klinikum Großhadern**
Neurochirurgische Klinik und Poliklinik
Direktor: Prof. Dr. H.-J. R.

**Ludwig**____ **LMU**
Maximilians_
Universität _
München____

Klinikum Großhadern · Neurochirurgische Klinik · 81366 München

81377 München
Marchioninistraße 15
Postfach 701260
Telefon: (089) 7095-1
Durchwahl: (089) 7095-

13.5.98

Frau Dr.        B.        , geb 27.8.25,
die von mir 91 u.92 im Bereich der hinteren
Schädelgrube operiert worden war, hat
vor über einem Jahr, vermutlich Anfang März 97
einen an mich adressierten Brief in der
Steuerstelle der NCH-Poliklinik abgegeben (junge Dame).
Mit nachfolgender Unterschrift bestätigt
Frau B        diesen Vorgang:

A. B.

13.5.98

Diesen Brief, dessen Inhalt mir heute mitgeteilt
werde, habe ich nie erhalten.
13.5.98
                                Prof Pech

NCHI 794

Postanschrift:          Fernsprecher (Vermittlung):   Telefax:              Öffentliche Verkehrsmittel:
D-81366 München         (089) 7095-1                  (089) 7095-8871       U-Bahn: Linie 6 Klinikum Großhadern
                                                                            Bus: Linien 34 und 68

Anlage 59

Klinikum Großhadern
Neurochirurgische Klinik und Poliklinik
Direktor: Prof. Dr. H.-J. Re

Ludwig_____ **LMU**
Maximilia
Universit **Eingegarge**
München

06. Sep. 1999

**Erledigt:** ...1.0.5...

81377 Münch
Marchioninistraße 15
Postfach 701260
Telefon: (089) 7095-0
Durchwahl: (089) 7095-

Klinikum Großhadern · Neurochirurgische Klinik · 81366 München

Herrn
Prof. Dr. med. P. W. A.
Leiter der Abteilung für Neurochirurgie
Klinik und Poliklinik für Chirurgie
Medizinische Fakultät Universität Rostock
Schillingallee 35

18055 Rostock

München, 1.9.1999

Prof. R./bi

**Wiederbesetzung der C 4-Professur für Neurochirurgie an der LMU München**

Sehr geehrter Herr Kollege A.

heute erhielt ich durch Zufall Ihre Schreiben vom 19.7.1999 an Herrn Prof. P
und Herrn Prof. A. H. zusammen mit Ihrem Schreiben an Herrn Prof. Beck,
München. Es ist verdienstvoll, daß Sie sich zusammen mit Herrn Prof. Beck so sehr
um die Wiederbesetzung der C 4-Professur für Neurochirurgie in München kümmern
und ich ersehe daraus einerseits Ihre enge Zusammenarbeit mit Herrn Beck und zum
anderen Ihre politische und diplomatische Geschicklichkeit, mit der Sie Ihren
Kandidaten anpreisen.

Mit freundlichen Grüßen

Prof. Dr. H.-J. R.

Nachrichtlich:

Vorstand der Deutschen Gesellschaft für Neurochirurgie
Herrn Prof. Dr. H. Arnold, 1. Vorsitzender
Herrn Prof. Dr. F. Oppel, 2. Vorsitzender
Herrn Prof. Dr. Dr. M. Samii
Herrn Prof. Dr. H.-P. Richter
Herrn Prof. Dr. Th. Grumme
Herrn Prof. Dr. Dr. h. c. K. Peter, Direktor Institut. für Anästhesieologie, Dekan, der
Medizinischen Fakultät München

Postanschrift
D-81366 München

Fernsprecher (Vermittlung)
(089) 7095-0

Telefax
(089) 7095-8871

Öffentliche Verkehrsmittel
U-Bahn: Linie 6 Klinikum Großhadern
Bus: Linien 34, 35 und 266

# UNIVERSITÄT ROSTOCK
## Medizinische Fakultät
### Klinik und Poliklinik für Chirurgie
Direktor: Prof. Dr. med. U. T. Hopt

Universität Rostock · Medizinische Fakultät · Klinik und Poliklinik für Chirurgie
Schillingallee 35 · Postfach 10 08 88 · D-18055 Rostock

**Ludwig-Maximilians-Universität**
**Herrn Prof. Dr. med. Beck**
**Neurochirurgische Klinik**
**Bavariaring 19**
**80336 München**

Abteilung für Neurochirurgie
Leiter: Prof. Dr. med. P. W. A:

Telefon: 0381 - 494 - 64 39 Sekretariat
494 - 64 40

Telefax: 0381 - 494 - 64 38

20.09.1999
Datum:

Lieber Ossi,

als Anlage sende ich Dir den gesamten, bisher geführten Schriftwechsel zwischen Herrn Prof. R.        und mir zur Kenntnis.

Ich hoffe, daß Dir daraus keine Unannehmlichkeiten erwachsen. Es zeigt aber wiedereinmal, wie skrupellos ein Herr namens R      sich über gute Sitten und Anstand, letzten Endes aber auch über Rechtslagen hinwegsetzt.
Ich verbleibe damit mit besten Grüßen

Dein

P   W   A

Bankverbindung:
Landeszentralbank · Kto. 130 015 31
Rostock         BLZ 130 000 00

**Anlage**

**Anlage 62**

## 10.5 Sachbeschädigung mit unabsehbaren Folgen

Jeder in der Klinik kannte meinen festen Parkplatz in der Tiefgarage im Klinikum Großhadern.

Es war der 18.08.1997, als ich erstmals beim Wegfahren einen feuchten Fleck auf dem Garagenboden in der Nähe des linken Vorderrades bemerkte, dem ich aber keine weitere Bedeutung schenkte, zumal es geregnet hatte.

Da ich für die nächsten Tage einen Urlaub bei der Universitätsverwaltung beantragt hatte und andeutete, über mehrere Pässe fahren zu wollen, ließ ich meinen Wagen im Autocenter Berner routinemäßig inspizieren. Von dieser KFZ-Fachwerkstätte wurde ich zu meiner Überraschung informiert, dass die linke vordere Antriebswellenmanschette Schnittverletzungen aufwies (Anlage 63). Das Heimtückische daran ist, dass der dadurch bewirkte langsam zunehmende Schmiermittelverlust nicht zu einer sofortigen Blockade der Antriebswelle führt, sondern sich erst bei höheren Belastungen der Antriebswelle wie z. B. bei größeren Geschwindigkeiten auf der Autobahn oder beim kurvenreichen Befahren von Pässen bemerkbar macht. Beim Benutzen des Kraftfahrzeuges wird man deshalb auch nicht sofort auf diese Beschädigung aufmerksam. Kommt es aber nach einigen 100 km zur vollständigen Blockade, hat dies ein unkontrollierbares Ausbrechen oder Überschlagen des Autos zur Folge. **Diese Dokumentation zeigt besonders deutlich, dass die Diskriminierung meiner Person Weiterungen zeigte, die überhaupt nicht mehr abschätzbar waren.**

Dekan P. reagierte auf meine Information überhaupt nicht, Klinikumdirektor S. hielt „Die Argumentation, insbesondere die Verknüpfung aller möglichen Dinge zwar für einfallsreich, aber für unangemessen."

Da ich um mein Leben fürchtete, erhob ich am 28.08.1997, 126 UJs 713201/97 Strafanzeige.

## 10.6 Freie Wahl meines Todes (Auswahl verschiedener Todesarten)

Symptomatisch für den mir gegenüber ausgeübten kriminellen Psychoterror ist folgender Fall:

Am 22.04.1998 hatte meine persönliche Mitarbeiterin Schwester Mary in meinem klinikinternen Postfach die in Kopie beigefügten Diagramme über drei unterschiedliche Todesverläufe gefunden.

Es handelt sich um Diagramme eines mir unbekannten, mutmaßlich medizinischen Werkes (Abbildung 7 a, b, c). Die drei Diagramme waren ohne weitere Kommentierung oder sonstigen Hinweis auf einen konkreten Absender. Im Gesamtzusammenhang des Terrors mir gegenüber waren diese Diagramme vermutlich eine subtile Drohung, meine Todesart unter den drei Beispielen wählen zu können. Diese Diagramme schienen aus einem Buch der Bibliothek entnommen zu sein, so dass die Vermutung nahe lag, den Täter in der Ärzteschaft zu finden. Trotz meines Angebots, mich bei der Suche des medizinisches Werkes zu beteiligen, um den Täter zu finden, ignorierte die Staatsanwaltschaft den Vorschlag meines Rechtsanwaltes. Wie bei der Schnittverletzung der Radmanschette am linken Vorderrad meines Autos bestand vonseiten der Bayerischen Justiz auch in diesem Fall kein Ermittlungsinteresse.

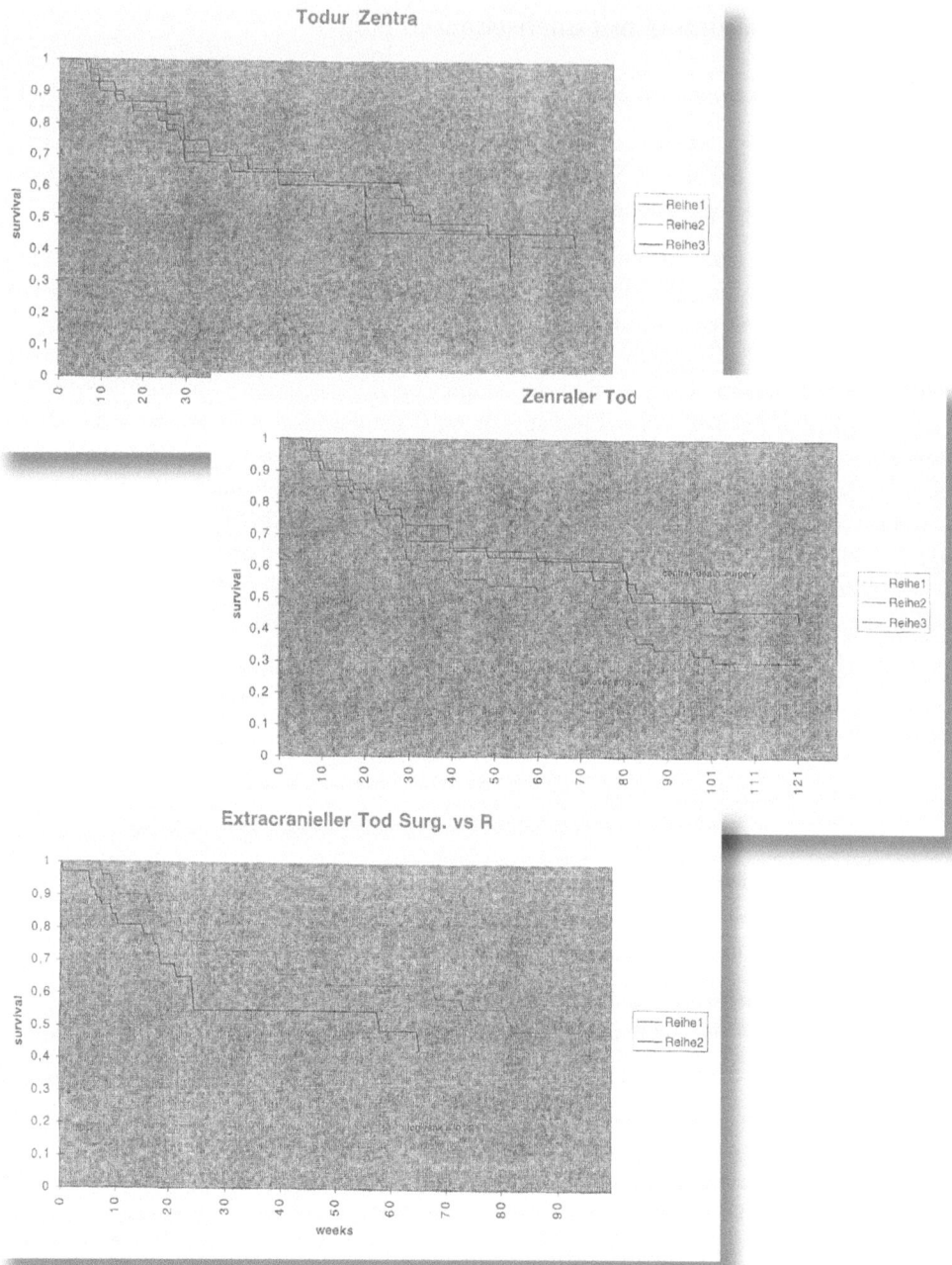

Abbildung 7 a, b, c: Diagramme als subtile Drohung, meine Todesart unter den drei Beispielen wählen zu können

Auto-Center Gebr. Berner GmbH & Co. KG
Postfach 7 · 82510 Wolfratshausen

Herrn
Prof. Dr. Oskar Beck
Boschetsriederstr. 10

81379 München

Hauptbetrieb:
82515 Wolfratshausen
Hans-Urmiller-Ring 40
Telefon (0 81 71) 16 09-0
Telefax (0 81 71) 1 67 83

Filiale:
82538 Geretsried
Kirchplatz 10
Telefon (0 81 71) 6 7 4 8
Telefax (0 81 71) 6 35 13

Ha/ma
27. August 1997

## B E S T Ä T I G U N G

**Audi A4, amtl. Kennz. M-AM 139, Fg.Nr. WAUZZZ8DZSA058317**

Hiermit bestätigen wir, daß die Antriebswellenmanschette unübliche Beschädigungen (Schnitte) aufweist. Die Ursache für die Beschädigungen konnte nicht eindeutig benannt werden.

Mit freundlichen Grüßen

AUTO-CENTER GEBR. BERNER
GmbH & Co. KG

Wolfgang Hartmann

Handelsregister München HRA 64 964
pers. haftende Gesellschafterin
Auto-Center Gebr. Berner GmbH.
Sitz Geretsried
Handelsregister München HRB 315 92
Geschäftsführer Udo Berner

Postbank
München
(BLZ 700 100 80)
Konto 1007 34-808

Kreissparkasse
Wolfratshausen
(BLZ 700 543 00)
Konto 23 234

Hypo-Bank
Wolfratshausen
(BLZ 700 200 01)
Konto 3 620 100 304

Dresdner Bank
Geretsried
(BLZ 700 800 00)
Konto 485 013 000

Raiffeisenbank
Schäftlarn Wolfratshausen
(BLZ 701 695 43)
Konto 1 000 250

# 11.  Die neun Kröten

## Vorspann

| | | |
|---|---|---|
| H.-J. R. | 10.05.1994 | Versuch eines Disziplinarverfahrens in 9 Fällen bei der Rechtsabteilung der LMU München |
| O. J. Beck | 07.03.1995 | Strafanzeige wegen falscher Verdächtigung in allen 9 Fällen bei der Bay. Justiz |

Trotz des widerrechtlichen OP-Verbotes möchte ich betonen, dass ich von Anfang an eine gütliche Einigung zur Aufhebung des Verbotes angestrebt habe. Angefangen von meinem Gespräch vom 18.07.1991 beim Kanzler der LMU habe ich, in einer über 5-jährigen schriftlichen Auseinandersetzung mit meinen Vorgesetzten (siehe Chronologie des OP-Verbotes), auf eine außergerichtliche Einigung hingearbeitet. Erst als ich nach 3 Jahren bei der Einsichtnahme in meine Personalakte erfahren musste, dass H.-J. R. von Beginn seiner Tätigkeit an versucht hatte, ein Disziplinarverfahren gegen mich bei der Rechtsabteilung der LMU einzuleiten, war ich gezwungen, einen Rechtsbeistand zu nehmen, was ich unter allen Umständen vermeiden wollte. Damit war aber auch nachgewiesen, dass H.-J. R. mein OP-Verbot von langer Hand geplant hatte. Problematisch war einen Rechtsanwalt zu finden, der mir diese unglaubliche Geschichte abnahm. Nun ist es bei RÄ anders als bei Abgeordneten des Bay. Landtags, die mir im Rahmen meiner Petition klar zu erkennen gaben, dass ihr Einsatz für mich unser aller Ende sei, wenn diese Geschichte nicht der Wahrheit entspräche. Rechtsanwälte dagegen bekommen auch Zulauf, wenn es ihnen bei Gericht gelingt, Täter zu Opfer und Opfer zu Tätern zu machen. Nachdem mein RA, Herr Dr. Manfred Klüver, sich aber Fall für Fall überzeugt hatte, bei mir für Recht und Wahrheit einzutreten, entwickelte sich eine echte Freundschaft. Und wir hatten zivilrechtlich Erfolg. Die Klage von H.-J. R. gegen die Petition wurde abgeschmettert und das OP-Verbot entsprach vor Gericht nicht den Vorschriften.

Obwohl die Rechtsabteilung der LMU nie ein förmliches Disziplinarverfahren gegen mich eingeleitet bzw. vollzogen hatte, versuchte H.-J. R. über private Rechtsanwälte mit Pressionen auf die Rechtsabteilung der LMU und mit Inhalt entstellenden Briefen an das Staatsministerium für Unterricht, Kultus, Wissenschaft und Kunst dies zu erreichen. Da die jahrelange Hinhaltetaktik meiner Vorgesetzten hinsichtlich meines OP-Verbotes kein annehmbares Ergebnis gebracht hatte, versuchte ich am 09.03.1995 in einer letzten versöhnlichen Aussprache im Kultusministerium mein Ziel zu erreichen. Um die mir angelasteten Fälle gerichtlich überprüfen zu lassen, gab ich nach Verweigerung einer versöhnlichen Aussprache mit Staatssekretär Klinger, die am 07.03.1995 vorbereitete Anzeige wegen falscher Verdächtigung einige Tage später bei der Staatsanwaltschaft ab, wie der Eingang am 29.03.1995 bestätigt (Anlage 64). Klinger war über seine Sekretärin informiert, dass ich die Anzeige erst abgebe, wenn ich keine Möglichkeit mehr bekäme mit ihm zu sprechen. In seinem Brief vom 13.06.1995 bedauerte Klinger die neue Dimension, die er selbst mit seiner abrupten Absage unseres vereinbarten Termins verursacht hatte. Vermutlich wollte er aber tatsächlich, dass der Sachverhalt umfassend aufgeklärt wird, wie er in seinem letzten Satz geflissentlich beteuerte.

Als C2-Professor und Oberarzt der Neurochirurgischen Klinik der LMU München war ich H.-J. R., dem Klinikleiter, beamtenrechtlich nachgeordnet. H.-J. R. hatte ein ungemein starkes, persönliches Spannungsverhältnis, eine lupenreine Obsession gegen mich entwickelt. Diese ging so weit, dass mir, der ich unter seinem Vorgänger Marguth die Funktion eines Leitenden Oberarztes und Stellvertretenden Klinikleiters inne hatte, jegliche fachliche Qualifikation abgesprochen, vor Kollegen im Klinikalltag ständig herabgesetzt und im Übrigen beamtenrechtlich drangsaliert wurde. Der vorläufige Höhepunkt des förmlichen Kriegszuges gegen mich bildeten neun umfassende disziplinarrechtliche und strafrechtliche Anschuldigungen („Die Neun Kröten"). Diese wurden erhoben, gegenüber dem Rektor der Universität, mit dem Ziel meiner absoluten Vernichtung als Mensch. Diese neun Anschuldigungen waren falsch, wie die Dokumente eindeutig beweisen. Sie wurden vorsätzlich und wider besseres Wissen erhoben, in voller Absicht meine Eliminierung als Beamter und Arzt an der Neurochirurgischen Klinik zu erreichen. Besonders deutlich wurde das vorsätzliche Handeln wider besseres Wissen bei der Anschuldigung betrügerisch abgerechnet zu haben (I). Hier setzte sich H.-J. R. sogar über seine eigenen bestätigenden Unterschriften hinweg. Das Schlimmste aber war, dass H.-J. R., trotz seiner Funktion als Leiter einer Universitätsklinik, nicht davor zurückschreckte, Patientenschicksale als Waffe in seiner Kampagne einzusetzen, um einen Kollegen zu vernichten – ohne von der ärztlichen Schweigepflicht entbunden worden zu sein. Einige Patienten hatten sich sogar festgelegt, H.-J. R. nicht von der ärztlichen Schweigepflicht zu entbinden (IV und IX). Sein Recht, bei einem vermeintlichen Kunstfehler eines Mitarbeiters einen Rechtsbeistand einzuschalten, hatte H.-J. R. mit der Verständigung der Rechtsabteilung der LMU bereits wahrgenommen. Trotzdem hatte StA W. H.-J. R. erlaubt weitere private Rechtsanwälte unter Verletzung seiner ärztlichen Schweigepflicht und gegen den ausdrücklichen Willen von Patienten einzuschalten.

Nach dem zivilrechtlich sich die neun Anschuldigungen von H.-J. R. als Kröten erwiesen und die Rechtsabteilung der LMU keinen Grund sah, ein Disziplinarverfahren gegen mich durchzuführen, andererseits H.-J. R. das OP-Verbot aber nicht aufhob, stellte ich Anzeige wegen falscher Verdächtigung.

Im Strafrecht ticken in Bayern die Uhren aber anders. Mein RA Dr. Manfred Klüver hatte mich davor gewarnt, gab aber schließlich meinem Wunsch nach einer Strafanzeige statt. Da in jedem Fall schriftliche Beweise für die falschen Verdächtigungen vorlagen, sich die Schäden von Patienten häuften, und die Kriminalität von H.-J. R. mit der ständigen Eröffnung meiner Briefe federleicht nachweisbar war, war mein RA überzeugt, auch diesen Prozess erfolgreich zu Ende führen zu können. Umso schwerer traf es uns beide, dass die Bay. Justiz das Verfahren ohne nachvollziehbare Begründung einstellte.

Staatsanwaltschaft
bei dem Landgericht München I

Geschäftsnummer: 125 Js 3519/95

München, 28.03.1995

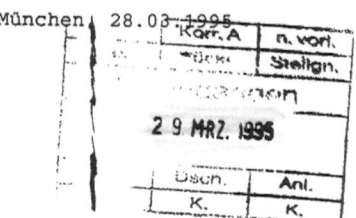

┌ Staatsanwaltschaft b.d. LG München I  80097 München ┐

Herrn Rechtsanwalt
Dr. Manfred Klüver

Schrankfach 238


Strafanzeige vom 07.03.95
gegen Herrn Prof. Dr. med. H. J. R.

Ihr Mandant: Herr Prof. Dr. med. Oskar Josef Beck


Sehr geehrter Herr Rechtsanwalt,

Ihre  Strafanzeige ist  hier eingegangen  und wird unter
folgender Geschäftsnummer bearbeitet:

        1 2 5    J s    3 5 1 9 / 9 5

Zur  Vereinfachung des  Geschäftsbetriebes bitte ich bei
etwaigen Mitteilungen  und Anfragen auf diese Geschäftsnummer Bezug zu nehmen.


Mit freundlichen Grüßen
Auf Anordnung


Bergmann
Justizangestellte

Anlage 64

## Kröte I
# Verleumdung: Betrügerische Abrechnung von Überstunden

Auf Wunsch meiner Mutter, einer Apothekertochter, die selbst zur Genauigkeit erzogen worden war, musste ich seit meiner Kindheit ein Tagebuch führen, das mir während meiner klinischen Tätigkeit und auch noch heute zu einem treuen Begleiter wurde.

Als ich noch Leitender Oberarzt bei Marguth war, kam eines Tages vom KuMi eine Mitteilung, dass die Überstunden der Assistenten nicht mehr voll bezahlt würden. Marguth setzte sich ans Telefon, sprach mit einem MD des KuMi, dass er ab morgen nicht mehr operiere, wenn diese Anordnung nicht umgehend zurückgenommen werde. Zwei Tage später blieb alles beim alten. In einem vertraulichen Gespräch fragte mich Marguth, ob es möglich wäre, dass Assistenten bei uns nicht korrekt abrechneten. Ich verneinte, schlug aber vor, ein Steckkartensystem einzuführen, wie es bei großen Firmen damals üblich war. Marguth war entsetzt über meinen Vorschlag und sagte, wir seien doch keine Fabrik. Seit diesem Tag führte ich aber besonders genaue Aufzeichnungen über meine persönlichen Überstunden.

Ein Dienstplan kann niemals im Nachhinein ein zwingender Beweis dafür sein, wie ein Dienst tatsächlich abgelaufen ist (durch z. B. plötzliche Erkrankungen oder Berufungen).

H.-J. R. behauptete plötzlich – 3 Jahre später –, dass ich, Prof. Dr. O. J. Beck, bei Überstundenabrechnungen über Monate betrogen hätte. Er verwies dabei auf mehrere Jahre alte Dienstpläne und beschuldigte mich also, die Überstundenabrechnungen gefälscht zu haben!

Da er Kenntnis aller Zusammenhänge hatte und diese Überstundenabrechnungen selbst unterschrieben hatte, war das eine vorsätzlich falsche Anschuldigung gegen mich.

Möglicherweise hoffte H.-J. R., dass es mir nicht mehr gelingen würde, Nachweise für meine tatsächlichen Anwesenheiten und Dienstleistungen zu erbringen. Zu meinem Glück hatte ich alle Dienstpläne und Abrechnungen aufbewahrt und täglich über meine Anwesenheit in der Klinik Buch geführt. Sämtliche Anschuldigungen konnten allesamt vollständig widerlegt werden, sie waren frei erfunden! In diesen Zeiträumen war ich nachgewiesenermaßen tatsächlich nicht im Urlaub oder abwesend, sondern in der Klinik.

Ich greife nur eine der „kuriosen" Anschuldigungen im Zeitraum 21.03.-05.04.1992 heraus. Ich war gemäß Dienstplan im Urlaub. Besondere Vorkommnisse, wie Ausschreibung Neurochirurgie Bogenhausen und schwere Erkrankung meiner Mutter veranlassten mich den Urlaub zu verschieben und Dienst zu machen. Meine Unterlagen beweisen, dass H.-J. R. selbst die Überstundenabrechnung unterschrieben hatte. Zusätzlich genehmigte er eingetragene Überstunden vom 23.,25. und 26.03.1992 (Anlage 65).

Rechtlich gesehen war der Klinikchef ohne meine Zustimmung und im Nachhinein nicht berechtigt Dokumente zu verändern. Es handelt sich bei den Dienstplänen um Urkunden. Diese Manipulationen, die in Wirklichkeit Urkundenfälschungen waren, lassen sich über mehrere Monate verfolgen und nachweisen(z. B. Anlage 66).

Zu einem wesentlich späteren Zeitpunkt hat **H.-J. R. nachträglich**, die von ihm selbst unterzeichnete Überstundenaufstellung für den Monat März 1992, handschriftlich für die Tage 21.03.-05.04.1992 in **„Urlaub gemeldet"** geändert (Anlage 65).

In seiner Stellungnahme an Frau Regierungsdirektorin R-S. vom 29.06.1995 versuchte H.-J. R. seine nachträglichen Änderungen damit zu entschuldigen, **dass er die Fälschungen nicht an Originalen, sondern nur an Kopien vorgenommen hatte, mit denen er aber immerhin ein Disziplinarverfahren gegen mich erreichen wollte.** Ebenso negierte er meine Dienstanwesenheit vom 01.07.1992 – 31.07.1992 (Anlage 66), da ich laut OP-Buch zu dieser Zeit keine Operationen durchgeführt habe. Offensichtlich hatte H.-J. R. beim Abfassen seiner Stellungnahme vergessen, dass er mir bereits ab 01.08.1991 OP-Verbot erteilt hatte und ich deshalb im OP-Buch gar nicht stehen konnte.

Nicht eingegangen ist die Staatsanwaltschaft beim Landgericht München I und auch der Generalstaatsanwalt auf die Rüge meines Rechtsanwaltes, dass ich im Komplex „Betrügerisches Abrechnen von Überstunden" nunmehr in der Lage war, auch sämtliche weiteren Anwesenheits- und Dienstleistungstage durch Urkunden zu belegen.

| 1. | Rechtsabteilung der LMU RA Ob Reg. S. | Weder Vorermittlungen noch ein förmliches Disziplinarverfahren |
|---|---|---|
| 2. | H.-J. R. RA U. 10.05.1994 | Verbot der Führung der Dienstgeschäfte (Art. 68 Abs.1 Satz 1 BayBG) Entfernung aus dem Dienst (Art. 12 der Bay. Disziplinarordnung) |
| 3. | **Bay. Justiz StA W. 28.11.1997** | **Der Nachweis einer absichtlich wahrheitswidrigen Behauptung gegen mich könne nicht belegt werden** |

Die Bay. Justiz, vertreten durch StA W. als Gruppenleiter, konnte/wollte nicht den Nachweis führen, dass H.-J. R. „bewusst wahrheitswidrig" gehandelt hatte, obwohl doch sämtliche Anschuldigungen von mir lückenlos widerlegt werden konnten **und H.-J. R. sogar Fälschungen zugegeben** hatte. Trotz wiederholter Aufforderungen meines Rechtsanwaltes wurde mir zu keiner Zeit eine Möglichkeit zu einer persönlichen Stellungnahme geboten.

LUDWIG-MAXIMILIANS-UNIVERSITÄT MÜNCHEN
KLINIKUM GROSSHADERN
NEUROCHIRURGISCHE KLINIK
MARCHIONINISTRASSE 15, 8000 MÜNCHEN 70
Tel.: 089 / 7095 - 1

*A2*

Arbeitszeitabrechnung für Beamte und wissenschaftliche Mitarbeiter außerhalb des BAT

Name: *Bech, Oskar Joseph*     Nachweis für Monat: *März* 19*92*

eingeteilter Dienst: *O.A. C₂-Prof.*

| 1. Datum | 2. tatsächliche Dienstleistungen | 3. Mittags-pause | 4. Summe | 5. regelm. Az. | 6. Dienste außerhalb d. regelm. Az. | 7. Überstunden | 8. Freizeitaus-gleich | Netto Arbeits-zeit | Sonn- u. Feiertags-dienst | Nacht-dienst-entschä-digung | Berechnung durch die zuständige Anweisungsstelle |
|---|---|---|---|---|---|---|---|---|---|---|---|
| 1. | | | | | | | | | | | A) Überstunden |
| 2. | 7-19 | N | 11.5 | | | 3.5 | | | | | 28 Std |
| 3. | 7-12 | N | 4.5 | | | | | | | | × 670 = 747.60 DM |
| 4. | 7-17 | N | 9.5 | | | 1.5 | | | | | |
| 5. | 7-16 | N | 8.5 | | | 0.5 | | | | | |
| 6. | 7-13 | N | 5.5 | | | | 1 | | | | B) Sonn- und Feiertags-dienst |
| 7. | | | | | | | | | | | Std |
| 8. | | | | | | | | | | | × DM |
| 9. | 7-18 | N | 11 | | | 3 | | | | | |
| 10. | 7-16 | N | 8.15 | | | 0.5 | | | | | C) Nachdienst |
| 11. | 7-18 | B N | 10.5 | | | 2.5 | | | | | Std |
| 12. | 7-16 | B N | 9 | | | 1 | | | | | × DM |
| 13. | 7-14 | N | 7 | | | | | | | | |
| 14. | 8-17-20 | B | 2.5 | | | | | | | | D) Samstagsdienst |
| 15. | 8-11 | B | 3 | | | | | | | | Std |
| 16. | 7-19 | N | 11.5 | | | 3.5 | | | | | × DM |
| 17. | 7-19 | N | 11.5 | | | 1.5 | | | | | |
| 18. | 7-16 | N | 9 | | | 0.5 | | | | | davon steuerpflichtig |
| 19. | 7-17 | N | 9.5 | | | 1.5 | | | | | = 203.4 DM |
| 20. | 7-18 | N | 10.5 | | | 4 | | | | | − 166 |
| 21. | | | | | | | | | | | 37.4 |
| 22. | | | | | | | | | | | − 9 |
| 23. | 7-18 | N | 11 | | | 3 | | | | | 28.4 |
| 24. | 7-15 | N | 8 | | | | | | | | |
| 25. | 7-17 | N | 9.5 | | | 1.5 | | | | | |
| 26. | 7-17 | N | 9.5 | | | 1.5 | | | | | |
| 27. | 7-14 | N | 6.5 | | | | | | | | |
| 28. | | | | | | | | | | | |
| 29. | | | | | | | | | | | |
| 30. | FZA | | 15.4 | | | | | | | | |
| 31. | FZA | | | | | | | | | | |
| | | | 188 | | | 38.5 | 1 | | | | |

**Urlaub gemeldet**

Eing.: 0 6. AUG. 1992

203,4
9 erw.H.

Den Anspruch auf Abgeltung (Freizeitausgleich, Vergütung) der zusätzlichen Dienstleistungen nach— beamtenrechtlichen Grundsätzen mache ich hiermit geltend.[10] Die Richtigkeit der Angaben versichere ich auf Dienstpflicht. Die Hinweise auf der Rückseite habe ich beachtet.

LUDWIG-MAXIMILIANS-UNIVERSITÄT MÜNCHEN
KLINIKUM GROSSHADERN
NEUROCHIRURGISCHE KLINIK
MARCHIONINISTRASSE 15, 8000 MÜNCHEN 70
Tel.: 089 / 7095 - 3553

Unterschrift des Antragstellers, Datum

Die Richtigkeit der Angaben und die Anordnung der Mehrarbeit wird bestätigt:

Unterschrift des unmittelbaren Vorgesetzten, Datum

Unterschrift des Klinikdirektors / Vertreters, Datum

F45(3.92)

**Anlage 65**

*A 4*

LUDWIG-MAXIMILIANS-UNIVERSITÄT MÜNCHEN
KLINIKUM GROSSHADERN
NEUROCHIRURGISCHE KLINIK
MARCHIONINISTRASSE 15, 8000 MÜNCHEN 70

— 0 3. AUG. 1992

Antrag für wissenschaftliche Mitarbeiter im Beamtenverhältnis und für vollbeschäftigte wissenschaftliche Hilfskräfte

auf Vergütung von Mehrarbeit (Überstunden, Bereitschaftsdienst, Nachtdienst-entschädigung, Dienst zu ungünstigen Zeiten, Sonn- und Feiertagsdienst)

Name: *Beck Oskar Joseph*   Dienstbezeichnung: *C₃-Prof.*   BesGr.

eingeteilter Dienst (z.B. 1. Dienst): *O.A.*   Nachweis für Monat: *Juli*   19 *92*

| Datum und Wochen-tag | tatsächliche Dienstleistungen (einschl. Bereitschaftsd.) von / bis | tatsächliche Mittagspause von / bis | Summe der Stunden | davon entfallen Stunden auf: Bereit-schafts-dienst | Stufe | F·Z·A | Sonn- u.Feiert. Dienst | Nacht-dienst entsch. | Zulage f.Dienst zu ung. Zeiten | Berechnung durch die zuständige Anweisungsstelle Bitte freihalten! |
|---|---|---|---|---|---|---|---|---|---|---|
| 1.Mi | Erholurlaub 91 | | 7.7 | | | | | | | A) Überstunden |
| 2.Do | " | | 7.7 | | | | | | | |
| 3.Fr | " | | 7.7 | | | | | | | 17 Std. X 28.15 |
| 4.Sa | Kongreß: Photodynamische | | | | | | | | | 478.55 |
| 5.So | Therapie von Tumoren München | | | | | | | | | |
| 6.Mo | 7³⁰–17³⁰ | N | 10 | 2 | | | | | | B) Sonn- und Feiertags-dienst |
| 7.Di | 7–16³⁰ | N | 9 | 1 | | | | | | |
| 8.Mi | 7–16 | N | 9 | 1 | | | | | | Std. X |
| 9.Do | 7–16 | N | 8.5 | 0.5 | | | | | | |
| 10.Fr | 7–19 | N | 11.5 | 5 | | | | | | = |
| 11.Sa | | | | | | | | | | C) Nachtdienst-entschädigung |
| 12.So | | | | | | | | | | |
| 13.Mo | 7–18 | N | 10.5 | 2.5 | | | | | | Std. X |
| 14.Di | 7–16 | N | 9 | 1 | | | | | | |
| 15.Mi | 7–16 | N | 8.5 | 0.5 | | | | | | = |
| 16.Do | 7–18 | N | 10.5 | 2.5 | | | | | | |
| 17.Fr | 7–13 | N | 5.5 | | | | | | | D) Zulage für Dienst zu ungünstiger Zeit |
| 18.Sa | | | | | | | | | | |
| 19.So | | | | | | | | | | Std. X |
| 20.Mo | 7–17 | 12–13 | 8.5 | 0.5 | | | | | | |
| 21.Di | 7–19 | 12–13 | 10.5 | 2.5 | | | | | | davon steuerpflichtig 202. |
| 22.Mi | 7–16 | N | 8.5 | 0.5 | | | | | | − 177 |
| 23.Do | 7–16 | N | 8.5 | 0.5 | | | | | | |
| 24.Fr | 7³⁰–13 | N | 6.5 | | | | | | | 25 |
| 25.Sa | | | | | | | | | | *= Freizeitausgleich* |
| 26.So | | | | | | | | | | 17 |
| 27.Mo | 7–17 | 12–13 | 8.5 | 0.5 | | | | | | |
| 28.Di | 7³⁰–16³⁰ | N | 8 | 1 | | | | | | |
| 29.Mi | 7³⁰–16³⁰ | N | 9 | 1 | | | | | | |
| 30.Do | 7³⁰–16 | N | 8.5 | 0.5 | | | | | | |
| 31.Fr | 7³⁰–17 | N | 9.5 | 3 | | | | | | |
| | Summen: | | 179.0 / 202.4 | 26 | | 1 | | | | |

**Urlaub gemeldet lt. Dienstplan**

Klinikum Großhadern
Personalreferat
Eing. 0 5. AUG. 1992

Die Hinweise auf der Rückseite dieses Schreibens wurden beachtet.
Die Richtigkeit der Angaben und die Anordnung
der Mehrarbeit wird bestätigt:

Die Richtigkeit der Angaben sowie auf Dienstreisen versichert:
PROF. DR. MED. O. J. BECK
LUDWIG-MAXIMILIANS-UNIVERSITÄT
KLINIKUM GROSSHADERN
NEUROCHIRURGISCHE KLINIK
MARCHIONINISTRASSE 15, 8000 MÜNCHEN 70
Tel.: 89 / 70.95 - 35.51

− 9,5

Unterschrift des Antragstellers, Datum

Unterschrift des unmittelbaren Vorgesetzten, Datum

F 45 (9.89)

**Anlage 66**

## Kröte II
## „Briefaktion" oder Änderung des Patienten-Einbestellungssystems

Unmittelbar nach dem Tod von Marguth änderte sein Nachfolger H.-J. R. das Einbestellungs-system stationärer Kassen-Patienten, zu deren erheblichem Nachteil. Eingeführt wurde eine Warteliste ohne Terminvergabe für Kassen-Patienten. Tägliche Beschwerden einweisender Ärzte änderten bis 31.12.1992 nichts an dieser neuen Vorgehensweise.

Besonders tragisch war der Tod zweier Patienten, die im Krankenhaus Harlaching auf einen Auf-nahmetermin gewartet hatten (Anruf von Frau Dr. S.), für deren Tod ich, als Leitender Oberarzt, nun verantwortlich gemacht wurde. Auch andere einweisende Ärzte hielten mich für das neue Einbestellungssystem verantwortlich, da ich unter Marguth organisatorisch für Beschwerden und nach außen hin zuständig war. Innerbetrieblich war ich in meinen Kompetenzen durch H.-J. R. zu diesem Zeitpunkt bereits so beschnitten, dass ich diese Verantwortung nicht mehr länger tragen konnte.

Mein Schreiben vom 29.07.1991 (Anlage 67) ging an 26 Ärzte und Arztpraxen, die sich wieder-holt über das neue Einbestellungssystem beschwert hatten und war als Erklärung und Schutz meiner Person anzusehen. Im Text dieses Rundschreibens ist keine Äußerung zu erkennen durch welche die Integrität von H.-J. R. herabgesetzt worden ist. Mit dem Einfügen des Wortes „allein", von RA U. **sogar unterstrichen, hat H.-J. R. eine Urkundenfälschung (Anlage 68, Schreiben RA U. vom 10.05.1994, Seite 7) vorgenommen. Diese Urkundenfälschung war von H.-J. R. mit voller Absicht vorgenommen worden, weil ich mit ihr meinen alten Chef Marguth zur Ne-benfigur degradiert hätte. Mit diesem gefälschten Brief hatte H.-J. R. sämtliche Ordinarien gegen mich aufgebracht, die mich daraufhin mit Verachtung straften.**

Das neue Einbestellsystem empfand und empfinde ich noch heute als zutiefst unsozial. Aufgrund meiner Loyalität zum Klinikum Großhadern hatte ich diese Meinung für mich behalten und das neue Bestellsystem nach außen sogar positiv dargestellt. Dieser Rundbrief sollte außerdem be-wirken, dass die Beschwerden an den Urheber, also direkt an H.-J. R. gerichtet werden. Ich hoffte, dass ich damit eine sofortige Rücknahme der Änderung des Patienten-Bestellwesens erreichen würde .

Aufgrund dieses Schreibens forderte am 10.10.1991 H.-J. R. bei Dekan P. meine Entlassung. Als Grund gab er fehlende Loyalität an. Dekan P. sagte in diesem Zusammengang zu mir: „Herr Beck, das Schiff Neurochirurgie hat einen neuen Kapitän bekommen. Wenn das Schiff Neurochi-rurgie untergeht, haben Sie mit unterzugehen".

Ergebnislos verliefen meinerseits unzählige inneruniversitäre „Vieraugengespräche" mit H.-J. R., Gespräche im Rahmen von Oberärzten, beim damaligen Kanzler R. von der LMU und beim De-kan P.. Besonderer Dank gilt hierbei Prof. Dr. Oe., der mich unterstützt hatte.

H.-J. R. selbst hat am 1.1.1993 das „neue" Bestellverfahren wieder rückgängig gemacht, nachzulesen in der Information „Organisation der stationären Patientenaufnahme", die von H.-J. R. schriftlich dokumentiert und verteilt worden war (Anlage 69).

Die OP-Programme wurden im Wesentlichen wieder so zusammengestellt, wie es früher üblich war und wofür ich über ein Jahr gekämpft hatte.

Das gegen mich seit 01.08.1991 ausgesprochene „OP-Verbot im Routineprogramm" blieb trotzdem bestehen.

| 1. | Rechtsabteilung der LMU<br>RA Ob Reg. S. | Weder Vorermittlungen noch ein förmliches Disziplinarverfahren |
|---|---|---|
| 2. | H.-J. R.<br>RA U.<br>10.05.1994 | „Gravierende Verletzung der geregelten Loyalitätspflicht, die einer disziplinarischen Ahndung bedarf" |
| 3. | **Bay. Justiz**<br>**StA W.**<br>**28.11.1997** | Strafanzeige gegen H.-J. R. am 29.03.1995<br>**Ohne Begründung nicht behandelt** |

StA W. negierte das öffentliche Interesse damit, dass **er die Urkundenfälschung nicht zur Kenntnis nahm.** Da das gefälschte Wort „allein" als einziges unterstrichen war, ist es völlig unverständlich, dass StA W. diese Fälschung übersehen hatte. Dieser Fall zeigt besonders deutlich die innige Verbundenheit zwischen Bay. Justiz und einem Ordinarius, der sich außerhalb der Legalität bewegt hat.

Als ich diesen Brief vom 29.07.1991 vor einigen Wochen Frau Prof. Dr. K. S., der ehemaligen Leiterin der Audiologie bei Prof. E. K. zeigte, sagte sie spontan: „Das ist nicht der Brief, den uns der Chef vor 23 Jahren vorgetragen hatte". Sie konnte den Wortlaut nach so langer Zeit nicht mehr im Detail wiedergeben, aber inhaltlich hätte ich die Kollegen in meinem Brief darauf hingewiesen, dass sie ihre Patienten zu mir schicken müssten und nicht zu H.-J. R., wenn sie ein gutes operatives Ergebnis haben möchten. Abschließend sagte E. K. noch zu Frau K. S. und da konnte sie sich noch genau erinnern: „Karinchen (das war ihr Kosenamen beim Chef), der Ossi (damit war ich gemeint) ist nach diesem Brief tot". Mit diesem gefälschten Brief hatte H.-J. R. sein Ziel erreicht.

Ludwig-Maximilians-Universität München
Klinikum Großhadern

Neurochirurgische Klinik    Direktor: Prof. Dr. H.-J. R

Klinikum Großhadern, Neurochirurg. Klinik, Postfach 70 12 60, 8000 München 70

Herrn
Dr. med. M
Facharzt für Radiologie
Prielmayerstr. 1

8000 München 2

29.07.91

8000 München 70, _____
Marchioninistraße 15
Postfach 70 12 60
Telefon (0 89) 70 95-1
Durchwahl 70 95-_____

Prof.Be/zi

Sehr geehrter Herr Kollege,

nach dem Ausscheiden von Herrn Prof. Dr. L        im Herbst 1988 habe ich die Stelle des leitenden Oberarztes an der Neurochirurgischen Universitätsklinik übernommen. In einer durch Personalmangel und andere Unwägnisse kritischen Phase habe ich die Klinik zur vollen Zufriedenheit meines alten Chefs, Herrn Prof. Marguth als erster Oberarzt geleitet. In dieser Zeit wurden jährlich fast 2500 neurochirurgische Operationen einschließlich schwierigster Eingriffe, z.B. am Hirnstamm durchgeführt. Ich habe mich um die Einführung des Lasers in die Neurochirurgie weltweit verdient gemacht und zähle zu den führenden Neurochirurgen auf diesem Gebiet. Nachgeordnete Oberärzte konnten sich operativ und wissenschaftlich voll entfalten. Sechs Assistenzärzte erreichten ihren Facharzt.

Herr Prof. R        , Nachfolger von Prof. Marguth hat das stationäre Aufnahmesystem nunmehr an unserer Klinik so geändert, daß mittel- bzw. langfristig keine Termine mehr für stationäre Einbestellungen von Patienten vergeben werden. Weiter startet Herr Prof. R den Versuch, an der Klinik das zeitlich begrenzte Oberarztrotating einzuführen, mit der Begründung, nachgeordneten Ärzten die Chance zu geben, sich in Probleme einer Chefarztvertretung einzuarbeiten.

Für die bisherige gute Zusammenarbeit dankend, stehe ich nach meinem Urlaub (ab 07.10.91) unter der Nummer 089/7095-3553) wieder voll zur Verfügung.

Mit kollegialen Grüßen

Prof. Dr. O. J. Beck

Postanschrift
Postfach 70 12 60, D-8000 München 70

Fernsprecher (Vermittlung)
(089) 70951

Fernschreiber
5/212228 kmgh/d

Telefax
70 95-88 71

Anlage 67

RECHTSANWÄLTE WIRTSCHAFTSPRÜFER STEUERBERATER

WEINBERGER · SOTTUNG · U' ⁻ · SCHLÜTER

BÖCKER · BOCK UND PARTNER

Dres. Weinberger, Sottung u. Partner, Maximiliansplatz 12/IV, 80333 München

Herrn
Prof. Dr. Wulf St⸚⸚⸚⸚⸚
Rektor der Ludwig-Maximilians-
Universität München
Geschwister-Scholl-Platz 1

80539 München

RECHTSANWÄLTE
DIPL. RER. POL. DR. FRANZ WEINBERGER (-1991)
DR. RUDOLF SOTTUNG
PROF. DR. DR. KLAUS Ul.⁻
DR. UWE SCHLÜTER·
DR. MICHAEL H. BÖCKER·
ROLF-WERNER BOCK
MARKUS MICHAEL NEUNER
HERMANN ROCK
· auch Fachanwalt für Steuerrecht

WIRTSCHAFTSPRÜFER · STEUERBERATER
DIPL.-KFM. MARTIN ENGEL
DIPL.-KFM. DR. ECKART J. BERGMANN

MÜNCHEN, den    10.05.94

Bitte bei Antwort und Überweisung unbeeingt angeben

030275/94-07V Ro/sp

über Herrn Prof. Dr. D. S⸚ ⸚, Ärztlicher Direktor, Klinikum Großhadern

nachrichtlich an Herrn Dekan Prof. Dr. P⸚ ⸚ Klinikum Großhadern

## gefälschter Brief

— 7 —

gendeinen Anlaß mitgeteilt, daß Herr Prof. R⸚ das stationäre Patienten-Aufnahme-System geändert und ein Oberarzt-Rotating zum Nachteil von Herrn Prof. Beck eingeführt habe. Vor Einführung des Rotationssystems habe nämlich er, Herr Prof. Beck, allein die Klinik "zur vollen Zufriedenheit" seines alten Chefs, Herr Prof. Marguth als erster Oberarzt geleitet (vgl. das an Herrn Dr. M⸚ gerichtete Schreiben vom 29.07.1991, Anlage A 16).

2.  Dieses Hinaustragen innerdienstlicher Angelegenheiten in die Öffentlichkeit stellt eine gravierende Verletzung der in Art. 64 Abs. 1 Satz 3 BayBG geregelten Loyalitätspflicht dar, die einer disziplinarischen Ahndung bedarf. Herr Prof. Beck durfte nämlich nicht die "Flucht an die Öffentlichkeit" ergreifen, er war vielmehr gehalten, die berechtigten Belange seines Dienstherrn zu wahren und dementsprechend zunächst den "Dienstweg" zu beschreiten (vgl. Weiss/Niedermaier/Summer/Zängl, Kommentar zum Bayerischen Beamtengesetz, Art. 62 Nr. 16).

*Herrn Prof. Rob*

# ORGANISATION DER STATIONÄREN PATIENTENAUFNAHME

Gültig ab 1.1.1993

Prof. Dr. H.-J. R

*Beweis für die Änderung des Patientenaufnahmesystem ein Jahr später.*

## Kröte III
# Der Arzt Dr. P.

Der Dienst der Oberärzte in der Neurochirurgie Großhadern ist so geregelt, dass sich der dienst-habende Oberarzt außerhalb seiner regulären Dienstzeit in Rufbereitschaft hält. Dieses System hatte sich seit über 20 Jahren bewährt und wurde von H.-J. R. kommentarlos übernommen.

Vom 10. auf den 11.02.1993 hatte der diensthabende Arzt Dr. P. drei problemlose und komplika-tionsfreie OPs erfolgreich durchgeführt. Es war wie immer zwischen ihm und mir abgesprochen, dass er mich rechtzeitig verständige, wenn unvorhergesehene Schwierigkeiten bei einer Operati-on auftreten sollten.

Zu meinem Erstaunen schickte mir, einen Monat später, H.-J. R. einen Artikel aus der Zeitschrift „Arztrecht" zu einem Urteil des Bundesgerichtshofs vom 10.03.1992 für den Bereich Arzthaftung.

Aus Vorsicht, was das bedeuten könne, wandte ich mich am 23.03.1993 schriftlich an Oberre-gierungsrat W. von der Rechtsabteilung der LMU mit der Bitte um Aufklärung der Rechtslage. Dieser schrieb mir am 01.04.1993 einen Bericht mit dem Titel: „Überwachung von Assistenzärz-ten bei operativen Eingriffen". Es handele sich „Um eine bedeutsame Grundsatzentscheidung des Bundesgerichtshofs für den Bereich Arzthaftung".

Gekürztes Zitat: „... in Fortführung seiner Rechtsprechung, wonach der Standard eines erfahrenen Chirurgen gewährleistet sein muss, ... dass dem Berufsanfänger bei chirurgischen Eingriffen stets ein Facharzt assistieren muss ...".

Diese Rechtsprechung hat zwangsläufig auch Folgen für die Organisation des Klinikbetriebs. Die hierbei zu beachtenden Organisationspflichten treffen sowohl den Klinikträger als auch den leitenden Arzt (hier Klinikdirektor). Im Vordergrund steht dabei die Pflicht des Leitenden Arz-tes (hier Klinikdirektor) für die Überwachung des nachgeordneten Personals zu sorgen, geeignete Kontrollverfahren einzuführen und bei der Auswahl und dem Einsatz der Mitarbeiter auf deren Qualifikation zu achten (Laufs, Handbuch des Arztrechts § 102 II 1.) ...

„Dem Leitenden Arzt obliegt also die Fachaufsicht über den nachgeordneten ärztlichen Dienst, wes-halb er die Assistenzärzte durch regelmäßige Visiten zu beobachten und darüber hinaus gezielt zu überprüfen oder jedenfalls durch den Oberarzt überwachen zu lassen hat, was einen geschriebenen Organisationsplan oder zumindest eine feste Übung erfordert (Laufs, §102 II. 5.). ...". Hier eine für alle Mitarbeiter der Klinik verbindliche schriftliche Fixierung der fachaufsichtlichen Organisation vorzunehmen, ist deshalb überaus empfehlenswert.

„Eine sorgfältige Organisation hat dabei die gebotene Sicherheit des Behandlungsablaufs zu gewähr-leisten, wozu klare Regelungen über Zuständigkeiten und Vertretungen, über die Behandlungs- und Kontrollführung, über Dokumentation und Patientenaufklärung, aber auch zu fachärztlicher Be-reitschaft im Bedarfsfall gehören (Laufs,§ 102 II. 7.). Gerade für Zeiten, in denen nur Eingriffe bei Notfallpatienten vorgenommen werden, ist damit eine eindeutige Regelung erforderlich".

Diese weitreichenden Organisationspflichten treffen sowohl den Klinikträger als auch den Leitenden Arzt, also den Klinikdirektor und das bin und war ich nicht. Um so handeln zu können, hätte ich wie auch die Assistenten und das ganze Klinikpersonal, schriftlich informiert sein müssen. Es gibt jedoch dazu keinerlei schriftliche Order von H.-J. R. Ihm war dieses bewährte und funktionierende System sehr wohl bekannt und er duldete es seit dem Urteil des Bundesgerichtshofs von 10.03.1992 stillschweigend. Trotzdem schrieb  H.-J. R. am 01.03.1993 an mich:

*„Obwohl ich mehrfach in aller Klarheit darauf hingewiesen habe, dass in Facharztausbildung stehende Assistenzärzte während der Operation von einem Facharzt überwacht werden müssen, haben Sie den Arzt P. allein mit einem jungen Assistenten operieren lassen. Sie waren über diese Operation informiert, sind aber nicht in die Klinik gekommen. ... Arzt P. verfügt noch nicht über ausreichende Erfahrung..."* weiter *„ Auch in der Rechtsprechung herrscht hier eine klare Regelung. Immer muss der Standard des erfahrenen Chirurgen gewährleistet sein ..."*

Wenn H.-J. R. das Bestellsystem nach der Rechtsprechung des BGH vom 10.03.1992 hätte ändern wollen, hätte er in seiner Funktion als Klinikdirektor dafür zu sorgen gehabt, dass die dazu notwendige Organisation, wie Übernachtungsmöglichkeit, entsprechende Bezahlung usw. gewährleistet ist. Da bis heute in dieser Richtung von H.-J. R. nichts unternommen worden ist, müsste er eigentlich ein Disziplinarverfahren gegen sich selbst beantragen und hätte nicht eine Mahnung gegen mich aussprechen dürfen.

RA U. klagte und forderte am 10.05.1994 im Brief an Prof. Dr. St., Rektor der LMU: „Der Pflichtverstoß von Herrn Prof. Beck ist insbesondere deshalb als äußerst schwerwiegend zu bewerten, weil gerade von neurochirurgischen OPs ein besonders großes Risiko für die Patienten ausgeht".

| 1. | Rechtsabteilung der LMU RA Ob Reg. S. | Weder Vorermittlungen noch ein förmliches Disziplinarverfahren |
|---|---|---|
| 2. | H.-J. R. RA U. 10.05.1994 | Sofortiges Verbot der Führung der Dienstgeschäfte (Art. 68 Abs.1 Satz 1 BayBG), Entfernung aus dem Dienst (Art. 12 der Bay. Disziplinarordnung) |
| 3. | **Bay. Justiz StA W. 28.11.1997** | **Strafanzeige gegen H.-J. R. vom 29.03.1995 Ohne Begründung - nicht behandelt** |

Korrektes Verhalten des Operateurs Arzt Dr. P. und mir, dem Dienst habenden Oberarzt. Optimaler OP-Verlauf. Das Ganze ist sicher kein disziplinarisches Problem von mir, sondern ein organisatorisches, welches nur von H.-J. R. im Einvernehmen mit der Universitäts-Leitung, d.h. Klinikumdirektor S. hätte gelöst werden können.

Statt sein eigenes organisatorisches Fehlverhalten zu beheben, erhob H.-J. R. unberechtigte Vorwürfe mit der Forderung mich aus dem Dienst zu entfernen, die StA W. ohne Widerspruch hinnahm und damit sanktionierte. **Mit seiner Untätigkeit in einem bereits juristisch abgeklärten Fall (Laufs, Handbuch des Arztrechtes §102 II, 1+5) lieferte StA W. den Beweis für die einseitige Parteiergreifung und damit vermutlich für die Verbindungen zwischen Ordinarius und Bay. Justiz.**

## Kröte IV
# Der Patient M. K.

Der 29-jährige Patient M. K. hatte ein großes petro-clivales Meningeom, das in Karlsruhe in den Jahren 1988 und 1989 voroperiert wurde. In zwei Sitzungen wurde der Tumor von mir infratentoriell am 22.01.1992 und supratentoriell am 10.08.1992 weitgehend entfernt (Abbildung 8).

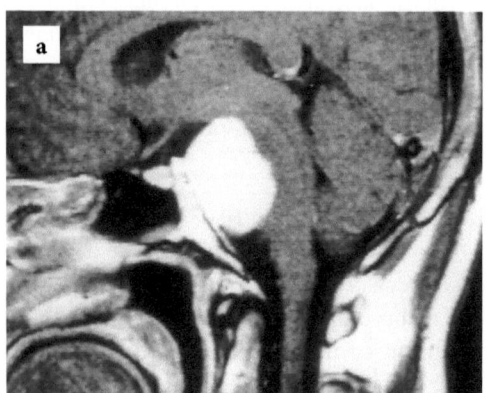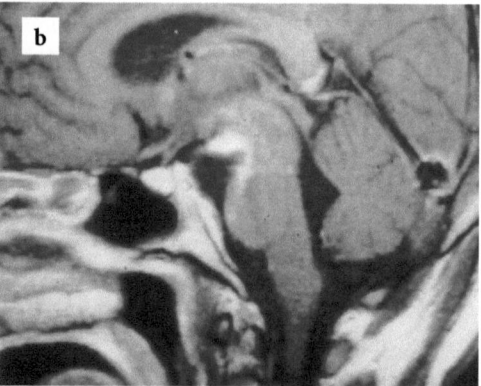

Abbildung 8: Petro-clivales Meningiom
a) MRT – präoperativ 22.01.1992; b) MRT – postoperativ 22.08.1992 nach weitgehender Tumorentfernung

Postoperativ kam es nach der ersten Operation, wie bei größeren Tumoren häufig, zu einer Hirnschwellung und damit zu einer vorübergehenden Verschlechterung der neurologischen Befunde.

Nach der zweiten Operation gab es keine neuen Ausfälle, in den darauffolgenden Jahren eine stete Aufwärtsentwicklung mit sicherem Gehen, wie die mir zugesandten Aufnahmen und Berichte zeigen: am Weg zum Fußballstadion ohne Halbseitenparese (19.10.1993), im Fitnessstudio (13.02.1996) und im Olympia Stadion, wo er siebzig Stufen ohne Gehhilfe locker und zügig bewältigte (28.03.1998).

H.-J. R. beschuldigte mich für derartige Eingriffe keine ausreichende Erfahrung zu haben, eine unhaltbare Behauptung. Weiter behauptete er, dass dieser Patient postoperativ halbseitig gelähmt sei. Es ist eine vorsätzliche Schutzbehauptung durch Unterlassen, wenn die postoperative Halbseitenlähmung als Dauerzustand dargestellt wird. Es wurde verschwiegen, dass es sich bei dieser Lähmung um ein unvermeidbares zeitlich begrenztes Durchgangssyndrom handelte. Als Beweis dient der Entlassungsbrief der Neurochirurgie vom 11.02.1992: *„... Postoperativ kam es, wie erwartet, zu einer Verschlechterung der vorbestehenden neurologischen Befunde, mit vor allem deutlichen Schluckstörungen, verwaschener Sprache und einer Hemisymptomatik links".* Bis zur Klinikentlassung des Patienten hatten sich diese Beschwerden bereits deutlich zurückgebildet: *„Die Hemisymptomatik links ist nur noch in Feinheiten erkennbar".* Dieses Dokument zeigt eindeutig, dass H.-J. R. vorsätzlich, wider besseres Wissen unhaltbare Vorwürfe gegen mich erhoben hatte (Anlage 70, Seite 2).

Diese, dem Patienten angeblich zugefügte Lähmung war einer der Gründe, warum H.-J. R. über RA U. die Eliminierung meiner Person aus der Klinik forderte. Besonders niederträchtig in diesem Zusammenhang war, dass er meinem verstorbenen Chef Marguth unterstellt hatte, mich schlecht gemacht zu haben und unter anderem auch mit diesem Rufmord auf unterstem Niveau mein OP-Verbot begründete. Offensichtlich hatte mich H.-J. R. absichtlich mit dem Alkoholiker verwechselt (VII). Da Marguth wiederholt vor Zeugen gesagt hatte, dass bei einem evtl. neurochirurgischen Eingriff nur ich infrage käme, berührte mich damals diese üble Nachrede nicht sonderlich.

| 1. | Rechtsabteilung der LMU RA Ob Reg. S. | Weder Vorermittlungen noch ein förmliches Disziplinarverfahren |
|---|---|---|
| 2. | H.-J. R. RA U. 10.05.1994 | Vorwurf: Postoperative Halbseitenlähmung, Verletzung der Loyalitäts- und Wahrheitspflicht, Verbot der Führung der Dienstgeschäfte (Art. 68 Abs.1 Satz 1 BayBG), Entfernung aus dem Dienst (Art. 12 der Bay. Disziplinarordnung) |
| 3. | **Bay. Justiz StA W. 28.11.1997** | **Strafanzeige gegen H.-J. R. vom 29.03.1995 Keine Behandlung der falschen Verdächtigungen wie postoperative Halbseitenlähmung, sondern Hinweis auf einen Expertenstreit, der mit der falschen Verdächtigung nichts zu tun hatte.** |

In seinem Bescheid vom 28.11.1997 geht StA W. auf den unberechtigten Vorwurf der Halbseitenlähmung überhaupt nicht ein, sondern weicht auf einen Expertenstreit aus, der bis heute nicht gelöst sei. Bei diesem Streit ging es darum, ob bei derartigen Tumoren das ein- oder zweizeitige operative Vorgehen besser sei. Dieser Expertenstreit wurde selbst von H.-J. R. nicht thematisiert und hatte mit dem Vorwurf der Halbseitenlähmung nichts zu tun.

Mit diesem Ausweichmanöver **hatte StA W. seine eigentliche Aufgabe zur falschen Verdächtigung Stellung zu beziehen, elegant umgangen und somit auch in diesem Fall einseitig für H.-J. R. Partei ergriffen.**

Ludwig-Maximilians-Universität München
Klinikum Großhadern

Neurochirurgische Klinik     Direktor: Prof. Dr. H.-J. R

Klinikum Großhadern, Neurochirurg. Klinik, Postfach 701260, 8000 München 70

Herrn                                         8000 München 70
**Dr. med. W     T** ----                    Marchioninistraße 15.
Karlsruher Strasse  17                        Postfach 701260
                                              Telefon +49 (0)89 7095-2897
7501 **Marxzell**                             Dr. G        W

                                              Dienstag, 11. Februar 1992

**Nachrichtlich:** Rehab-Klinik 7501 Karlsbad

K    M    , 31.1.63

---

Sehr geehrter Herr Kollege

Wir berichten Ihnen über oben genannten Patienten, der vom 16.1. bis 11.2.1992 an unserer Klinik stationär behandelt wurde.

**Diagnose:**     Grosses Rezidiv eines petro-clivalen Meningeoms rechts
                  Z. n . zweimaliger Voroperation 1988 und 1989

**Therapie:**     Suboccipitale Craniotomie und Entfernung des
                  infratentoriellen Tumoranteiles am 22.1.92

Diesen 29-jährigen jungen Mann haben wir am 16.1.1992 zur Rezidiv-Operation aufgenommen. Klinisch bestanden eine Taubheit und  ein Kribbeln in der linken Gesichtshälfte, entsprechend dem 2. und 3. Trigeminus-Ast, ein kompletter Hörverlust rechts, Schluckbeschwerden, Doppelbilder, eine verwaschene Sprache sowie eine leichte Affektinkontinenz.
Die radiologischen Abklärungen zeigten einen grossen Rezidiv-Tumor im rechten Kleinhirnbrückenwinkel, der durch den Tentoriumschlitz nach cranial temporal reicht und das Chiasma von unten anhebt.
Es wurde beschlossen den Tumor in zwei Sitzungen anzugehen und am 22.1.92 haben wir den infratentoriellen Anteil des Tumors entfernt.

Postanschrift                Fernsprecher (Vermittlung)    Fernschreiber        Telefax
Postfach 701260,D-8000 München 70    +49 (0)89 7095-1      5/212228 kmgh/d      +49 (0)89 7095-8871

**Anlage 70**

Ludwig-Maximilians-Universität München
Klinikum Grosshadern
Neurochirurgische Klinik
Dr. G . ... .s W... .

Postoperativ kam es, wie erwartet, zu einer transienten Verschlechterung der vorbestehenden neurologischen Befunde mit vor allem deutlichen Schluckstörungen, verwaschener Sprache und einer Hemisymptomatik links. Bis zum Klinikaustritt haben sich aber diese Beschwerden bereits deutlich zurückgebildet: die Ernährung via Magensonde konnte am 9.2. definitiv abgebaut werden, Schlucken geht problemlos, die Hemisymptomatik links ist nur noch in Feinheiten erkennbar bei beidseitiger leichter Koordinationsstörung. Im Vordergrund steht noch die deutlich verwaschene Sprache.

**Procedere:** Verlegung ins Rehab-Zentrum Karslbad zur gezielten Rehabilitation.
Wir möchten die nachbehandelnden Kollegen bitten, uns den Patienten zu einer Nachkontrolle an unser neurochirurgischen Poliklinik (Tel. 7095-3550) in drei Monaten anzumelden. Dann wird auch über den Termin der noch anstehende Restoperation beraten.

**Arbeitsunfähigkeit:** 100 % bis auf weiteres

| Medikamente bei Austritt: | | |
|---|---|---|
| | Ulcogant | 4x1 |
| | Bisolvon | 3x1 |
| | Gastrocepin | 2x1 |
| | Fragmin | 2500E s.c. |

Mit bestem Dank und kollegialen Grüssen

PD Dr. R. Oe
(Oberarzt der Klinik)

Dr. med. G...  ..s W.
(Assistenzarzt der Klinik)

Prof. Dr. H.-J. R.
(Direktor der Klinik)

Dienstag, 11. Februar 1992

2

## Kröte V
# Die Patientin B. K.

Um es vorweg zu nehmen: Bei einem allerdings tragischen Verlauf ist von ärztlicher Seite für die Patientin alles optimal gelaufen. Da der diensthabende Oberarzt des vaskulären Teams OA O. in der Akutphase über 40 Minuten nicht erreichbar war, bin ich für ihn eingesprungen und habe die Patientin mit einem lebensrettenden Eingriff vor dem Tode bewahrt. Der diensthabende neurochirurgische Assistent Dr. R.S. hat die Richtigkeit meiner Aktennotiz vom 23.10.1993 bestätigt, aus der hervorgeht, dass OA O. seiner Pflicht in der Akutphase nicht nachgekommen war (Anlage 71)

Eine etwaige Schuldzuweisung hätte deshalb nur an OA O. erfolgen können .

Offensichtlich war H.-J. R. in seinem Hass gegen mich nicht in der Lage die Situation objektiv zu beurteilen. Dieser Fall zeigt besonders deutlich die krankhafte Besessenheit von H.-J. R. mich um jeden Preis aus dem Dienst zu entfernen. Deshalb erfolgte meine Anzeige wegen falscher Verdächtigung.

Der Fall der Patientin B. K. im Detail:

5 Jahre nach einer linksseitigen Aneurysmablutung kam Frau B. K., dieses Mal mit einer rechtsseitigen Aneurysmablutung bewusstlos in die Notaufnahme. Nach einer Entscheidung von H.-J. R. durften Aneurysmen ab dem 01.08.1991 nur noch von drei Ärzten, nämlich von ihm selbst, von OA S. und von OA O. operiert werden. In der Klinik kam es nun bei Frau B. K. zu einer weiteren Blutung mit extremer Raumforderung, die eine sofortige Entlastungsoperation erforderlich machte. Da der diensthabende OA O., wie auch die beiden anderen Herren vom vaskulären Team nicht zu erreichen waren, hatte ich den Eingriff selbst übernommen und der Patientin mit meiner sofortigen Entlastungs- OP das Leben gerettet.

| 1. | Rechtsabteilung der LMU RA Ob Reg. S. | Weder Vorermittlungen noch ein förmliches Disziplinarverfahren |
|----|----------------------------------------|----------------------------------------------------------------|
| 2. | H.-J. R. RA U. 10.05.1994 | Vorwurf einer akuten Gefahr für Leib und Leben der Patientin, Verbot der Führung der Dienstgeschäfte (Art. 68 Abs.1 Satz 1 BayBG), sowie endgültige Entfernung aus dem Dienst (Art. 12 der Bay. Disziplinarordnung) |
| 3. | **Bay. Justiz StA W. 28.11.1997** | **Strafanzeige gegen H.-J. R. am 29.03.1995 Ohne Begründung nicht behandelt** |

Unbegreiflich ist, wie ein im Rechtswesen versierter RA U. sich dazu hergeben konnte, derart absurde Vorwürfe überhaupt vorzutragen.

Gerade dieser Fall dokumentiert besonders eindrucksvoll, **wie StA W. mit seiner Untätigkeit einseitig für H.-J. R. Partei ergriffen hat, da ich die falsche Verdächtigung durch meinen lebensrettenden Eingriff widerlegt hatte.**

**Aktennotiz zum Fall B. K., geb. 6.2.56, Tag 23.10.93**

Bei Frau K.      wurde am 12.4.88 nach einer schweren SAB bei exzessivem
Vasopasmus ein linksseitiges Carotis-Aneurysma ausgeschaltet. Heute wurde die
Patientin bewußtlos zu Hause aufgefunden. Anruf bei Prof. Beck zu Hause von Herrn
Dr. Sch      gegen 18.30 Uhr: bewußtlose Patientin, im CT zeigt sich eine
Massenblutung eines rechtsseitigen Media-Aneurysmas. Hierauf Anordnung von Dr.
Beck: Angiographie rechts und vaskuläres Team verständigen: gegen 18.45 Uhr
erneuter Anruf von Herrn Dr. S      . vaskuläres Team nicht zu erreichen, Tel. von
Herrn Dr. Ol      immer belegt, Pat. verschlechtert sich akut, maximal weite
lichtstarre Pupille rechts, tief bewußtlos, Bradykardie.
Hierauf Anordnung von Dr. Beck:  Patientin sofort ohne Angio in den Op bringen
lassen, er werde selbst kommen zur Operation. Zwischenzeitlich wird das vaskuläre
Team Dr. Ol      , Prof. R      erfolglos weiter gesucht. Erst gegen 19.10 Uhr
gelingt es Dr. O.      tel. zu erreichen (also nach 40 Minuten!!!). Dr. O.      teilt
mit, daß er erst operieren werde, wenn eine genaue Abklärung, d.h. Angiographie
erfolgt ist. Hierauf sagt Dr. Beck, daß die Patientin sterben werde und er nun selbst
operieren müsse. In Gegenwart von Dr. Beck eröffnet Dr. S      t den Kopf, Dr.
Beck entfernt ein großes Subduralhämatom (da dieses im CT noch nicht sichtbar war,
hatte offensichtlich zwischenzeitlich eine weitere Blutung stattgefunden). Der Schädel
ist groß trepaniert, die Dura weit eröffnet. Die Schwellungsreaktion des Gehirns ist
dank der antiödematösen einwirkenden Maßnahmen nun im Griff. Unerwartet kommt
nun Dr. O.      in den Operationssaal und übernimmt gem. den Anordnungen von
Prof. R      die Ausschaltung des Aneurysmas. Herr Dr. Sch      der unter den
Nachwirkungen einer Grippe leidet, wird von Herrn Dr. Beck aufmerksam gemacht,
daß er sich jederzeit durch Dr. Beck auslösen lassen könne. Gegen 23.30 Uhr erfolgt
ein Anruf bei Dr. Beck von Frau Dr. G      , daß er sich nun auch um die
Verlegung eines Patienten von der H3b zu kümmern habe. Da ein neurochir.
Assistent, nämlich Herr Dr. Se      frei ist, sieht Dr. Beck keinen Grund deshalb
selbst einzugreifen.

*Vom Ablauf her korrekt,
jedoch inhaltliche Unter-
schiede* – z.B. Telefonate
Dr. Beck – Dr. O(
werden von mir nicht
gehört.

28.11.94

\* S. 11 V. Cöller

## Kröte VI
# J. – der Leitende Pfleger oder das Organisationsversäumnis

Die Unterschlagung dieses Dokumentes und die Beeinflussung von Mitarbeitern zeigen, wie H.-J. R. seine Fehler, gegenüber der Klinikleitung von sich auf andere abschob.

Herr J., der Leitende Pfleger der Notaufnahme im Klinikum Großhadern, beschwerte sich bei mir, in der Annahme, dass ich noch Leitender Oberarzt sei. In Notfällen seien die diensthabenden Neurochirurgen nicht oder nur spät erreichbar.

Dr. U. M., einer der schwer erreichbaren Ärzte, wurde von mir darauf angesprochen. Er berichtete H.-J. R. sofort von dem „Vorwurf". Daraufhin beschwerte sich H.-J. R. am 18.04.1994 bei S., dem Klinikumdirektor.

In diesem Schreiben steht: „Nachrichtlich an mich, als Oberarzt (OA) der Neurochirurg. Klinik." Diese Kopie habe ich nie erhalten, obwohl sie ausdrücklich an mich gerichtet war (Kapitel 10.1). So konnte ich und somit auch J. dazu akut keine Stellung nehmen. U.a. schrieb H.-J. R. an S.: „Anstatt mich zu informieren, hat Herr Prof. Beck sich abfällig gegenüber der Klinik geäußert und Herrn J. aufgefordert, er möge dies doch besser gleich dem Ministerium mitteilen. Mich hat Herr Prof. Beck nicht informiert. Herr Prof. Beck hat seine Pflicht, eine Beschwerde über einen eventuellen Missstand an mich weiterzuleiten, eindeutig verletzt. Hier wäre unbedingt eine Information des Direktors der Klinik notwendig gewesen. Wenn ein solcher eventueller Missstand nicht sofort geändert wird, kann dies weitreichende Konsequenzen für einen Patienten haben. Ich sehe hier einerseits eine schwere Verletzung der Loyalitätspflicht von Herrn OA Dr. Beck und andererseits eine Anstiftung zur Umgehung des Dienstwegs. Ich möchte Sie bitten, Herrn Prof. Beck deswegen abzumahnen und ihn aufzufordern, zukünftig seinen Pflichten nachzukommen. Ich sehe mich sonst nicht in der Lage, unsere an sich schon schwierige Aufgabe der Notfallversorgung korrekt wahrzunehmen, wenn ein älterer Mitarbeiter ständig versucht, diese Abläufe zu unterlaufen."

Den tatsächlichen Verlauf meines Gespräches mit ihm bestätigte J. folgendermaßen:

▷ Ich hatte mich in seiner Gegenwart niemals abfällig über unsere Klinik geäußert.
▷ Meine Worte waren: „Er solle zum Chef oder auch zum Minister gehen, um sich über die Nichterreichbarkeit des ersten diensthabenden Neurochirurgen zu beschweren."
▷ Aus diesem Grund ging J. dann auch zu H.-J. R.. Als J. später erfuhr, was sich abgespielt hatte, war er über so ein Intrigenspiel entsetzt .

Mein Schreiben an H.-J. R. vom 19.10.1994 verdeutlicht, dass die Missstände auch Ende dieses Jahres immer noch nicht behoben waren. Besonders wichtig war der Punkt, dass mir Herr J. versicherte, dass er auch Ende des Jahres immer noch nicht wisse, wer für die Nothilfe zuständig sei. Da H.-J. R. in seinem Brief vom 18.04.1994 weitreichende Konsequenzen für Patienten befürchtete, wenn diese Missstände nicht sofort behoben würden, hätte RA U. korrekterweise die umgehende Entfernung H.-J. R.s aus dem Dienst beantragen müssen.

| 1. | Rechtsabteilung der LMU<br>RA Ob Reg. S. | Weder Vorermittlungen noch ein förmliches Disziplinarverfahren |
|---|---|---|
| 2. | H.-J. R.<br>RA U.<br>10.05.1994 | Verletzung der Loyalitätspflicht, Verbot der Führung der Dienstgeschäfte (Art. 68 Abs.1 Satz 1 BayBG), Entfernung aus dem Dienst (Art. 12 der Bay. Disziplinarordnung) |
| 3. | **Bay. Justiz<br>StA W.<br>28.11.1997** | **Strafanzeige gegen H.-J. R. vom 29.03.1995<br>Ohne Begründung nicht behandelt** |

Obwohl mein RA Klüver immer wieder eine persönliche Anhörung empfohlen hatte und im Brief vom 12.12.1994 darum gebeten hatte auch J. zu vernehmen, kam StA W. diesem Ansuchen ohne Begründung in keinem der Fälle nach. **Auch dieser Fall zeigt, dass StA W. kein Interesse hatte oder haben durfte, Missstände am Klinikum Großhadern aufzudecken.**

## Kröte VII
# Privatdozent (PD) Dr. S.

Der Fall PD S. müsste eigentlich der „Fall des H.-J. R." heißen, zeigt doch gerade dieser Fall wieder einmal die Allmacht eines Ordinarius im Schutz des Dekans, des Klinikdirektors, des Kanzlers, des Rektors und insbesondere des entsprechenden bayerischen Kultusministers.

Selbst wenn die von H.-J. R. erhobenen Vorwürfe mir gegenüber seine Richtigkeit gehabt hätten, ist es nicht nachvollziehbar, dass ein im medizinischen Rechtswesen ausgewiesener Rechtsanwalt deshalb versucht gegen mich ein Disziplinarverfahren einzuleiten und meine Entfernung aus dem Dienst zu betreiben.

*Zur Vorgeschichte*

PD S. hat ein erhebliches Alkoholproblem, welches sich nun auch in den Dienstbereich erstreckte. Marguth, ehemals Chef der Neurochirurgie, führte PD S. dienstaufsichtlich an einer „sehr kurzen Leine".

Er verpflichtete mich, soweit ich als Leitender Oberarzt Vertreterfunktionen des Klinikchefs ausübte, Dienstaufsicht über PD S. streng zu führen.

Dieses Alkoholproblem war an der Neurochirurgie allgemein bekannt, wurde aber totgeschwiegen, weil sich keiner der Ärzte mit dem neuen Klinikchef H.-J. R., der mit PD S. eng befreundet war, anlegen wollte. Besonders gefährlich wurde das Alkoholproblem, nachdem für PD S. im Erdgeschoss ein eigener stereotaktischer Operationssaal eingerichtet worden war und ich, nach meiner Degradierung keine Dienstaufsicht mehr über ihn hatte.

Eine alkoholbelastete Operationsschwester und sein tägliches Weißbier um 10:00 Uhr in der nächstgelegenen Studenten Cafeteria sorgten für das nötige Betriebsklima und verhinderten ein abruptes Absinken des Alkoholspiegels.

Nach einer Operation mit Todesfolge kam es zu einer Anzeige gegen PD S.

In dieser Zeit besuchten mich zwei Kriminalbeamte wegen eines Angehörigen. Sie waren mehrfach Zeugen, wie PD S. betrunken schwankend sein Zimmer aufsuchte, das meinem Zimmer gegenüber lag.

Nachdem ein weiterer Kriminalkommissar, den PD S. auf der falschen Seite operiert hatte, unmittelbar postoperativ verstarb, waren die beiden Kriminalbeamten derart emotionalisiert, dass sie den Fall selbst anzeigten. Ich selbst hatte aus kollegialen Gründen von einer Anzeige Abstand genommen, obwohl ich nach Meinung der beiden Kriminalbeamten dazu verpflichtet gewesen wäre.

H.-J. R. hatte Kenntnis davon erhalten, dass wegen einer Patientin ein staatsanwaltschaftliches Ermittlungsverfahren eröffnet würde. Er versuchte deshalb die objektive Aufklärung des Falles zu verhindern. Als ihm bekannt wurde, welche Personen für die kriminalpolizeiliche Vernehmung vorgesehen waren, eröffnete er diesem Personenkreis: „Wer hier etwas sagt, der fliegt. Je besoffener ihr ihn, gemeint war PD S., macht, desto mehr schadet ihr euch selbst „ dies hat mir mein Rechtsanwalt gesagt. Bei einem RA, der seine außerplanmäßige Professur der LMU verdankt, ist dieses Verhalten nicht nachvollziehbar (oder vielleicht gerade deshalb?). Diese Pression seitens des H.-J. R. hatte die gewünschte Wirkung. Die Kriminalbeamten standen vor einer Mauer des Schweigens. Nur Frau Prof. Dr. K., der OP-Assistent Dr. R. und ich sagten die Wahrheit.

Besonders belastend wurde die Situation für R., der von der missglückten Operation, bei der der narkoseführende Arzt nicht mehr zusehen konnte und selbst zunähen wollte, ein Gedächtnisprotokoll angefertigt hatte.

Nachdem H.-J. R. das Protokoll gelesen hatte, sagte er nur, dass er einen älteren Alkoholiker nicht mehr ändern könne. Er nahm damit billigend in Kauf, dass damit weitere Patienten diesem verantwortungslosen Arzt ausgeliefert werden.

Als die Kriminalbeamten von einer weiteren Person von diesem Gedächtnisprotokoll erfuhren, musste R. es ihnen aushändigen.

Als H.-J. R. unsere Aussagen bei der Kriminalpolizei bekannt wurden, bekam ich totales OP- und Dienstverbot, Frau Prof. Dr. K. Hausverbot und R. musste aufgrund des ihm gegenüber ausgeübten Drucks die Klinik verlassen. Doch nicht genug: „Den mach ich kaputt", sagte H.-J. R. im Kollegenkreis und rief deutschlandweit bei den Ordinarien an, einen „Nestbeschmutzer" nicht einzustellen.

R. verunfallte bei einem Segelflug schwer und ist seitdem querschnittsgelähmt. Nur eine kleine Neurochirurgie in den neuen Bundesländern hatte sich nicht an die „Anordnung" des H.-J. R. gehalten. Mit Hilfe dieser Kollegen kann R. noch heute seinen Beruf als Neurochirurg vom Rollstuhl aus bewundernswert ausüben.

Ein Gutachten von Prof. Dr. J. von der Neurochirurgie Kiel, der nach Berichten Kieler Kollegen auch alkoholbelastet war, führte letztlich zur Einstellung des Ermittlungsverfahrens gegen den Kollegen PD S., da J. einen Kunstfehler nicht nachweisen konnte. Deshalb wiederum erdreistete sich PD S. Klage gegen mich zu erheben. Nachdem mein Rechtsanwalt die Rechtsanwälte von PD S. darauf hinwies, dass diese Verhandlung nicht nur sein Ende, sondern auch das des H.-J. R. bedeutet hätte, wurde die Klage am Tag der Verhandlung zurückgezogen (Anlage 72).

Nach einem kurzen OP-Verbot durfte PD S. wieder an der Klinik, dank H.-J. R., operieren, während mein OP-Verbot weiterhin aufrecht erhalten wurde, so dass viele Patienten und das Umfeld der Klinik glaubte, dass ich der alkoholbelastete Neurochirurg sei (siehe S. 96 Anlage 42 und Rezension 6.12.17).

Am 20.06.1994 hat mir RA U. in seinem schriftlichen Antrag auf Seite 2 unterstellt, dass ich am 09.09.1992 gegenüber den Kriminalbeamten von Landshut gedroht hätte, die Presse einzuschalten. Dies wurde durch das Schreiben vom 06.11.1994 der Kriminalbeamten M. und B. widerlegt (Anlage 73).

Obwohl die Klinikleitung, LMU und das zuständige Bay. Ministerium über die untragbaren Zustände in der Neurochirurgie Großhadern unter H.-J. R. informiert waren, erfolgte von dieser Seite keine Reaktion.

| 1. | Rechtsabteilung der LMU<br>RA Ob Reg. S. | Weder Vorermittlungen noch ein förmliches Disziplinarverfahren |
|---|---|---|
| 2. | H.-J. R.<br>RA U.<br>10.05.1994 | Verbot der Führung der Dienstgeschäfte (Art. 68 Abs.1 Satz 1 BayBG), Entfernung aus dem Dienst (Art. 12 der Bay. Disziplinarordnung) |
| 3. | **Bay. Justiz**<br>**StA W.**<br>**28.11.1997** | **Strafanzeige gegen H.-J. R. vom 29.03.1995**<br>**Ohne Begründung nicht behandelt** |

Vermutlich weisungsbedingt hat StA W. auch diesen Fall nicht behandelt, obwohl die Kriminalpolizei nach dem Erhalt des OP-Protokolls über den operativen Eingriff von PD S. die Wahrheit wusste; dies wäre das Ende von PD S. gewesen, zumal H.-J. R. nach eigenen Aussagen einen älteren Alkoholiker nicht mehr hätte ändern können. Die hierauf angeordnete Vertuschung unserer Aussagen durch H.-J. R. vor unseren Aussagen bei der Kriminalpolizei hätte bei Bekanntwerden in der Öffentlichkeit auch das Ende von H.-J. R. bedeutet mit unvorstellbar negativen Folgen für die Zukunft derjenigen, die sich mit ihm solidarisiert hatten. Warum ein Staatsanwalt **im Falle einer fahrlässigen Tötung nicht ermittelte, obwohl eine Anzeige gegen den Chefarzt als letztlich Verantwortlichen erfolgt war, bleibt nicht nur ein Rätsel, es ist ein handfester Skandal.**

**BEGLAUBIGTE FOTOKOPIE**

## ROTHE, SENNINGER & KOLLMAR

DR. GERHART F. ROTHE
ERHARD SENNINGER
DR. EBERHARD KOLLMAR
JÜRGEN BEDBBROCK
DR. BERND MITTELSTEN SCHEID
THOMAS DEBY
GABRIELE GODL

RECHTSANWÄLTE

PIENZENAUERSTRASSE 4
81679 MÜNCHEN
TELEFON: (089) 98 89 37
TELEFAX: (089) 98 51 04

07.09.94 IV/th
rr 94000712

Landgericht München I
- 6. Zivilkammer -

80316 München

| Mdt. | Korr. A | n. vorl. |
|------|---------|----------|
| Fax | Rückr. | Stelign. |

Eingngen

1 3. SEP. 1994

| Orig. | Dsch. | Anl. |
|-------|-------|------|
| K. | K. | K. |

AZ.: 6 O 16830/94

In Sachen

Dr. U        S

gegen

Dr. Oskar Beck

Allgemeine
Einlaufstelle
Eing 07. SEP. 94
der Justizbehörden
in München

nehmen wir hiermit namens und im Auftrage des Klägers
unsere Klage vom 30.08.94

z u r ü c k.

(J. B                ,
Rechtsanwalt

Beglaubigt
Rechtsanwalt

6 O 16830/94
Rechtsanwälte
Dr. Manfred Klüver und Kollegen
**Schrankfach 238**

Fach: 238

BANKKONTEN: REUSCHEL & CO., MÜNCHEN NR. 1004104 (BLZ 700 303 00) · POSTBANK MÜNCHEN 115115-807 (BLZ 70010080)
ZULASSUNG: LANDGERICHTE MÜNCHEN I UND II UND OBERLANDESGERICHT MÜNCHEN
TH. DEBY UND G. GODL LG I UND II

Anlage 72

KR M                       84030 Landshut, 06.11.1994
KHK B


Sehr geehrter Herr Professor Dr. Beck,


sowohl Kriminalrat M      als auch Kriminalhauptkommissar B
können Ihnen bestätigen, daß es immer Ihr Bestreben war, die Öffentlichkeit und die Presse aus dem Geschehen um das Klinikum Großhadern
herauszuhalten.

Unsererseits gibt es keinerlei Anhaltspunkte dafür, daß von Ihnen
die Presse eingeschaltet worden wäre. Gegenüber uns haben Sie ein
Einsdhalten der Presse auch nie in Erwägung gezogen.

## Kröte VIII
# Der Patient P. M.

Der Patient P. M. ist einer von neun gleichgelagerten Fällen mit denen H.-J. R. versuchte ein Disziplinarverfahren gegen mich einzuleiten, dem sich die Rechtsabteilung der LMU trotz erheblicher Pressionen von Seiten der Anwaltskanzlei von H.-J. R. verweigerte.

Im März 1993 entfernte ich bei einem 34-jährigen Patienten ohne Zuhilfenahme einer Ultraschallsonografie einen bösartigen Hirntumor problemlos aus der rechten Zentralregion. Während die schleimigen Tumoranteile in toto entfernt wurden, wurde eine kleine Kalkplatte in der „High-risk Region" bewusst belassen, um bei ihrer Entfernung nicht neurologische Ausfälle zu provozieren und der Patient darüber informiert.

Aufgrund der Bildgebung, des intraoperativen und des histologischen Befundes Gliom WHO Grad III – IV bestand am Vorliegen eines bösartigen Tumors kein Zweifel (Anlage 74). Postoperativ erfolgte lege artis, also kunstgerecht, eine Strahlentherapie. Eine bereits präoperative Halbseitenparese links bildete sich nach einigen Wochen vollständig zurück und der Patient war als Werkzeugschleifer wieder vollständig arbeitsfähig (Anlage 75). Ein MRT vom 31.03.1994 bot keinen Anhalt für ein Rezidiv.

Nach Auftreten von zwei zerebralen Anfällen, anderthalb Jahre postoperativ, wurde im MRT ein Rezidiv festgestellt. Bei der Demonstration dieser Bilder am 27.09.1994 ereiferte sich H.-J. R., dass es sich nicht um ein Rezidiv eines bösartigen Tumors handele, sondern um einen gutartigen Tumor, den ich bei der ersten Operation nicht gefunden hätte. Er legte nach: „Er hätte umsonst 30 Jahre Neurochirurgie gemacht, wenn dieser Tumor nicht gutartig sei".

Den Angehörigen ließ er mitteilen, dass der Tumor gutartig sei und er aufgrund seiner großen Erfahrung die Reoperation selbst vornehmen wolle. Angehörige des Patienten riefen mich verschüchtert an und fragten mich, ob bei der ersten Operation etwas schiefgelaufen sei, da Herr P. M. bei einem gutartigen Tumor nachbestrahlt worden sei.

H.-J. R. erhob schwere Vorwürfe wegen Fehlverhaltens gegen mich und verlangte eine sofortige Überprüfung des histologischen Befundes im Referenzzentrum, Bonn, bei Prof. Dr. W., der erwartungsgemäß den bösartigen Befund bestätigte.

Am 29.09.1994 operierte H.-J. R. unter Zuhilfenahme überlegener, zusätzlicher technischer Methoden und entfernte nach seinem OP-Bericht die Geschwulst in toto. **Ein frühes postoperatives MRT zeigte am Boden der Tumorhöhle immer noch Tumoranteile (Abbildung 9).**

Während der Patient bis zur Reoperation von H.-J. R. noch voll arbeitsfähig war, wurde die Halbseitenparese links postoperativ im weiteren Verlauf am Arm vollständig und am Bein zunehmend spastisch.

Der histologische Befund der Neuropathologie, München bei Prof. Dr. M., ergab erwartungsgemäß ein Gliom höheren Malignitätsgrades WHO Grad III. Die wiederum auf Anordnung von

H.-J. R. vorgenommene Kontrolluntersuchung in Bonn bei W. bestätigte auch dieses Mal den bösartigen Tumor (Anlage 76, Oligo WHO Grad III).

Trotz der erdrückenden Beweise für einen bösartigen Tumor bestand H.-J. R. noch immer darauf, dass der Tumor gutartig sei.

Der weitere Verlauf entsprach dem eines malignen Tumors. Unter steter klinischer Verschlechterung und Bild gebender Größenzunahme des Tumors wurde Herr P. M. am 17.02.1995 noch einmal operiert und kam am 12.09.1995 unter den Zeichen der intrakraniellen Drucksteigerung ad exitum.

Gerade zu erschütternd ist es, wie ein Prof. Dr. H.-J. S., der auf Empfehlung von H.-J. R. in Düsseldorf Chef der Neurochirurgie wurde, im Arztbrief Befunde im Sinne seines Chefs veränderte, indem er einen bösarigen Tumor (WHO Grad III) für gutartig verkaufte (WHO Grad II), und somit nachbehandelnde Ärzte therapeutisch in die Irre führte (Anlage 77). Und ebenso erschütternd ist es, dass der OA Dr. P. W. bei der Besprechung postoperativer Bilder am 17.01.1995 (Abbildung 9), d. h. acht Wochen nach Eingang der histologischen Befunde, immer noch darauf bestand, dass der Tumor gutartig gewesen sei und mir darüber sogar eine Wette anbot. Dieser Fall zeigt besonders gut die willen- und hirnlose Ergebenheit des Umfeldes gegenüber H.-J. R.. Wohin eine bedingungslose Gefolgschaftstreue auch bei anständigen und korrekten Menschen führen kann, ist uns aus der Geschichte bewusst.

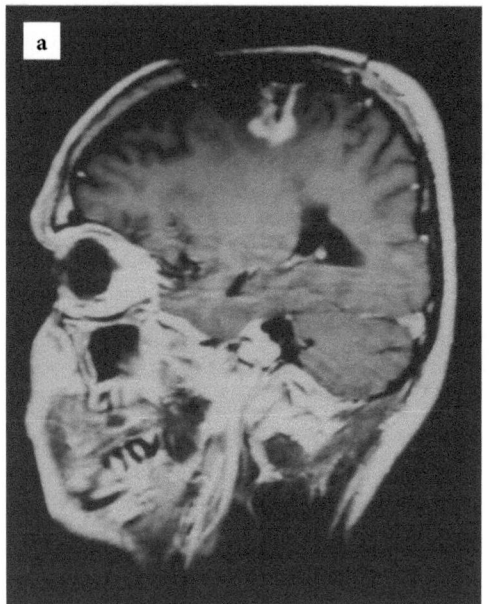
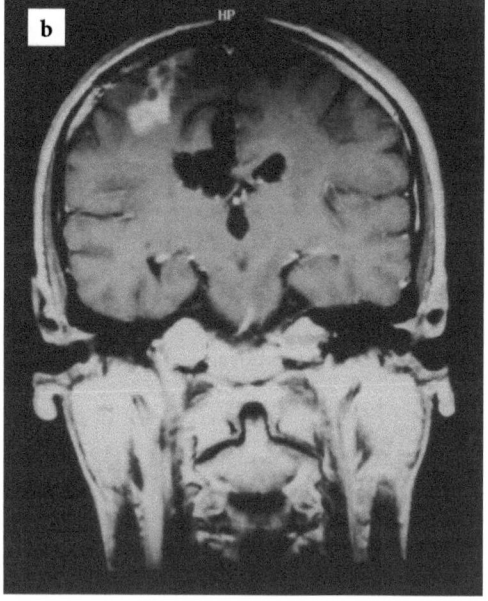

Abbildung 9: Malignes Gliom Grad 3 bis 4
a und b: MRT vom 16.01.1995 nach OP von H.-J. R.

Bestürzend ist auch das Schreiben RA U. vom 22.11.1994 an den Rektor der Universität, in dem H.-J. R. versuchte mich mit dem Fall des Patienten P. M. aus dem Klinikbetrieb zu eliminieren.

Die einseitige Stellungnahme für H.-J. R. durch Ministerialrat K. vom KuMi bei der Tagung des Hochschulausschusses am 10.07.1996 war dann auch den Abgeordneten des Bay. Landtages zu viel und fand in mehreren Pressekommentaren ihren Niederschlag (Kap. 6, Anlage 44).

Völlig unverständlich bleibt die Stellungnahme des StA W. vom 28.11.1997.

Ein Vergehen der falschen Verdächtigung sei auch in dem vorliegenden Fall nicht gegeben, da H.-J. R. nicht nachgewiesen werden könne, mich wider besseres Wissen einer fehlerhaften Operation bezichtigt zu haben.

Mit seiner Bewertung, dass H.-J. R. als Vertreter einer anderen OP-Methode den nachwachsenden Tumor beseitigt hätte, lag StA W. falsch, wie die postoperativen Bilder vom 16.01.1995 beweisen (Abbildung 9).

Zusätzlich fehlten StA W. medizinische Kenntnisse, da das Rezidiv eines bösartigen Tumors gar nicht in toto entfernt werden kann. Immerhin bestätigte StA W.: „Die wiederholten Rezidive und Operationen sprechen natürlich für einen bösartigen Tumor", zog aber daraus keine Konsequenzen.

Wenn ein StA W. und eine OStA B. ein derartiges Verhalten eines Ordinarius sanktionieren, zeigen sie, dass sie kein Interesse haben, rechtswidrige Zustände an einer Universitätsklinik aufzuklären oder dass sie dazu angehalten waren, den Mantel der Nächstenliebe darüber auszubreiten, vielleicht, um die Öffentlichkeit nicht zu beunruhigen. OStA Frau B. folgte im Bescheid der Ansicht von StA W., wobei sie nicht berücksichtigte, dass dem Gutachter G. Unterlagen vorenthalten worden waren. OStA Frau B. hatte im Bescheid vom 18.03.1998 meine Beschwerde vom 10.12.1997, mit der Begründung abgelehnt, dass dem Sachverständigen G. sämtliche Ermittlungsakten und Krankenunterlagen samt Röntgenbilder übersandt worden seien.

Entgegen diesem Bescheid vom 18.03.1998 wurden dem Sachverständigen G. nicht sämtliche Unterlagen übersandt! Dies bestätigt G. in seinem Gutachten auf Seite 3: „... betreffend P. M., worin sich allerdings keine Aufnahme mehr nach dem 29.04.1994 finden lässt". Warum die Krankenunterlagen nach der Operation vom H.-J. R. keine neuroradiologischen Untersuchungen mehr enthielten, wurde der Beurteilung des Gerichtes anheim gestellt, zumal Kopien aller Art in 3–5 Minuten hergestellt hätten werden können. Das nach Zusendung der fehlenden Bilder von dem Gutachter G. zu Recht korrigierte erste Gutachten wurde aber von Frau OStA B. nicht mehr berücksichtigt (Anlage 78).

Nach der Operation am 29.09.1994 von H.-J. R. kam es zur selben Halbseitenlähmung – medizinisch unvermeidlich – wie nach meiner Operation. Dies war H.-J. R. bzw. RA U. bei Abfassung des Schriftsatzes vom 22.11.1994 bekannt, wie es auch von den Richtern des OLG am 23.04.1999 bestätigt wurde. Es war also besonders bösartig und vorsätzlich, in dem Schriftsatz an den Rektor, der medizinischer Laie ist, zu behaupten, „Herr Beck habe durch kunstfehlerhaftes Operieren in vorwerfbarer Weise eine Halbseitenlähmung verursacht", während bei der späteren Operation durch H.-J. R., trotz der o.g. modernen zusätzlichen Methoden eine sogar irreversible Halbseitenlähmung aufgetreten war.

Damit ist nachgewiesen, dass der Vorwurf, Herr Beck habe schuldhaft durch falsche operative Technik eine Halbseitenlähmung verursacht, eine vorsätzlich falsche Verdächtigung war. Der Patient war nach meinem Eingriff kurze Zeit später wieder voll arbeitsfähig und tat mir schriftlich kund, dass es ihm so gut ginge wie früher (Anlage 75).

Nach dem Eingriff von H.-J. R. blieb der Patient bis zu seinem Tode halbseitengelähmt, arbeitsunfähig und seelisch ruiniert.

Wenn ein Gutachter auf S. 11 schreibt, dass der Patient durch die OP von H.-J. R. keinen Schaden bekommen hat, ergreift er eindeutig Partei für den Ordinarius. Wenn der gleiche Gutachter einen klinisch wissenschaftlichen Streit, den es in Wirklichkeit nicht gegeben hatte, über die beste Behandlung zwischen zwei Professoren konstruiert, liefert er den Juristen die Gründe, die sie brauchen, um einen „Ehrenmann" wie H.-J. R. ungestraft davon kommen zu lassen. Als objektiver Gutachter hatte er sich aber damit selbst disqualifiziert.

| 1. | Rechtsabteilung der LMU<br>RA Ob Reg. S. | Weder Vorermittlungen noch ein förmliches Disziplinarverfahren |
|---|---|---|
| 2. | H.-J. R.<br>RA U.<br>22.11.1994 | Sofortiges Verbot der Dienstgeschäfte (Art. 68 Abs.1 Satz 1 BayBG), Entfernung aus dem Dienst (Art. 12 der Bay. Disziplinarordnung) |
| 3. | **Bay. Justiz**<br><br>**StA W., 28.11.1997**<br>**OStA B., 18.03.1998**<br>**(Anlage 78)** | Strafanzeige gegen H.-J. R. vom 29.03.1995<br>**Trotz erdrückender Dokumente (Befunde, Verlauf), dass mein operatives Vorgehen bei einem hoch malignen Tumor optimal war, wollte die Staatsanwaltschaft den Beweis nicht führen, dass H.-J. R. einen Kollegen wider besseres Wissen einer fehlerhaften Operation bezichtigt hat. Dazu diente auch, dass die Staatsanwaltschaft die nach Eingang der fehlenden Unterlagen korrigierten Gutachten nicht mehr berücksichtigte.** |
| | **OLG München 23.04.1999** | Klageerzwingungsverfahren, **Verabreichung eines Persilscheines für den Angeklagten.** |

Obwohl ein histologisches Ergebnis, mehrfach kontrolliert, vorlag, unterstellte mir H.-J. R. den Tumor nicht korrekt gefunden zu haben. Wenn ein Ordinarius für Neurochirurgie einen bösartigen Tumor WHO Grad III-IV, der wiederholt neuroradiologisch und viermal histologisch gesichert ist, für gutartig hält und mit dieser Begründung einem Operateur, der ein hervorragendes Ergebnis erzielt hatte, ein fehlerhaftes Operieren unterstellt und seine Entlassung aus dem Dienst fordert, ist er entweder psychoorganisch gestört, abgrundtief bösartig oder einfach unfähig. **Auch in diesem Fall zog die Bay. Justiz keine entsprechenden Konsequenzen und nahm lieber die Ausschaltung eines korrekten Oberarztes in Kauf.**

der Universität München

Vorstand: Prof. Dr. P. Me

Thalkirchner Straße 36

Tel. (089) 51 60 -

E 187/93

An die / das

Neurochirugische Klinik
Universität München

M        P:        H 9

Betr.:

### Neuropathologische Begutachtung

Klinisch: Tumor der rechten Zentralregion,

Makrto.: Einige über mehrere Millimeter große Stückchen
Gewicht 0,8 g

Histologisch In kleineren Arealen eine diffuse, bis zu
mittelgradig zelldichte Tumorproliferation aus teilweise
auch dissoziiert liegenden anaplastischen, seltener
astrocytenartigen Tumorzellen. entsprechend der
Materialauswahl Nekrosen in geringerem Umfang vorhanden.
In wenigen Arealen Hirngewbe mit regressiver Auflösung der
Gewebskohaerenz und reaktiven astrocyten. Vielfach
ausgedehnte Kapillargirlanden mit höhergradiger
Endothelproliferation. Einige Partikel mit höhergradigen
thermischen artefakten.

Beurteilung : Der Befund entspricht anaplastischen Gliom
hoher Malignität, im Sinne der WHO Grad III - IV

Dr. K. B.

Prof, Dr. P. M

Dieses Brieflein habe ich
Weihnachten 93 erhalten

( Op war 19.3.93 )

**ABC**

Frohe Weihnachten
und viel Glück im neuen Jahr

Sehr geehrte Frau Mary.
Sehr geehrter Herr Prof. Beck.

Ich möchte mich nochmals          Mit freundlichen
herzlich für Ihre Hilfe
bedanken. Wer weiß                    Grüßen
wie es mir ohne Ihre
Operation heute gehen
würde. Es geht mir wieder          P. M
so gut wie in früheren
Zeiten.
Vielen Dank für alles.

**HIRNTUMOR-REFERENZZENTRUM**

Institut für Neuropathologie
Universitätskliniken Bonn
Sigmund-Freud-Strasse 25
D-53105 Bonn

Telefon  (0228) 287 6523
Telefax  (0228) 287 4331

| | |
|---|---|
| Reg.- Nr. | R - 6423 |
| Einsender | NP, München |
| Einsender-Nr. | E548/94 |
| Patient | m, * |
| Bericht an | Dr. B  , München |

*Histopathologischer Befund*

Die Präparate enhalten einen stark verkalkten, fokal zellreichen, glialen Tumor. Der Tumor zeigt flächenhafte Nekrosen. Die Tumorzellen haben zumeist rundliche oder plump geformte, häufig hyperchromatische Kerne. Die mitotische Aktivität ist in den zellreichen Foci stark erhöht. Die Tumorzellen bilden in mehreren Arealen deutliche Honigwaben-Strukturen.

*Immunhistochemie*

Die überwiegende Tumorzell-Population exprimiert kein saures Gliafaser-Protein. Dieses Antigen läßt sich vorwiegend in reaktiven Astrocyten und ihren Ausläufern, besonders in der Nähe der Verkalkungen nachweisen.

*Beurteilung*

Die Präparate enthalten einen fokal recht zelldichten, oligodendroglialen Tumor, der aufgrund der stark erhöhten mitotischen Aktivität als dem WHO Grad III zugehörig eingordnet wird. Die Nekrosen sind möglischerweise durch die Bestrahlung induziert.

*Diagnose:*   **Anaplastisches Oligodendrogliom (WHO Grad III)**

Bonn, 17.10.94

Prof. Dr. O. D. W.                    Dr. T. P.

An die
weiterbehandelnden Kollegen
Neurologisches Krankenhaus München
Tristanstraße
                                          München, d. 19.10.94

80804  München
                                          Dr.W.      , wi


Nachrichtlich:   Herrn Dr.med. He.   . G.   ., Seestraße 22,
                 82211  Herrsching


Sehr geehrte Kollegen,

wir berichten über unseren Patienten, Herrn   M                ,
Pe.    . . .     .          . der sich vom 20. 9. 1994 bis 7.10. 1994
in unserer stationären Behandlung befand.

**Diagnose:**    Zustand nach subtotaler Entfernung und Radiatio eines
                 rechts praezentralen Astrocytoms WHO Grad III-IV im
                 Mai 1993.

**Operation:**   Am 29. 9. 1994 mikrochirurgische Totalentfernung eines
                 Astrocytom-Rezidivs WHO Grad II unter intraoperativem
                 Monitoring und Lokalisation durch Sonographie.

Zur Vorgeschichte ist zu berichten, daß bei dem Patienten nach
Auftreten von Jackson-Anfällen links im Januar 1993 ein verkalkter
Prozeß rechts praezentral festgestellt wurde. Bei der ersten
Operation durch Prof. Beck wurde dieser verkalkte Prozeß nicht
gefunden und nachdem die Histologie ein Astrocytom Grad III-IV
ergab, wurde eine postoperative Bestrahlung durchgeführt. Postoperativ zeigte sich der verkalkte Tumor unverändert. Als jetzt
die Anfälle wieder an Frequenz und Intensität zunahmen, wurde eine
erneute Diagnostik durchgeführt, die eine Tumormassenzunahme ergab.


                              - 2 -

2/M        , Pε    , * 4. 1. 1960

Bei der Aufnahmeuntersuchung war der Patient in gutem AZ und EZ.
Der neurologische Status war hinsichtlich der Psyche, Hirnnerven,
Sensibilität, Motorik, Muskeleigenreflexe und Koordination unauffällig. Im rechten Kniegelenk besteht eine leichte Bewegungsein-
schränkung aufgrund eines Unfalls.

Im Rahmen der radiologischen Diagnostik wurde ein Tumorrezidiv
rechts praezentral nachgewiesen.

Die am 23.9.1994 durchgeführte Angiographie ergab keinen Nachweis
pathologischer Gefäße.

Am 29.9.1994 wurde die mikrochirurgische Totalentfernung eines
Astrocytom-Rezidivs unter intraoperativem Monitoring und Lokalisation durch Sonographie durchgeführt.

Postoperativ trat eine Hemiplegie rechts auf, die eine sehr
schnelle rückläufige Tendenz zeigte, so daß der Patient sich am
Entlassungstag vollständig selbst versorgen kann. Nach der Operation aufgetretene Verminderung am linken Ohr ergab bei der Abklärung in der HNO-Klinik keinen pathologischen Befund. Die prae-
operativ beobachteten Jackson-Anfälle traten nach der Operation
nicht mehr auf.

Herr Mε        ᴗ wurde am 7.10.1994 nach Hause entlassen. Die An-
schlußheilbehandlung (Neurologisches Krankenhaus Tristanstraße)
beginnt nächste Woche.

Wir bitten um eine Wiedervorstellung des Patienten in 3 Monaten in
unserer Neurochirurgischen Poliklinik mit aktuellen Kernspin-
aufnahmen (telef. Voranmeldung erbeten unter 7095-3550).

**Medikation bei Entlassung:**     Zentropil          1-1-1/2,
                                    Bisolvon           1-0-1,
                                    Gastrozepin 50     1-0-1,
                                    Vasomotal          1-1-1.

Mit freundlichen kollegialen Grüßen

    Prof. Dr. H.J. S                            AiP D. W
(Leiter d. Neurovasculären Chirurgie)

Der Generalstaatsanwalt
bei dem Oberlandesgericht München

München, den 18. März 1998
Telefon: (089)5597-4529

Geschäftszeichen: V Zs 3525/97 +
(Bitte stets angeben!)

Staatsanwaltschaft bei dem OLG München - 80097 München

| Mdt. | Korr. A | n. vorl. |
| Fax | Rückr. | Stellgn. |

**Eingegangen**

**2 3. MRZ. 1998**

| Orig. | Dsch. | Anl. |
| K. | K. | K. |

Herrn Rechtsanwalt
Dr. Manfred **Klüver**
Schwanthalerstraße 21

80336 **München**

Ermittlungsverfahren gegen Prof. Dr. **R**
wegen falscher Verdächtigung

Diesen ausführlichen und auf die wesentlichen Beschwerdepunkte
zutreffend eingehenden Ausführungen der Staatsanwaltschaft
wird beigetreten. Der der Strafanzeige zugrundeliegende Sachverhalt wurde von der Staatsanwaltschaft umfassend und richtig
bewertet. - Hinreichender, für die Anklageerhebung ausreichender aber auch erforderlicher Tatverdacht im Sinne des erhobenen Vorwurfs, nämlich der falschen Verdächtigung, wurde zu
Recht verneint.

**Daher muß es mit der Verfügung der Staatsanwaltschaft bei dem
Landgericht München I vom 28. November 1997 sein Bewenden haben.**

Zivilrechtliche Ansprüche werden dadurch nicht berührt.

Im Auftrag

B.-
Oberstaatsanwältin

Beglaubigt

Reichel
Amtsinspektor

**Anlage 78**

## Kröte IX
# Der Fall der Patientin E. G.

Die Patientin EG., 49 Jahre alt, gefäßkrank und mit Verdacht auf E. d. (MS) bestand seit mehreren Jahren auf Abklärung und evtl. Entfernung eines unklaren Tumors im Bereich der linken knöchernen Augenhöhle, der in den letzten zwei Jahren an Größe zunahm. Ich, als ihr Operateur, hatte ihr aufgrund des hohen Risikos von Augenmuskelstörungen einschließlich einer Erblindung wiederholt davon abgeraten (Anlage 79).

Beim operativen Eingriff im Juni 1994 wurden bindegewebige Verdickungen, die sich histologisch als Sklerose (Verhärtung) erwiesen, aus der Orbita entfernt. Da kein Anhalt für einen Orbitatumor bestand, wurde der Befund H.-J. R. demonstriert, der mich eine halbe Stunde warten ließ und dann nur sagte: „Tumor nicht gefunden, zunähen und postoperatives CT". Im Zusammenhang mit der Operation kam es am linken Auge zu einer bleibenden Erblindung und zu einer sich in kurzer Zeit vollständig zurückbildenden Augenmuskellähmung links.

Als Ursache wurde ophthalmologisch ein kombinierter retino-choriodaler Gefäßverschluss nachgewiesen (Anlage 80).

Die genaue Ursache des Gefäßverschlusses konnte bei der gefäßkranken Patientin auch in der Augenklinik der Universität nicht festgestellt werden. Prof. Oe. hatte eine vaskuläre Genese in Erwägung gezogen (Anlage 83).

Hierfür sprach auch, dass am gesunden Auge ein Jahr später eine plötzliche Sehstörung auftrat. H.-J. R. hatte den schicksalhaften intraoperativen Gefäßverschluss benützt, mir fehlerhaftes Operieren zu unterstellen.

Über einen allgemeinen Patientenverband Marburg-München, den es mit an Sicherheit grenzender Wahrscheinlichkeit nicht gibt, wurde die Patientin E. G. zu einer Klage gegen mich, dem Operateur, ermuntert (Anlage 81). Frau E. G. erlitt daraufhin einen Nervenzusammenbruch mit depressiver Reaktion. Ihr Hausarzt sprach von vorsätzlicher Körperverletzung (Anlage 82).

Obwohl erste Bild gebende Kontrolluntersuchungen bewiesen, dass der pathologische Orbitaprozess entfernt war (Anlage 83), beauftragte mich H.-J. R. meine Versicherung zu verständigen und der Patientin mitzuteilen, dass der Tumor nicht gefunden, bzw. nicht entfernt worden war (Anlage 84).

H.-J. R. verdächtigte mich mit einem veralteten Zugang eine komplette Augenmuskellähmung, sowie eine komplette Blindheit auf dem linken Auge der Patientin verursacht zu haben. Der gewählte Zugang entlang des Keilbeinflügels, von mir als kleiner frontolateraler Zugang beschrieben, war der absolut richtige Weg und bereits im Mai, also einige Wochen präoperativ mit dem Orbita-Spezialisten Prof. Dr. Oe. abgesprochen worden (Anlage 83). Da H.-J. R. intraoperativ Einblick genommen hatte, handelte es sich auch hier um eine bewusst falsche Verdächtigung.

Bei der Suche nach einem Gutachter konnte die Staatsanwaltschaft keinen Gutachter in Deutschland finden, der sich bereit erklärt hätte, ein Gutachten zu erstellen, was tief blicken lässt. So fand man in der Schweiz Prof. Dr. G., der in der Nachfolge von Marguth auf den Münchner Lehrstuhl auf Platz 1 gesetzt worden war, aber durch Hinhaltetaktik der Münchner Medizinischen Fakultät nicht zum Zuge gekommen war. Später war Gutachter G. H.-J. R. vermutlich zu Dank verpflichtet, da dieser den Lehrstuhl in München übernommen hatte und somit der Medizinischen Fakultät in München einen Eklat ersparte, da G. zu dieser Zeit nicht mehr nach München kommen wollte. G. übernahm in seiner ersten Stellungnahme die falschen Verdächtigungen von H.-J. R., insbesondere die Mär vom falschen veralteten Zugang, da die zur persönlichen Beurteilung benötigte Bildgebung dem Gutachter nicht zur Verfügung gestellt wurde. Trotz des sehr couragierten Auftretens von Frau Kriminalhauptkommissarin Platzer hatte diese Schwierigkeiten bei der Mitnahme der beschlagnahmten Unterlagen, da H.-J. R. immer wieder betonte, er brauche die Bild gebenden Dokumente noch aus therapeutischen Gründen.

In meiner fachlichen Stellungnahme vom 02.02.1998 zum Gutachten von G. vom 04.08.1997 und zum Einstellungsbescheid des StA W. vom 28.11.1997 hatte ich darauf hingewiesen, dass bei der Erstellung des Gutachtens von G. diesem über die Hälfte der Anlagen nicht zur Verfügung gestanden haben. Besonders verwiesen wurde auf die Anlagen des Schreibens an den Gutachter Nr. 1, 8, 9, 18, 20, 25, 27 und 28. So nahm es nicht Wunder, **dass StA W. die falschen Verdächtigungen des H.-J. R., die G. in seinem ersten Gutachten zum Teil übernommen hatte, für seinen ablehnenden Bescheid verantwortlich machte**. Wie sehr sich G. mit seinem Ordinariuskollegen identifizierte, sieht man bei der Beurteilung seines Gutachtens auf Seite 10 : „... Als Resultat entstand eine Erblindung und komplette Bewegungsstörung eines Auges".

Offensichtlich hatte G. vergessen, dass er auf Seite 6 seines Gutachtens bereits geschrieben hatte: „Bei der stationären Beobachtung habe die Patientin die Augenbewegung und das Lidheben wieder erlangt."

Gutachter und Staatsanwalt arbeiteten Hand in Hand, wobei die Staatsanwaltschaft durch großzügiges Übersehen das „Verlorengehen von Dokumenten" aus Klinikakten sanktionierte.

Die falschen Verdächtigungen des H.-J. R., die von ihm vorsätzlich wider besseres Wissens erhoben worden waren, konnten in allen Fällen in meiner fachlichen Stellungnahme vom 02.02.1998 durch Tatsachenbeweis widerlegt werden (Anlage 85).

In dem von G. **nach Eingang der fehlenden Aufnahmen korrigierten Gutachten,** dem Ergänzungsgutachten vom 27.08.1998, **gab es keinen Anhalt mehr für ein fehlerhaftes operatives Vorgehen meinerseits.** Als einzige Anschuldigung blieb die fehlende Indikation zur Operation. Obwohl ich den Eingriff wiederholt abgelehnt hatte, gab ich dem inständigen Bitten von Frau E. G. endlich nach, da sie über den unklaren Prozess in der linken Augenhöhle, der in letzter Zeit noch an Größe zugenommen hatte, Klarheit haben wollte. Bei ihren vielfachen anderen Leiden, konnte ich ihren Wunsch nachvollziehen. Sie war für die Indikation selbst voll verantwortlich (Anlage 89) und stand auch nach ihrer linksseitigen Erblindung bei der Zeugenvernehmung am 25.05.1998 voll dazu (Anlage 87).

Allein meine Aufklärung (Anlage 79) hätte bei jeder objektiven Begutachtung ausgereicht, eine etwaige Klage abzuweisen, eine Klage, an die Frau E. G. nicht einmal gedacht hatte.

Nach meiner Strafanzeige gegen H.-J. R. geriet die Stellung des Ordinarius ins Wanken, so dass H.-J. R., zur Überraschung aller Anwesenden, bei der Fakultätssitzung im Juni 1997 um ein vorlesungsfreies Jahr nachsuchte.

Der ablehnende Bescheid von Frau Oberstaatsanwältin B. vom 18.03.1998 vor Eingang, des von G. korrigierten Gutachtens rettete die Stellung des Ordinarius, zeigte andererseits aber auch die enge Verbundenheit der Justiz und H.-J. R. Gerade zu beweisend hierfür war aber der Strafbefehl des Richter G. vom 01.10.1998 (Anlage 86), dem das mich entlastende korrigierte Ergänzungsgutachten vom 27.08.1998 vorgelegen haben musste. Wie StA W. hatte auch er die falschen Verdächtigungen von H.-J. R. aus dem ersten Gutachten von G. übernommen und damit den Strafbefehl gegen mich begründet. So wurde Richter G. zum Erfüllungsgehilfen von H.-J. R., obwohl Frau E. G. eine Klageerhebung gegen mich abgelehnt hatte (Anlage 87) und Frau E. G. bewusst RA U. nicht von der Schweigepflicht entbunden hatte. Nachdem Frau E. G. sich nach den üblichen Verleumdungen, die H.-J. R. gegen mich vorgebracht hatte von ihrem Nervenzusammenbruch einigermaßen erholt hatte (nach Hausarzt Dr. S. vorsätzliche Körperverletzung) und ihre Wunden sich langsam zu schließen begannen, fügte nun auch **Richter G. der Patientin mit dem Strafbefehl gegen mich ein neues Trauma hinzu.** Die Patientin wollte das ihr zugesprochene Geld auch nicht annehmen, da der Strafbefehl **gegen ihren Willen erfolgt war.** Auffallend war, dass Richter G. den Strafbefehl 4 Jahre postoperativ, aber 3 Wochen vor der Entscheidung in der „Verwaltungsstreitsache Beck gegen Freistaat Bayern wegen amtsangemessener Verwendung ausgestellt hatte. „Ein Schelm der Böses dabei denkt".

| 1. | Rechtsabteilung der LMU<br>RA Ob Reg. S. | Weder Vorermittlungen noch förmliches Disziplinarverfahren aufgrund einer Stellungnahme von S., Freiburg vom 13.05.1996 und diversen Gutachten von G. vom 04.08.1997 und vom 27.08.1998 |
| --- | --- | --- |
| 2. | H.-J. R.<br>RA U.<br>02.08.1994 | Sofortiges Verbot der Führung der Dienstgeschäfte (Art. 68 Abs.1 Satz 1 BayBG), Entfernung aus dem Dienst (Art. 12 der Bay. Disziplinarordnung) |
| 3. | Bay. Justiz | Meine Strafanzeige vom 29.03.1995 gegen H.-J. R. |
|  | Staatsanwalt W. 28.11.1997 | Einstellungsbescheid aufgrund des ersten Gutachtens von G. |
|  | Oberstaatsanwältin B. 18.03.1998<br>(Anlage 78) | Ablehnung meiner Beschwerde vom 02.02.1998 vor Eintreffen des Ergänzungsgutachtens von G. vom 27.08.1998 |
|  | **Richter G. 01.10.1998<br>(Anlage 86)** | Strafbefehl gegen mich **ohne Berücksichtigung des Ergänzungsgutachtens von G. vom 27.08.1998 und gegen den Willen der Patientin** |
|  | Amtsgericht München:<br>Beschluss vom 01.03.1999 | Das Verfahren wegen fahrlässiger Körperverletzung gegen O. J. Beck wird entgültig eingestellt (Anlage 88). |
|  | **Die Richter Dr. G., M., S.<br>23.04.1999** | **Strafanzeige gegen H.-J. R. im Klageerzwingungsverfahren ohne Begründung nicht behandelt.** |

**In meinem Klageerzwingungsverfahren wurde auch von den Richtern Dr. G., M. und S. der Fall E. G. am 26.10.1998 nicht behandelt. Die Stellung eines Ordinarius mit krimineller Energie war gerettet.**

Meine Hochachtung gilt Oberregierungsrat Dr. S. von der Rechtsabteilung der LMU, der sich aufgrund seines natürlichen Gerechtigkeitsgefühles nicht dazu bringen ließ, mir ein unberechtigtes Disziplinarverfahren anzuhängen, um einen Ordinarius, der seinen Hippokratischen Eid vergessen hatte, im Amt zu halten.

Mein Dank gilt dem engagierten Hausarzt Herrn Dr. S., der mit seinem Brief vom 23.03.1995 (Anlage 82) diese unglaubliche Geschichte erst ans Tageslicht brachte und der Familie G., die mit ihrem korrekten Verhalten mir den Glauben an das Gute im Menschen wieder gegeben hatte.

Ludwig-Maximilians-Universität München
Klinikum Großhadern

Neurochirurgische Klinik    Direktor: Prof. Dr. H.-J. Re...

Klinikum Großhadern, Neurochirurg. Klinik, Postfach 701260, 8000 München 70

## OPERATIONSEINWILLIGUNG

Präoperative Diagnose:

*Tumor li orbita*

_____

Ich wurde über meine derzeitige Erkrankung und deren Folgen sowie die
Behandlungsmöglichkeiten unterrichtet. Die Notwendigkeit der Operation wurde
mir erklärt. Über den Umfang und die Gefahren des Eingriffes wurde ich aufgeklärt,
insbesondere über:

1. postoperative Nachblutungen

2. oberflächliche und tiefe Wundinfektionen

3. postoperative Liquorfistel

4. Auftreten von *Augenmuskellähmungen li (Schielstellung)*

5. _____ *Blindheit li*

6. _____ *Verlust des Augapfels li*
*Tumor nicht zu finden*

Alle meine Fragen wurden verständlich beantwortet. Ich bin nach ausreichender
Bedenkzeit mit der Operation einverstanden und gebe den Ärzten der Klinik meine
Einwilligung zu dieser Operation.


(Unterschrift des Patienten)
*E. Ge...*

(Unterschrift des Arztes)

Datum: **20.6.94**

(Unterschrift des Zeugen)

Uhrzeit: **14ʰ**

**Anlage 79**

# AUGENKLINIK

Klinikum Innenstadt
Direktor: Univ.-Prof. Dr. A. Kampik

Ludwig——— **LMU**
Maximilians—
Universität——
München———

Augenklinik · Klinikum Innenstadt · Mathildenstraße 8 · 80336 München

Telefon    0 89 / 51 60 - 38 11 (Pforte)
Durchwahl 0 89 / 51 60 - 3824
Telefax    0 89 / 51 60 - 5160

Telefon    0 89 / 51 60 - 38 23 (Termine)
Telefax    0 89 / 51 60 - 44 17

Herrn
Prof. Dr. med. O. Beck
Neurochirurgische Klinik
Klinikum Großhadern
Marchioninistr. 15

81377 München

München, 30.06.1994/sta

*Frau E.    G.    ', geb. 02.07.1946*

Lieber Herr Beck,

unsere gemeinsame Patientin Frau G.    stellte sich am 27.06.1994 in unserer Ambulanz vor.

Zustand nach Orbitotomie links bei Verdacht auf Pseudotumor, Meningeom bei E. d..

Es findet sich links eine Amaurose bei kompletter Oculomotorisparese und Abducensparese.

In der Fluoreszenzangiographie fand sich ein kombinierter retino-choriodaler Verschluß. Im Ultraschall keine abgrenzbare Raumforderung; unauffälliges Orbitaechogramm, lediglich Vena ophthalmica links im Seitenvergleich etwas erweitert.

Über die telefonisch besprochene Therapie mit Steroiden oral für 3 Tage empfehlen wir derzeit keine spezifische Behandlung.

Mit freundlichen Grüßen

Prof. Dr. V. K

AKL 168 Scherer

U-Bahnstation Sendlinger Torplatz
S-Bahnstation Hauptbahnhof / Karlsplatz (Stachus)

Anlage 80

Sehr geehrte Patientin,

Sind Sie mit dem Ergebnis Ihrer Operation zufrieden?

Wir können uns dies nach vorliegendem Bericht kaum

vorstellen.Sollten Sie der selben Meinung sein, würden
wir Ihnen empfehlen, einen Rechtsberater zu bemühen


Hochachtungsvoll
Ihr Patienten-Verband


Allgemeiner Patienten-Verband Marburg/München Postfach

14/5005

Frau

E    G.

Voltzweg 4

81479 MÜNCHEN

Dr. med. G      S
Facharzt für Allgemeinmedizin
        Betriebsmedizin

Marktplatz 11
82031 Grünwald
Tel.: 089/6415582
Fax : 089/6410414

23.03.95

Dr. G. Sr         Marktplatz 11 * 82031 Grünwald

**Nachrichtlich:**

**Ärztlichen Direktor**
**des Klinikums der**
**Ludwig-Maximilians-Universität**
**München**
**z. Hd. Herrn Prof. S**
**Persönlich**
**Marchioninistr. 15**

Frau
E     G
Voltzweg 4
81479 München

Herrn
Prof. Beck
Marchioninistr. 15
81377 München

**81377 München**

**Sehr geehrter Herr Professor,**

ohne auf die öffentliche Diskussion der Verhältnisse in der neurochirurgischen Klinik des Klinikums Großhadern eingehen zu wollen, möchte ich Ihnen den folgenden Sachverhalt zur Kenntnis
bringen.

Im Juni 1994 wurde meine Patientin Frau E      G      ,
von Herrn Prof.   Beck wegen eines Pseudotumors der Orbita links
operiert. Postoperativ erblindete die Patientin auf dem linken
Auge. Am 14.07.94 erhielt ich den Abschlußbericht der neurochirurgischen Klinik, unterschrieben von einem Oberarzt der Klinik,
Herrn Dr. U. S   und einem Assistenten der Klinik Dr. E.
W      . Durch die intensive ambulante Betreuung des Herrn
Prof.   Beck stabilisierte sich der Gesundheitszustand der Patientin bis zum Ende des Jahres 1994 zunehmend. Sie befindet
sich weiterhin auch in meiner ambulanten hausärztlichen Behandlung. In dem Bericht der neurochirurgischen Klinik wird festgestellt, daß der zu operierende Tumor postoperativ noch an
der alten Stelle zu finden wäre. Diese Stellungnahme bezieht
sich wohl auf eine Kernspintomographie, die in Ihrem Haus
durchgeführt wurde. Am 23.09.94 wurden die in Ihrem Haus durchgeführten kernspintomographischen Aufnahmen durch Herrn Privatdozent Dr. Oe    der neurochirurgischen Klinik des Klinikums
Heidelberg nachbefundet. Hierbei wird festgestellt, daß auf
den postoperativen Kontrollkernspintomogrammen der Prozeß im
Bereich der Orbita, der zur Operation führte, nicht mehr nachweisbar ist. Eine weitere Kontrolluntersuchung im März 1995
bestätigte diesen Befund. Es bleibt also unverständlich, warum im Arztbrief der neurochirurgischen Klinik vom 29.06.94
festgestellt wird, daß sich der zu operierende Tumor postoperativ noch an der alten Stelle befände. Damit wird der Eindruck

**Anlage 82**

erweckt, daß die Operation von Herrn Prof.    Beck unsachgemäß
durchgeführt worden ist.

Am 22.02.95 bekam meine Patientin einen Brief des "Allgemeinen
**Patientenverbandes Marburg / München, Postfach",** dessen Inhalt
ich Ihnen vorlegen darf.   Die Patientin erhielt eine nicht un-
terschriebene Karte, mit der sie darauf hingewiesen wird, daß
sie wohl mit dem Ergebnis ihrer Operation im Juni 1994 nicht zufrieden sein kann.  Es wird ihr empfohlen, sich um einen Rechtsberater zu bemühen.   In diesem Brief befand sich auch der
Bericht der neurochirurgischen Klinik vom 29.06.94 allerdings diesmal ohne Unterschrift.  Ich lege Ihnen diesen
Brief ebenfalls in Kopie bei. Meine Patientin erlitt nach Erhalt dieses Briefes, den sie mir noch am gleichen Tag vor-
legte, einen psychischen Einbruch.  Seit Erhalt dieses Briefes,
bis zum heutigen Tag leidet sie unter erheblichen depressiven
Verstimmungszuständen. Diese Zustände wirken sich um so schwer-
wiegender aus, da die Patientin an einer Encephalitis disse-
minata leidet.  Die Patientin war durch den Erhalt dieses
Briefes so schwerwiegend verunsichert, daß sie mich bat, Anfang März 1995, das bereits erwähnte Kernspintomogramm
durchführen zu lassen.  Wie ausgeführt, war bei dieser kernspintomographischen Untersuchung der Tumor im Bereich des
linken Auges bzw. linken Orbita nicht mehr feststellbar.  Der
Brief dieses ominösen **"Allgemeinen Patientenverbandes"** hat bei
meiner Patientin zu einer erheblichen Verschlechterung des Ge-
sundheitszustandes geführt.  Ich sehe den Tatbestand der vorsätzlichen Körperverletzung gegeben.  Ich bitte zu prüfen, wie
dieser **Allgemeine Patientenverband** an Briefe der neurochirurgischen Klinik München gelangen kann.   Des weiteren bin ich der
Meinung, daß es einen **"Allgemeinen Patientenverband München /
Marburg"** wohl kaum geben wird.   Jedenfalls ist keine konkrete
Adresse angegeben.  Es bleibt weiter zu vermuten, daß es sich um
eine gezielte Aktion gegen Herrn Prof. Beck handelt. Ich darf an
dieser Stelle betonen, daß meine bisherige Zusammenarbeit, auch
in anderen Fällen, mit Herrn Prof. Beck stets ausgezeichnete Ar-
beitsergebnisse erbrachte.  Ich bitte des weiteren zu prüfen, ob
der Tatbestand der Verletzung der ärztlichen Schweigepflicht gegeben ist.  Sollten ärztliche Mitarbeiter Ihres Klinikums solche
Briefe an einen **Allgemeinen Patientenverband** weitergegeben haben, würde dieser Tatbestand mit Sicherheit erfüllt sein.  Ich
habe meiner Patientin angeraten Strafanzeige gegen Unbekannt zu
stellen.  Aufgrund ihres schlechten allgemeinen psychischen
Zustandes ist die Patientin jedoch derzeit nicht in der Lage
diesen Schritt zu vollziehen.  Als Zwischenlösung habe ich ihr
angeboten mich an Sie zu wenden. Ich bitte um Ihre Hilfe.


Mit freundlichen kollegialen Grüßen



Dr. med. G     S

Ruprecht-Karls-Universität Heidelberg  ·  Klinikum Mannheim
Neurochirurgische Klinik
Direktor: Prof. Dr. P. Schmiedek

Klinikum Mannheim, Neurochirurgische Klinik · Postfach · 68135 Mannheim

68135 Mannheim,
Theodor-Kutzer-Ufer
Telefon        (06 21) 383-0
Durchwahl    (06 21) 383-
Telefax        (06 21) 383-2004

Herrn
Professor
Dr. med. O.J. Beck
Oberarzt
Marchioninistr. 15
Postfach 70 12 60

.81377 München

OA PD Dr.O   /Eh   0621 383- 2750    23.9.1994

Lieber Herr Beck,

vielen Dank für die Übersendung der Kernspintomogramme von Ihrer
Patientin Gι        , E:      , * 2.7.46.

Es handelt sich um den Zustand nach Operation eines im hinteren
Orbitatrichter lateral entlang des Keilbeinflügels gelegenen
Prozesses, histologisch einer Sklerose entsprechend.

Wir hatten über den Fall ja präoperativ im Mai bereits diskutiert;
angesichts der Lokalisation des Prozesses im hinteren Trichterbe-
reich und unmittelbar der Fläche des Keilbeins anliegend, ganz ähnlich
einem intraorbitalen Anteil eines Keilbeinmeningeoms, erschien ein
lateraler Zugang über den Keilbeinflügel als naheliegend.
Wie Sie mir berichteten, konnte intraoperativ kein eindeutiger Tumor
ausgemacht werden, es zeigte sich an der vermuteten Stelle etwas
verdicktes Gewebe, das histologisch untersucht wurde und die Diagnose
einer Sklerose bzw. eines abgelaufenen entzündlichen Prozesses erbrachte. Leider ist die Patientin Ihren Angaben nach postoperativ
erblindet, wobei ich damals ja schon den Verdacht geäußert hatte, daß
es sich hier um ein koinzidentelles vaskuläres Geschehen handeln müsse,
nachdem bei der Lokalisation des Tumors eine direkte Läsion des
N. opticus sehr unwahrscheinlich erschien. Dies ist Ihren letzten Angaben nach wohl zwischenzeitlich auch von den Ophthalmologen bestätigt
worden.
Auf den jetzt durchgeführten postoperativen Kontroll-Kernspintomo-
grammen zeigt sich der Prozeß nicht mehr, es finden sich lediglich
auf dem Zugangsweg die üblichen postoperativen Veränderungen.
Somit meine ich zusammenfassend, daß an dem von Ihnen gewählten und
durchgeführten Eingriff keine Kritik geübt werden kann, die tragische

- 2 -

<u>Betreff</u>: Fortsetzung Schreiben G.        , E

Erblindung der Patientin glaube ich nicht auf eine mechanische
Alteration des N. opticus zurückführen zu können, zumal dieser auch
in der Kontrolluntersuchung unauffällig zur Darstellung kommt.
Unter der Annahme des zugrundeliegenden entzündlichen Prozesses erscheint mir die vaskuläre Genese am plausibelsten.

Die Kernspintomogramme darf ich Ihnen als Anlage wieder zurücksenden.


Mit freundlichen Grüßen

Priv.Doz. Dr. med. O
Stellvertr.Direktor der Klinik

## Ludwig-Maximilians-Universität München - Klinikum Großhadern

Neurochirurgische Klinik
Direktor: Prof. Dr. med. H.-J. R

Klinikum Großhadern · Neurochirurgische Klinik · 81366 München

**EINSCHREIBEN**
Herrn
Prof. Dr. Oskar Josef Beck
Boschetsrieder Straße 10

81379 München

81377 München
Marchioninistr. 15
Durchwahl: (089) 7095 2590/91

Prof. R/gw

28. Juni 1994

Betrifft:
Operation von Frau G'          , E    geb. 02.07.46, am 20.06.94

Sehr geehrter Herr Beck,

bei unserem Gespräch am Dienstag, 21.06.94, unter Anwesenheit von Herrn O'
ist folgendes besprochen worden:

a.)   Der operative Zugang zu dem Tumor in der Orbita bei Frau G.      war nicht
      richtig. Ich hatte Ihnen zugesagt, Ihnen die Literatur für den richtigen Zugang
      zukommen zu lassen, was inzwischen geschehen ist.

b.)   Der Tumor war nicht gefunden worden.

c.)   Die postoperative, komplette Ophthalmoplegie und die unmittelbar nach der
      Operation bestehende komplette Blindheit auf dem rechten Auge ist bedingt
      durch unsachgemäße Manipulation.

Es war besprochen worden, daß Sie unmittelbar die Rechtsabteilung der Universität
sowie Ihre Versicherung von der Komplikation verständigen und die Patientin
darüber aufklären einschließlich der Tatsache, daß der Tumor nicht sicher gefunden
bzw. entfernt werden konnte.

Um zukünftig solche schweren Komplikationen zu vermeiden, hatte ich verlangt, daß
Sie mir - bei meiner Abwesenheit meinem Vertreter - jede geplante intracranielle
Operation vorher vorstellen und besprechen. Dies war in Anwesenheit von Herrn PD
Dr. O      besprochen worden.

Nachdem ich bis heute weder die zugesagten Kopien der Schreiben an die
Rechtsabteilung der Universität und an Ihre Versicherung noch den OP-Bericht
erhalten habe, bitte ich Sie noch einmal eindringlich, mir dies bis Mittwoch, 06.07.94,
zukommen zu lassen.

Ich möchte vorsorglich darauf hinweisen, daß ich mich gezwungen sehe, Sie bei
Nichteinhaltung dieser Abmachung vorläufig vom operativen Dienst zu entbinden bis

**Anlage 84**

Neurochirurgische Klinik   Blatt                                    2
der Universität München

der Ärztliche Direktor, die Universitätsleitung und das Kultusministerium ihre letztliche Entscheidung getroffen haben.

Ich sehe mich zu dieser äußersten Mahnung gezwungen, nachdem ich mich in den vergangenen zwei Jahren auf Ihre mündlichen Zusagen nicht verlassen konnte, ich andererseits als Direktor der Klinik für die größtmögliche Sicherheit der Patienten verantwortlich bin.

Hochachtungsvoll

Prof. Dr. H.-J. R.
Direktor der KLlinik

(Sendung per Post/Einschreiben, Kopie voraus ausgehändigt am 04.07.94)

Kopie an Herrn PD Dr. O.

Prof. Dr. Oskar Josef Beck
Neurochirurg

Boschetsrieder Str. 10
81379 München
Tel. 089/7236680

---

## Fachliche Stellungnahme zum fachärztlichen neurochirurgischen Gutachten des Prof. Dr. O. G:    . vom 04.08.97 und zum Einstellungsbescheid der Staatsanwaltschaft München I vom 28.11.97 (126 Js 3519/95) vom 2.2.98

**Fall 2, E.G. (siehe S. 174)**

**1. Gutachten,** Prof. Dr. G. ... , Anlage 3, Seite 10

„... Zusammenfassend wurde bei dieser Patientin nicht nach den heutigen Regeln der ärztlichen Kunst verfahren. Die Krankheitszeichen reichten nicht zu der Diagnose aus, ihnen wurde nicht mit genügendem Nachdruck nachgegangen und es wurden unzulässige Schlüsse bezüglich der Indikationsstellung gezogen. Ein operativer Eingriff war nicht indiziert, der Zugangsweg war veraltet und nach den heutigen Vorstellungen zu eingreifend. Das intraoperative Vorgehen war, bedenkt man die Minimalbefunde, zu insistierend... Als Resultat entstand eine Erblindung und komplette Bewegungsstörung eines Auges, also ein Gesundheitsschaden."

**Bescheid,** Anlage 16, Seite 1, Punkt 2:

„... Prof. Dr. Beck durch kunstfehlerhaftes Operieren in der Augenhöhle einer Patientin im Rahmen des Versuches, einen hinter dem Auge vermuteten Tumor zu entfernen, den Sehnerv der Patientin geschädigt habe, mit der Folge, daß die Patientin wegen dieser Sehnervschädigung auf dem fraglichen Auge erblindet sei (Fall G    )..."

**Bescheid,** Anlage 16, Seite 5:

„... so daß die Erblindung und komplette Bewegungsstörung des Auges als Gesundheitsschaden anzusehen ist...."

**Falsche Verdächtigung, Prof. Dr. R.    , Anlage 12, Seite 3**

„... Die – wiederholte - krasse Mißachtung der gesundheitlichen Belange der Patientin zeigt, daß Herr Beck seinen Beruf „ohne Rücksicht auf Verluste" ausübt, weshalb das sofortige Verbot der Führung der Dienstgeschäfte gemäß Art. 68 Abs. 1 Satz 1 BayBG ebenso zwingend geboten ist, wie die anschließende „Entfernung aus dem Dienst"..."

**Ein Kunstfehler bzw. kunstfehlerhaftes Operieren bzw. ein Behandlungsfehler liegt vor bei:**

- I.    Aufklärungsmängeln

  - a)    Diagnoseaufklärung
  - b)    Risikoaufklärung

- II.    Falscher Indikationsstellung (Diagnosefehler)

- III.    Grob fahrlässigem Handeln (Operieren)

  - a)    falscher Zugang
  - b)    komplette Bewegungsstörung des linken Auges linksseitige Erblindung
  - c)    Tumor nicht gefunden

- IV.    Klageerhebung

Mit Hilfe **ergänzender Unterlagen** soll geklärt werden, ob Frau G... am 21.06.94 von Prof. Dr. Beck **kunstfehlerhaft operiert** worden ist und inwieweit die von Prof. Dr. R.    . vorgebrachten **falschen Verdächtigungen** den Tatsachen entsprechen.

---

**Anlage 85**

6. Die attackenartigen links retrobulbären Schmerzen sind seit der Operation deutlich gebessert und einer Wetterfühligkeit gewichen (persönliche Mitteilung 29 11 97)

*Summa:*

Damit ergibt sich, daß :

der Tumor, der sich histologisch als Pseudotumor

orbitae erwiesen hat, gefunden und entfernt worden ist

und daß somit das Ziel der Operation erreicht worden ist.

Auch hierbei kein Anhalt für grob fahrlässiges Operieren.

IV.   **Klageerhebung**

Von der ärztlichen Schweigepflicht sind im Fall Gu...  befreit:

1.  Dr. S......., Hausarzt
2.  Prof. Dr. Beck, Operateur

**Aufgrund der fehlenden Entbindung von der ärztlichen Schweigepflicht war Prof. Dr. R       nicht autorisiert, Klage zu erheben bzw. Universitäts fremde** Rechtsanwälte einzuschalten.
Die fehlende Entbindung von der ärztlichen Schweigepflicht bestätigte Prof. Dr. R der Kriminalhauptkommissarin Patzer sogar selbst.

**Familie G ... hat keine Klage erhoben** (Anlage 87, Seite 192).

**ZUSAMMENFASSUNG**

Bei der Durchsicht des Gutachtens fällt auf, daß Prof. Dr. G       bei der Erstellung des Gutachtens über die **Hälfte** der beiliegenden Anlagen nicht zur Verfügung standen. Besonders verwiesen sei auf die Anlagen 1, 8, 9, 18, 20, 25, 27 und 28.

**Unter Berücksichtigung der ergänzenden Unterlagen** läßt sich aufgrund des Fehlens von

I.        Aufklärungsmängeln

II.       Falscher Indikation

III.      Grob fahrlässigen Handelns

IV.       Klageerhebung

**der Vorwurf des kunstfehlerhaften Operierens nicht aufrecht erhalten.**

**Die falschen Verdächtigungen, die von Prof. Dr. R**

**vorsätzlich wider besseres Wissen**

**erhoben wurden, konnten in allen Fällen durch Tatsachenbeweis widerlegt werden.**

- B e g l a u b i g t e   A b s c h r i f t -

 **Amtsgericht München**

Geschäftsnummer: **852 Cs**  126 Js 12105/97
ps

Herrn
Dr. med. Oskar Josef **Beck**

Boschetsrieder Str. 10

81379 München

| Rechtskräftig seit |
| :-- |
| München, |
| Urkundsbeamter der Geschäftsstelle |

geboren  am 07.10.1936  in München, ledig, Neurochirurg,
deutscher Staatsangehöriger

<u>Eltern:</u> Oskar und Gundelinde Beck, letzt. geb. Fischer

## S t r a f b e f e h l

Die Ermittlungen der Staatsanwaltschaft ergaben folgenden Sachverhalt:

Im Rahmen einer Kontrolluntersuchung Ihrer Patientin
E    G    , welche an Multiple-Sklerose erkrankt ist,
wurde im März 1994 eine Änderung des Protonenspins
am linken Auge erkannt. Die festgestellte Veränderung
hatte bislang zu keinerlei Funktionsstörungen oder
sonst erfaßbaren Auswirkungen für die Patientin geführt.
Aufgrund des Befundes hegten Sie den Verdacht, es liege
ein Orbitatumor vor. Entgegen der Ihnen zumutbaren und
erforderlichen ärztlichen Sorgfalt unterließen Sie es
in der Folgezeit, differenzialdiagnostische Untersuchungen durchzuführen, insbesondere einen ophthalmologischen
Status zu erheben. Sie operierten die Patientin am
20.06.1994 im Klinikum Großhadern in München vielmehr,
obwohl keine Indikation für die Operation vorlag. Zudem
schufen Sie mit einer veralteten Operationsmethode Zugang zur linken Orbitahöhle. Während der Operation gingen Sie entgegen der erforderlichen Sorgfalt angesichts

**Anlage 86**

-Beglaubigte Abschrift - Seite 2 -

der Beschwerdefreiheit der Patientin zu insistierend
vor, so daß es zu einer Blockierung der Gefäßversorgung
des Auges kam, die zunächst zu einer kompletten Bewegungsstörung des Auges sowie zu einer Erblindung auf
dem linken Auge der Patientin führte. In der Folgezeit
konnte die Bewegungsstörung wieder behoben werden. Die
Patientin ist jedoch nach wie vor auf dem linken Auge
blind. Aufgrund der Durchführung einer nicht indizierten
Operation mittels eines veralteten Zugangsweges zum Ope-
rationsgebiet, sowie eines zu insistierenden Operations-
vorgehens angesichts der vorhandenen Minimalbefunde ist
der vorhandene Gesundheitsschaden bei der bereits schwer
vorgeschädigten Patientin eingetreten.

Bei Anwendung der Ihnen zumutbaren und erforderlichen
Sorgfalt hätten Sie die Operation gar nicht oder mindestens weit schonender durchführen müssen.

Die Staatsanwaltschaft bejaht das besondere öffentliche
Interesse an der Strafverfolgung.

Sie sind daher schuldig,

durch Fahrlässigkeit die Körperverletzung eines anderen
verursacht zu haben,

strafbar als

ein Vergehen der fahrlässigen Körperverletzung gemäß
§§ 230, 232 Strafgesetzbuch.

Beweismittel:

Zeugen:  E    G    Voltzweg 4, 81479 München
         (Bl. 18)

Sachverständiger: Prof. Dr. O. G    ., Spitalstr. 21,
                  CH-4031 Basel (Bl. 27)

Auf Antrag der Staatsanwaltschaft wird gegen Sie eine
Geldstrafe von 90 **Tagessätzen** verhängt. Der Tagessatz
wird auf 200,00 DM festgesetzt. Die Geldstrafe beträgt
insgesamt 18.000,00 DM.

- 3 -

-Beglaubigte Abschrift - Seite 3 -

An die Stelle einer uneinbringlichen Geldstrafe tritt Freiheitsstrafe. Einem Tagessatz entspricht ein Tag Freiheitsstrafe. Sie haben die Kosten des Verfahrens und Ihre notwendigen Auslagen zu tragen.

München, den  01. Okt. 98          Beglaubigt: 05. 10. 98

    Gr
Richter am Amtsgericht
Richter(in) am Amtsgericht                    Urkundsbeamter
                                              der Geschäftsstelle
                                                 Springer
                                              Justizobersekretärin

**Rechtsbehelfsbelehrung**

Gegen den anliegenden Strafbefehl können Sie **innerhalb von zwei Wochen** nach Zustellung Einspruch einlegen. Er kann auf einzelne Beschwerdepunkte beschränkt sein. Bei rechtzeitigem Einspruch findet eine Hauptverhandlung statt, falls nicht die Staatsanwaltschaft die Klage fallen läßt oder Sie Ihren Einspruch zurücknehmen. Gegen die Entscheidung über die Verfahrenskosten und die notwendigen Auslagen können Sie, wenn der Wert des Beschwerdegegenstandes 200,-- DM übersteigt, bei dem Amtsgericht München **binnen einer Woche** nach Zustellung des Strafbefehls schriftlich oder zu Protokoll der Geschäftsstelle die **sofortige Beschwerde** einlegen.

Der Einspruch bzw. die Beschwerde können beim Amtsgericht München schriftlich oder zu Protokoll der Geschäftsstelle eingelegt werden. Die schriftliche Erklärung muß in deutscher Sprache erfolgen.

Bei schriftlichen Erklärungen genügt es zur Fristwahrung nicht, daß die Erklärung innerhalb der Frist zur Post gegeben wird. Die Frist ist vielmehr nur dann gewahrt, wenn die Erklärung vor Ablauf der Frist bei dem Gericht eingeht.

<u>**Wichtiger Hinweis:**</u> Nach Rechtskraft des Strafbefehls erhalten Sie eine Zahlungsaufforderung über die Geldstrafe (Geldbuße) und die Kosten des Verfahrens mit einem vorbereiteten Überweisungsvordruck, sofern sie nicht in Höhe von Geldstrafe und Kosten Sicherheit geleistet haben.

**Bitte zahlen Sie erst nach Zugang der Zahlungsaufforderung und benützen Sie dabei unbedingt den vorbereiteten Überweisungsvordruck !**

# 12. Stellungnahme zum Strafbefehl vom 01.10.1998 im Fall E. G.

1. Vorwurf:  Dieser Vorwurf eines fehlenden ophtalmologischen Status ist absurd, da die Patientin bereits in der Augenklinik voruntersucht worden war (Anlage 80: „Unsere gemeinsame Patientin Frau E. G.").

2. Vorwurf:  Eine direkte Verletzung des Sehnerves, auf der H.-J. R. primär bestand, konnte kernspinmäßig ausgeschlossen werden. H.-J. R machte daraufhin mein zu insistierendes Vorgehen bei der OP für die schicksalhaft aufgetretene Thrombose der zentralen Augenarterie bei der gefäßkranken Patientin verantwortlich .

Obwohl es sich um eine bekannte Komplikation bei einem derartigen Eingriff handelt, über die Frau E. G. präoperativ ausführlich aufgeklärt worden war, übernahm Richter G. diese falschen Verdächtigungen.

3. Vorwurf:  Völlig absurd ist der Vorwurf eines veralteten Zugangweges bei der OP. Der Zugang war mit dem Orbitaspezialisten Prof. Dr. Oe. präoperativ abgesprochen worden (Anlage 83) und absolut korrekt.

Zur Beurteilung des Zugangweges wurden dem Gutachter Prof. Dr. G. die entscheidenden Aufnahmen nicht zugesandt (Anlage 85, 2. Seite). Trotz meiner Bitte bei der Beschuldigtenvernehmung (Anlage 87, 2. Seite) dem Gutachter die entsprechenden Bilder nachzusenden, wurden diese vom Gericht nicht mehr brücksichtigt. Richter G. übernahm auch hier die falschen Verdächtigungen des H.-J. R..

4. Vorwurf.  Die Bewegungsstörung des Augapfels wurde selbstverständlich nicht behoben, wie Richter G. aufgrund seiner fehlenden medizinischen Kenntnisse glaubte, sondern ging von allein zurück, wie es nach derartigen OPs ohne Verletzung von Strukturen üblich ist.

Statt das Ergänzungsgutachten von G. vom 27.08.1998 zu berücksichtigen, und die Einstellung des Verfahrens zu revidieren, verhängte Richter G. am 01.10.1998 einen Strafbefehl gegen mich. Er stützte sich hierbei auf die falschen Verdächtigungen des H.-J. R. und auf die schicksalhaft aufgetretene Komplikation einer Thrombose der zentralen Augenarterie. Somit war die Stellung des Ordinarius gerettet. Auf Anraten meines RA verzichtete ich auf mein Einspruchsrecht, da die Einstellung des Verfahrens gegen H.-J. R zeigte, dass die Bay. Justiz falschen Verdächtigungen eines Ordinarius mehr Glauben schenkt als den wahrheitsliebenden Aussagen eines Oberarztes.

Polizeipräsidium München
Kommissariat 433
Landsberger Straße 315
80687 München
<Aufnehmende Dienststelle>

80687 München, 25.05.98
<PLZ,Ort und Datum>

AZ : 8344-105119-98/0   Fall

SAZ:

## Zeugen—Vernehmung

Ort: München                    Beginn: 14.15 Uhr

Belehrung :

Mir wurde eröffnet, zu welcher Sache ich gehört werden soll. Ich bin darüber belehrt worden, daß ich das Recht habe, die Auskunft auf solche Fragen zu verweigern, deren Beantwortung für mich selbst - oder einen der in § 52 Abs. 1 StPO bezeichneten Angehörigen - die Gefahr nach sich ziehen würde, wegen einer Straftat oder Ordnungswidrigkeit verfolgt zu werden. Außerdem kann ich den Verzicht auf das Verweigerungsrecht auch während der Vernehmung widerrufen. Ferner wurde ich darauf hingewiesen, daß bei Fragen nach Vornamen, Familien-, Geburtsnamen, nach Ort und Tag der Geburt, nach dem Familienstand, dem Beruf, dem Wohnort, der Wohnung und der Staatsangehörigkeit die Pflicht zur vollständigen und richtigen Beantwortung besteht und die Verletzung dieser Pflicht nach § 111 OWiG mit Geldbuße bedroht ist.

### Zur Person   :

| | |
|---|---|
| *Name, Vorname:* | GÜ.., E...., A. |
| *Geburtsname:* | Faber |
| *Geb.-Datum, -Ort:* | 02.07.1946 Großhelfendorf |
| *Fam.-Stand, Beruf, StA:* | dt.,verh.,Hausfrau |
| *Wohnort:* | Voltzweg 4, 81479 München |
| | Tel. privat: 089/790 42 66 |
| | Tel. Arbeit: |

Ich bin mit dem/der Beschuldigten/Betroffenen Prof. Dr. BECK

N I C H T  verlobt, verheiratet, verwandt oder verschwägert.

Bei Vernehmung als Verletzte(r):
Das Merkblatt über Rechte und Befugnisse von Verletzten im
Strafverfahren wurde mir -N I C H T- ausgehändigt.

### Zur Sache:

... mache ich Angaben.

"Ich möchte Anfangs meiner Vernehmung erklären, daß **ich gegen Herrn
Prof. Dr. BECK weder eine Strafanzeige noch einen Strafantrag wegen
fahrlässinger Körperverletzung stellen möchte und auch nicht werde**".

Der Grund meiner Vernehmung wurde mir bekanntgegeben gegeben.

Soweit ich mich noch erinnern kann, möchte ich dazu folgendes angeben:

Anlage 87

-Blatt 3-

Fortsetzung der Beschuldigtenvernehmung des/der

BECK, Oskar, Josef, 07.10.1936
(Familienname, Vorname, Geb.Datum)


Ich hätte aber noch eine dringede Bitte an die Staatsanwaltschaft,
auch im Interesse der Patientin, Frau G.
Beiliegend möchte ich Unterlagen zur Akte der Staatsanwaltschaft
geben und ersuchen, daß diese gesamten Unterlagen dem Gutachter,
Herrn Prof. Dr. G.  , in Basel zur Begutachtung zugestellt
werden, da ihm diese bei der Abfassung seines Gutachtens nicht
vorgelegen haben."

Richtigkeit
der Übernahme
vom Tonband

..................
Ch. Schneider


Aufgenommen                              Einverständniserklärung
                                         zur Tonbandvernehmung
                                         unterzeichnet


..................                       ..................
Bergmeier, KHM                           BECK

(Sachbearbeiter)
Vernehmungsende: 07.07.1998/11.00 Uhr

# Amtsgericht München

**– Abteilungen für Straf- und Bußgeldsachen –**

Geschäfts-Nr.: (Bitte bei allen Schreiben angeben!)

852 Cs 126 Js 12105/97

Amtsgericht München · 80097 München

An
Herrn
Oskar **B e c k**
Boschetsrieder Str. 10

81379 München

Beglaubigte Abschrift

80097 München, 01.03.1999
Justizgebäude Nymphenburger Straße 16
Zimmer
Telefon: (089) 5597-5058 (Durchwahl)
 5597-06 (Vermittlung)
Telefax: (089) 5597 44 28 (Strafgericht)
 5597 45 43 (Verkehrsgericht)
 5597 43 79 (Jugendgericht)
 5597 45 42 (WirtschStrGericht)
Nachtbriefkästen für fristgebundene Anträge:
Justizpalast, Haupteingang, Prielmayerstraße 7
und Strafjustizzentrum, Eingang Sandstraße

[X] Strafsache          [ ] Bußgeldsache          [ ] Privatklagesache

gegen     Oskar **B e c k**

wegen     fahrlässiger Körperverletzung

### Beschluß

1. Das Verfahren wird endgültig eingestellt.
2. Die Kosten des Verfahrens trägt die Staatskasse.

   Der Angeschuldigte hat seine notwendigen Auslagen selbst zu tragen.

### Gründe:

Der Angeschuldigte hat die festgesetzten Auflagen und Weisungen vollständig und rechtzeitig erfüllt.
Die Kostenentscheidung beruht auf § 467 Abs. 1 und 5 StPO.

gez.    Dachs

Richter    am Amtsgericht

Zur Beglaubigung:

München, den 03.03.1999

Loente Just.Ang.
Urkundsbeamter der Geschäftsstelle

AGNr. 3498 k /E StP AGM Abt.8-11  6.5a (8.93)

StP 65 b: Beschluß über die endgültige Einstellung gemäß § 153 a StPO — beglaubigte Abschrift  (3.77)

**Anlage 88**

München, 26.08.94

Sehr geehrter Herr Professor Beck!

Anliegend übersenden wir Ihnen gerne die gewünschte Erklärung und hoffen sehr, Ihnen damit helfen zu können.

Zur Sicherheit haben wir beide diese Erklärung unterschrieben, da wir dies auch zusammen auf der präoperativen Beratung getan haben.

Seien Sie bitte versichert, dass wir beide auch weiterhin voll hinter Ihren Maßnahmen stehen.

Es würde auch uns erleichtern, wenn wir Ihnen noch in irgendeiner anderen Weise behilflich sein können, und wir bedauern die Entwicklung und Folgen für Sie persönlich.

Mit den besten Wünschen für Ihren Urlaub grüßen

E.      und      G.

# 13. Nachspann

Dieser Sachvortrag, den H.-J. R. über die von ihm beauftragten Rechtsanwälte machen ließ, war getragen von einem absoluten, vollständigen, menschlichen und beruflichen Vernichtungswillen. Bei jeder einzelnen dargestellten, angeblichen Dienstverfehlung wurde am jeweiligen Schluss meine Entfernung aus dem Dienst begehrt. Dieser sich durch sämtliche anwaltlichen Schriftsätze hindurchziehende absolute Vernichtungswille gegen mich als Arzt, Beamter und Mensch ist vermutlich das Motiv für die falschen Anschuldigungen.

Der rigorose Fanatismus, mit welchem H.-J. R. meine Entfernung aus dem Dienst verlangte, hätte auch bei der Glaubwürdigkeit seines Vorbringens berücksichtigt werden müssen. Ein ruhiger, kritisch abgewogener Sachvortrag war H.-J. R. anscheinend nicht mehr möglich. Vor allem nach meinen wahrheitsgetreuen Aussagen bei der Kripo (VII) hatte er seine Emotionen mir gegenüber nicht mehr unter Kontrolle, schlimmer noch, sogar gegenüber meinen Patienten.

Wie ich bei der Erwiderung auf die Vorwürfe in Bezug auf die Behandlung verschiedener Patienten darlegen konnte, verstieg sich H.-J. R. in frei erfundene, vorsätzliche Schutzbehauptungen, die unverständlicherweise für ihn keine strafrechtlichen Folgen hatten. Ich wurde vom neuen Klinikchef durchgehend als ein verantwortungsloser Arzt dargestellt, der unfähig ist, seine beschränkten operativen und sonstigen medizinischen Fähigkeiten zu erkennen, der ständig über seine ärztlichen Fähigkeiten hinaus operierte und sich eigenmächtig gegen die Anordnungen seines Vorgesetzten stellte.

Um die Ungeheuerlichkeit der Vorwürfe zu erfassen, hätte auch berücksichtigt werden müssen, dass ich unter seinem Amtsvorgänger Marguth Leitender Oberarzt und Stellvertreter des Klinikchefs war und dass ich jahrelang die schwierigsten neurochirurgischen Operationen durchgeführt hatte. In meinem Operationsverzeichnis sind aufgeführt: Von den 4000 OPs, die ich gemacht habe, entfielen ca. 1600 OPs auf lumbale und zervikale Bandscheiben (einschließlich spinaler Stenosen), ca. 450 Meningiom-OPs zerebral und spinal, die überwiegende Anzahl in Lasertechnik, ca. 350 zerebrale Aneurysma-OPs einschließlich 50 großer arteriovenöser Angiome zerebral und spinal, ca. 300 hirneigene Gehirngeschwulst-OPs (Astrozytome, Oligodendrogliome und Ependymome), ca. 300 Tumor-OPs im Bereich der hinteren Schädelgrube, davon 100 große Akustikusneurinome sowie 100 pilocytische Astrocytome und Medulloblastome vorwiegend bei Kindern, die überwiegende Anzahl in Laser-Technik, ca. 200 zerebrale und spinale Metastasen-OPs, ca. 200 Schädel-Hirn-Traumen aller Art, ca. 300 neurochirurgische Eingriffe aller Art z.B. Shunt-OPs, Engpass-Syndrome und abschließend 500 experimentelle OPs an Ratten, Kaninchen und Schweinen. Die Funktion des Leitenden Oberarztes übte ich auch noch ein halbes Jahr bei H.-J. R. aus. Es wäre doch völlig undenkbar, dass in einer der LMU unterstehenden Klinik ein Arzt eine C2-Professur und die Funktion eines Leitenden Oberarztes jahrelang ausübt, wenn er nicht ausreichend fachlich ausgewiesen und qualifiziert war.

Von allen Juristen hatte wohl RA Ob Reg. S., von der Rechtsabteilung der LMU, den besten Überblick über das aus allen Fugen geratene Treiben des H.-J. R., gingen bei ihm doch alle Klagen ein und mein Fall war bei Leibe nicht der einzige. Um einen Skandal zu vermeiden, sperrte er die von H.-J. R. gegen mich vorgebrachten Beschwerden, die er für unrealistisch hielt, in einen Schrank, den er vermutlich erstmals öffnete, als ich Einblick in meine Personalakte verlangte. Trotz wiederholter erheblicher Pressionen von RA U. ließ sich RA Ob Reg. S. von der Rechtsabteilung der LMU nicht erpressen, gegen mich ein Disziplinarverfahren zu eröffnen, wurde dafür aber bei anstehenden Beförderungen geflissentlich übersehen.

Das Verhalten der Bay. Justiz habe ich nach Aktenlage in allen neun Fällen aufgezeigt. Die Einstellungsverfügung der Staatsanwaltschaft München I vom 28.11.1997 endete mit einer Bewertung des Patienten P. M. (VIII).

Die Staatsanwaltschaft München I hatte anscheinend völlig übersehen, dass Gegenstand der Anzeige auch die mutmaßlichen Verdächtigungen H.-J. Rs in Bezug auf die Briefaktion (II), auf den Arzt P. (III), auf die Patientin K. (V), auf den Fall J. (VI) und insbesondere auf den Arzt PD S. (VII) waren. Bezüglich dieser Fälle war und ist eine Einstellungsverfügung der Staatsanwaltschaft München I – aus welchem Rechtsgrund auch immer – nicht nachvollziehbar. Es besteht der Eindruck, dass in diesen genannten fünf Komplexen überhaupt nicht ermittelt worden ist. Schon von daher hätte die Einstellungsverfügung der Staatsanwaltschaft keinen Bestand haben dürfen. Für mich ist nachvollziehbar, dass meine Anzeige mit den zahlreichen Sachverhaltskomplexen für den sachbearbeitenden Staatsanwalt eine ungeheure Arbeitsbelastung bedeutet hätte. Herr StA W. stellte am 28.11.1997 meine Klage gegen H.-J. R. genau an dem Tag ein, an dem er nach telefonischer Rücksprache von Ministerialrat K. im KuMi erfahren hatte, dass die diesbezüglich anhängigen Verfahren gegen mich noch nicht abgeschlossen seien. In Wirklichkeit hatte das KuMi die angeforderte Stellungnahme des Gutachters bereits am 13.05.1996 erhalten, also über 1,5 Jahre vorher. Die Rechtsabteilung der LMU und des KuMi hatten keine Konsequenzen gegen mich gezogen, wie der Brief von Ministerialrat K. vom 07.01.1997 beweist: „Darüber hinaus sind von uns Folgerungen aus der Stellungnahme bislang nicht gezogen worden". Mit seiner Aussage vom 28.11.1997, dass die diesbezüglich anhängigen Verfahren mir gegenüber noch nicht abgeschlossen seien, hatte Ministerialrat K. wie im Landtag am 10.07.1996 wieder einmal einseitig für den Ordinarius Partei ergriffen und damit StA W. möglicherweise vorsätzlich beeinflusst. Die jetzige Einstellung meiner Klage gegen H.-J. R. erschien gleichwohl wie eine Flucht – aus welchen Gründen auch immer. Auch die Feststellung der Staatsanwaltschaft, mit der die Einstellung des Verfahrens begründet wurde:

*„Weder von seiten der Universität noch des Bay. Staatsministeriums für Unterricht und Kultus konnte die Situation bislang befriedet werden; sowohl Verfahren vor den Verwaltungsgerichten als auch Landtagseingaben sind anhängig"* konnte die mangelnde Ermittlungstätigkeit nicht entschuldigen.

Gerade diese Sätze beweisen das Abschieben der Verantwortung der Staatsanwaltschaft auf KuMi, auf VW-Gericht und auf den Bay. Landtag, die ihrerseits bis zur Entscheidungsfindung den Ausgang der Gerichtsverhandlungen abwarteten. Diese Hinhaltetaktik ist von hoher Qualität und findet auch heute noch gern Anwendung. Der Landtag hatte auf meine Eingabe zwar massiv Druck auf das Bay. Staatsministerium für Unterricht und Kultus ausgeübt, im Ergebnis aber nichts erreicht. Auch dort schien man zu warten, bis sich die „Sache" durch meine Ruhestandversetzung von selbst erledigte.

Die Tatsache, dass ich trotz meiner rechtswidrig weitestgehend erzwungenen Untätigkeit mein Professorengehalt bezog, war für mich aber nur ein kleines Trostpflaster für den Verlust meiner Ehre als weltweit angesehener Neurochirurg. Darüber hinaus wurde mir auch die ärztliche Pool-beteiligung verweigert, sowie die Möglichkeit Privatpatienten zu behandeln. Alles in allem sum-mierte sich der persönliche Einnahmeverlust durch das erzwungene OP-Verbot auf ca. 50.000 € pro Jahr. Im übrigen war es tatsächlich mittlerweile so, dass ich durch die mehrjährige rechts-widrig erzwungene Operationsabstinenz operative Fähigkeiten, zumindest vorübergehend, ein-gebüßt hatte. Es lässt sich also durchaus sagen, dass die falschen Anschuldigungen des H.-J. R. ihr Ziel erreicht haben.

Nach meiner Klage wurde auch die Beschwerde zur Abweisung von der StA im Bescheid vom 18.03.1998 abgelehnt.

Entgegen diesem Bescheid wurden dem Sachverständigen G. mit den Ermittlungsakten nicht sämtliche Krankenunterlagen übersandt. G. selbst monierte in seinem Gutachten das Fehlen von Dokumenten. Auch Ergänzungen und Aktualisierungen von Patientenschicksalen, z. B. To-desfall, wurden dem Gutachter von der Staatsanwaltschaft nicht oder zu spät nachgereicht und fanden im Gutachten keine Berücksichtigung mehr. Da im Strafrecht fehlende Unterlagen nicht gegen den Beklagten Verwendung finden dürfen, war es umso unverständlicher, dass die Staats-anwaltschaft und auch das Oberlandesgericht die nachgereichten Unterlagen nicht zur Kenntnis nahm. Das Fehlen von Dokumenten, aus welchen Gründen auch immer, erlaubte eine korrekte Beurteilung nur eingeschränkt oder überhaupt nicht. Entscheidende ärztliche Befunde dem Gut-achter vorzuenthalten, zeigt, dass auch die Staatsanwaltschaft kein Interesse hatte, rechtswidrige Zustände an Universitätskliniken aufzuklären. Nur so ist die Ablehnung auch dieser Beschwerde zu verstehen, der nahtlos die Ablehnung des Klageerzwingungverfahrens folgte. Nach Ableh-nung seines 67-seitigen Klageerzwingungsantrages kann der ganze Beschluss des OLG nach der Meinung meines Rechtsanwaltes nurmehr als Rechtsverweigerung betrachtet werden. Das Pro-blem ist, dass es gegen diesen Beschluss kein Rechtsmittel gibt. Die einzige Möglichkeit ist hier noch die Verfassungsbeschwerde beim Bundesverfassungsgericht. Wenn ein Gericht im Verhält-nis zum Vorbringen dieses einfach nicht zur Kenntnis nimmt oder nicht würdigt, dann ist immer ein Verstoß des rechtlichen Gehörs gegeben. Der Weg zum Verfassungsgericht wurde durch den jähen Tod meines Rechtsanwaltes Herrn Dr. M. Klüver gestoppt.

Vielleicht waren auch „Einsteller vor dem Herrn" am Werk, wie dieser Typ von StA sich im Un-tersuchungsausschuss Labor Schottdorf selbst bezeichnete. Damit deutete er an, dass die Staats-anwaltschaft oder gar die Generalstaatsanwaltschaft das Verfahren gegen einen korrupten StA einstellen lassen wollte, weil dabei peinliche Einzelheiten an die Öffentlichkeit geraten könnten. Dem Polizeikommissar Alois Schötz, der bei diesem StA selbst ein Korruptionsdelikt entdeckt hatte, wurde von der Generalstaatsanwaltschaft mitgeteilt, dass „keine Auffälligkeiten festgestellt worden seien" und „ …, dass alles in Ordnung sei" (SZ, Nr. 92, 22.04.2015). Deutlich waren auch die Aussagen des Präsidenten des Landgerichts München II, der vorher 6 Jahre Chef der Staats-anwaltschaft München I war, vor dem Untersuchungsausschuss Labor im Bay. Landtag. Drei-mal habe der Generalstaatsanwalt konkret in das Verfahren eingegriffen. Er unterband geplante Untersuchungen, untersagte verjährungsunterbrechende Maßnahmen und gab dem Verfahrenskomplex gegen den Willen der Münchner Ermittler an die Staatsanwaltschaft Augsburg ab. Dort wurden die Verfahren gegen Tausende Ärzte 2009 binnen weniger Wochen eingestellt.

In dem Artikel „Schwere Vorwürfe gegen Generalstaatsanwaltschaft" fasst Stefan Mayr das Wesentliche zusammen (SZ Nr. 236, 14.10.2015). Der Generalstaatsanwalt hat das Verfahren aktiv gesteuert und letztlich bewirkt, dass sich die meisten Verfahren in Luft auflösten, obwohl das Vorgehen der Ärzte und des Laborchefs nach Meinung des Präsidenten des Landgerichts München II standeswidrig, ein Verstoß gegen die Berufsordnung und Betrug war.

Der Generalstaatsanwalt ist als Chef weisungsbefugt, formal ist er im Recht. Wenn er aber eine falsche oder gar rechtswidrige Anweisung trifft, sind die dadurch verursachten Folgen nicht wiedergutzumachen. Wie bei einem Virusinfekt üblich, scheint auch die Generalstaatsanwaltschaft in Bayern gegen dieses Virus nicht immun zu sein (H. Prantl, SZ Nr. 116, S. 4, vom 22.05.2015).

Alle staatlichen Organe, wie Staatsanwaltschaften und Ordinarien, sollten nach ihrem Eid auf die Bay. Verfassung den Prinzipien des Rechtstaates verpflichtet sein. Diese Prinzipien beinhalten die unveräußerlichen und unverzichtbaren Menschenrechte des Einzelnen, die über alle Loyalität zu den gegenwärtigen Hierarchien stehen müssten und die der unverrückbare Maßstab des Rechtes seit 1945 sind (Charta der UNO).

Goethe, der nicht nur Dichterfürst, sondern auch ausgewiesener Jurist war, schreibt dazu:

> *Wie soll sich da der Sinn entwickeln,*
> *der einzig uns zum Rechten führt?*
> *Zuletzt ein wohlgesinnter Mann*
> *neigt sich dem Schmeichler, dem Bestecher,*
> *ein Richter, der nicht strafen kann,*
> *gesellt sich endlich zum Verbrecher.*
> (Faust, II. Teil, 1. Akt)"

So nahm nach der Staatsanwaltschaft auch die Generalstaatsanwaltschaft lieber die Vernichtung eines Oberarztes in Kauf als eine Entscheidung gegen einen Ordinarius zu treffen, dessen Handeln sich bewiesenermaßen außerhalb der Legalität bewegte.

Von mehreren Briefen an Politiker habe ich zwei ausgewählt, die wie fast alle anderen Briefe auch, keine Beantwortung fanden (rühmliche Ausnahmen Dr. Thomas Goppel und Alois Glück).

Verantwortlich für diese Zustände ist aber auch die Ärzteschaft selbst. Aufgrund eines falsch verstandenen Corpsgeistes werden Missstände in den eigenen Reihen häufig nicht behoben. Vermutlich um den zuständigen Minister J. B. Zehetmair gewogen zu stimmen, erhielt dieser am 21.07.2003 von der medizinischen Fakultät die Ehrendoktorwürde der LMU München – sicher nicht nur deshalb. Zwei meiner Briefe (Anlagen 90, 91), die ich als Hilferufe an Politiker gerichtet habe, sind anschließend aufgeführt.

Prof. Dr. med. **Oskar Joseph Beck**
Neurochirurg
Boschetsrieder Str. 10
81379 München
Tel. 089/7 23 66 80


Herrn Staatsminister
Hans Zehetmair
Bayerisches Staatsministerium für
Unterricht, Kultus, Wissenschaft und Kunst
Salvatorplatz

80535 München


23.12.96

Sehr geehrter Herr Staatsminister,


nach fünfjährigem frustranen Bemühen, das widerrechtlich
ausgesprochene OP-Verbot auf demokratischen Wegen aufheben zu
lassen, wende ich mich noch einmal in meiner Verzweiflung mit
Cicero's Worten an Sie.

Vielleicht ist die Stimmung der Vorweihnachtszeit dazu angetan,
einem Beamten des Freistaates Bayern, dem man nur vorwerfen kann,
sich an kriminellen Handlungen nicht beteiligt und somit gegen den
 orpsgeist der Klinik verstossen zu haben, Gerechtigkeit
widerfahren zu lassen.

Ich wünsche Ihnen allen eine "FROHE WEIHNACHT".

Mit freundlichen Grüßen

Prof. Dr. Oskar Joseph Beck



Anlagen

Nachrichtlich:
Herrn Ministerpräsidenten Dr. Edmund Stoiber

# Quo usque tandem?

Bald werden es 100 Jahre, daß Sauerbruch die 1. Lungenoperation vornahm. Seine grandiose Idee, in der Unterdruckkammer zu operieren, war durch die Autorität des Ordinarius in Deutschland derart etabliert, daß die bessere Idee mehrerer amerikanischer Ärzte, in der Lunge mit Überdruck zu arbeiten, in der deutschen Medizin viele Jahre nicht umgesetzt wurde.

Zirka 50 Jahre später schildert Thorwald in seinem Buch "Die Entlassung", wie der alternde Chefarzt zunehmend uneinsichtig und selbstherrlich wurde und wie schließlich alle ethischen Maßstäbe verloren gingen. Sein Oberarzt versuchte, mit den ihm zur Verfügung stehenden Mitteln das für viele Patienten drohende Unheil abzuwenden; allein er fand in der übergeordneten Ministerialbürokratie der damaligen DDR kein Gehör.

Schon im vierten vorchristlichen Jahrhundert waren Vorstellungen von der angeblichen Gerechtigkeit des Rechtes des Stärkeren verbreitet; so vertritt dieses Recht des Stärkeren in Platon´s Politeia der Sophist Thrasymachos (1).

In der Geschichte läßt sich dieses vorchristliche Gedankengut in den Feudalstrukturen des Mittelalters verfolgen und wird in Deutschland anfangs dieses Jahrhunderts unter Binding und Hoche Epoche bestimmend. Das vom Staat verordnete Recht bedürfe nach Binding keiner Begründung (z.B. eines verfassungsmäßigen Zustandekommens). Der Wille des Staates sei alleine entscheidend und rechtens. Dies gelte im Extremfall sogar dann, wenn der Staat unsittliches Recht verfüge (2). Die Folgen sind bekannt.

Während nach dem zweiten Weltkrieg der frische Wind der Demokratie in der BRD die meisten universitären Fakultäten reinigend und befreiend durchfegte, blieb eine Reihe klinischer medizinischer Würdenträger diesem vorchristlichen Gedankengut verwurzelt.

Die Medizinischen Fakultäten der Deutschen Hochschulen sind hierarchisch organisiert. Der Ordinarius hat in Bayern unter Berufung auf Artikel 9, Abs. 1 Satz 2 des Bayerischen Hochschullehrergesetzes eine fast unbegrenzte Machtfülle. Aufgrund dieser uneingeschränkten Weisungsbefugnis liegt das Schicksal von Patienten und Mitarbeitern ganz in seinen Händen.
Bei entsprechender Qualifikation des Leiters ist dies sicher für eine Klinik von Vorteil.
Bei fehlender Führungsqualität wie auch bei fehlender Kollegialität droht die Gefahr des Machtmißbrauches. Eine ethische oder fachkompetente Kontrolle für einen Ordinarius gibt es nicht, weder innerhalb noch außerhalb der Klinik. Wer es wagt, gegen das Versagen des Chefarztes aufzubegehren, darf seine Karriere als beendet betrachten.
Berechtigte Anschuldigungen werden zwischen Klinikleitung, Universität und Ministerium solange hin- und hergeschoben, bis sie in Vergessenheit geraten oder einer der Betroffenen das Pensionsalter erreicht hat. Diese Hinhaltetaktik geht zu Lasten von Patienten und Steuerzahlern und gelingt besonders gut mit stetem Vertrösten auf nur allzu lang anstehende juristische Entscheidungen.

1.

Beispiel: **Ludwig Maximilians Universität, München**

Einige Monate nach der Amtsübernahme des neuen Chefarztes entspann sich Streit mit dem langjährigen Leitenden Oberarzt wegen Änderung des Aufnahmesystems zum Nachteil von Kassenpatienten, ein klarer Verstoß gegen den hippokratischen Eid (1). Nach chefärztlichen Fehlentscheidungen wurde jede Diskussion abgewürgt.

Dieses starre autoritäre Verhalten, das andere Meinungen nicht gelten läßt, auch wenn sie noch so richtig sind, ist gepaart mit gezieltem Fertigmachen am Arbeitsplatz (Mobbing). Mit Psychoterror und rechtswidrigen dienstlichen Maßnahmen wie z.B. Operationsverbot hat der betreffende Ordinarius die physische, psychische und berufliche Demontage von Mitarbeitern zum Ziel.

Unter Mitwisserschaft führender Persönlichkeiten der Medizinischen Fakultät kann dieser Klinikchef nacheinander drei Mitarbeiter beruflich ruinieren, denen man nur vorwerfen kann, durch wahrheitsgemäße Angaben bei staatsanwaltschaftlichen Ermittlungen gegen den Korpsgeist dieser Klinik verstossen zu haben.
Nach Meinung von Ordinarien anderer Fakultäten wären vergleichbare Maßnahmen an der **gleichen Universität** in ihren Bereichen **undenkbar**.
Korpsgeist und Ehrenkodex jeder ehrenwerten Gesellschaft verlieren aber ihre Berechtigung, wenn gegen die Rechtsstaatlichkeit und insbesondere gegen das Strafgesetz verstoßen wird.

Nachgeordnete Oberärzte und Assistenten, die um wissenschaftliche Ehren, Vertragsverlängerung und neue Chefarztstellen buhlen, werden eingespannt oder üben vorauseilenden Gehorsam, um die Position von Ordinarien gegen "mißliebig" gewordene Oberärzte und Assistenten zu stärken. So begründet der Klinikdirektor die Verhängung des vollständigen Operations- und Dienstverbotes gegen seinen Oberarzt mit einem Schreiben der ärztlichen Mitarbeiter dieser Klinik.
Auch Juden und nicht systemgerechte Ärzte wurden von **eigenen** Kollegen ausgeschaltet (3). Es mag unbestritten sein, daß Entscheidungsabläufe in hierarchischen Systemen teilweise durch vorauseilenden Gehorsam beeinflußt worden sind. Unstrittig ist aber auch, daß dies nur geschehen konnte, weil die Täter sich bewußt waren, im Sinne des betreffenden Chefs zu handeln.
Auch das totale Ausgrenzen eines Menschen aufgrund von Schuldzuweisungen, die dem Betroffenen mehr als drei Jahre unter dem Hinweis auf die Vertraulichkeit der Briefe vorenthalten werden, erinnert an vergangen geglaubte Zeiten.
Letztendlich fühlen sich vereinzelt Emeriti und einige Chefarztkollegen verpflichtet, mit Pressionen in schwebende Gerichtsverfahren einzugreifen.
Spricht die Sachlage gegen einen Ordinarius, wartet die Staatsanwaltschaft Jahre lang auf eine entsprechende gutachterliche Stellungnahme. Gutachterliches Verschleppen dringend anstehender Fälle nährt den Verdacht, daß ein falsch verstandener Korpsgeist unter hochdotierten Medizinern sein Unwesen treibt (4). Auch höchste Fachgremien sehen sich nicht in der Lage, Stellung zu beziehen oder Entscheidungen zu treffen. Mit beobachtender Ignoranz hält das zuständige Ministerium aber die Ausschaltung des "mißliebig" gewordenen Untergebenen aufrecht, obwohl in einem zwischenzeitlich vom Ministerium eingeholten Gutachten dem Betroffenen kein Fehler gegen die ärztliche Kunst nachgewiesen werden kann.

2

Nach fast siebenjährigem OP-Verbot im Routineprogramm und nach mehr als dreijährigem vollständigem OP-Verbot wird die vom Klinikchef angeordnete Ausgrenzungsdauer selbst zum Argument für die finale Ausschaltung (verlorene manuelle Geschicklichkeit).

Zu diesen rechtswidrigen Handlungen der Vorgesetzten kommen persönliche Beleidigungen, Demütigungen und öffentliche Diffamierungen. Die diskriminierenden Handlungen greifen auch die Stellung als Hochschullehrer an. Einige der Diskriminierungen sind im Anhang dokumentiert.

Geht es darum, unzeitgemäße Strukturen in einen modernen Klinikbetrieb hinüber zu retten, wird unter Mißbrauch der Macht versucht, mit Hilfe eines Disziplinarverfahrens den "unbequemen" Kollegen mit falschen Anschuldigungen zu eliminieren. Diese Schutzbehauptungen eines Ordinarius mögen für die Leitung der Universität und die Ministerialen teilweise als Entschuldigung dienen, wenn aufgrund dieser falschen Informationen personelle Fehlentscheidungen getroffen werden, ein Freispruch aber sind sie nicht.

Es ist geradezu unverständlich, wie das Kultusministerium jahrelang die schrittweise Vernichtung seiner Beamten toleriert, für die es eine Fürsorgepflicht hat. Verantwortung wird nicht übernommen, sondern weiter geschoben und Entscheidungen folgen, wenn sie überhaupt getroffen werden, einem Fächer- und Gruppenegoismus.

In vielen Kantonen der Schweiz haben sich ähnliche Zustände rasch gebessert, nachdem Chefärzte zeitlich begrenzte Verträge bekamen.

Unentschuldbar ist, wenn ein Chefarzt und seine "Helfer" außenstehende, wehrlose Dritte, nämlich Patienten, zu deren Schaden in die Querelen miteinbeziehen und Wachsamkeit ist angesagt, wenn ein Chefvertreter oder Assistenten versuchen, ihren Chef in falsch verstandener Pflichterfüllung noch zu übertreffen.

In ihrem ehrlichen Bemühen, Ordnung zu schaffen, hat es die universitäre Selbstverwaltung bisher leider am nötigen Durchsetzungsvermögen fehlen lassen. Vertrauen wir darauf, daß die kommenden überfälligen Reformen dazu beitragen werden, einen rechtswidrig handelnden Ordinarius in die Schranken zu weisen und damit das gnadenlose Schikanieren gesetzestreuer Mitarbeiter zu unterbinden.

Das einstimmige Votum der Abgeordneten des Ausschusses für Hochschule, Forschung und Kultur belegt das Verlangen nach Einhaltung rechtsstaatlicher Prinzipien.

## Literatur

(1): Juliane C. Wilmanns:
Der Hippokratische Eid – Geschichtliches Dokument mit überzeitlicher Geltung
Bayer. Ärzteblatt 10/97, Seite 294 - 303

(2): Binding zitiert nach Ernst Klee:
„Euthanasie" im NS-Staat, Seite 20
Fischer Verlag 1995

(3): Werner Friedrich Kümmel:
„Die Ausschaltung", Seite 70 - 76
in Medizin im „Dritten Reich", 2. erweiterte Auflage
Johanna Bletzer/Norbert Jachertz (Hrsg.)
Deutscher Ärzteverlag

(4): Joachim Dege
„Korpsgeist unter Medizinern?"
Schwäbische Zeitung, 04.10.97 Nr. 229

Professor Dr. med. Oskar Josef Beck
Neurochirurg

Boschetsriederstraße 10
81379 München

Herrn Bundespräsident
Dr. Roman Herzog
**PERSÖNLICH**

19. Februar 1998

Sehr geehrter Herr Bundespräsident,

es ist eine von mir empfundene Pflicht, Sie über die ganze Machtlosigkeit eines Staatsministeriums (hier des Bayerischen Staatsministeriums für Unterricht, Kultus, Wissenschaft und Kunst) gegenüber einem Ordinarius, der seine Befugnisse mißbraucht, zu informieren.

Die Vorgeschichte:

Zwischen Professor Dr. R. , neuem Chef der Neurochirurgischen Klinik der Ludwig-Maximilians-Unversität München und mir, einem langjährigen Leitenden Oberarzt dieser Klinik, entstanden starke persönliche Spannungen, insbesondere weil ich gegen ein von Professor Dr. R neu eingeführtes Patientenbestellsystem opponierte. Nach meiner Einschätzung wurden Privatpatienten zu Lasten von Allgemeinpatienten unzulässig bevorzugt. Daneben gab es auch andere Auslöser. - Als Folge dieser Spannungen erhielt ich zunächst ein OP-Verbot im Rahmen des Klinikroutineprogramms (01.08.1991) und später (am 21.03.1995) ein totales OP-Verbot einhergehend mit einem Dienstverbot im Rahmen der Klinik. - Die Rechtsgrundlagen sind zu meinen Gunsten geklärt. Auf die Anlage darf Bezug genommen werden.

Um sein rechtswidriges Verhalten zu bemänteln, erhob Professor Dr. R. schwerste disziplinarrechtliche Vorwürfe bei der Universität gegen mich. Er beschuldigte mich unter anderem betrügerischer Überstundenabrechnung, ärztlicher operativer Kunstfehler, unkollegialen Verhaltens u.a.. - Die Universität schloß sich nach Prüfung diesen Vorwürfen **nicht** an und leitete entgegen den Vorstellungen von Professor Dr. R. **kein** Disziplinarverfahren gegen mich ein.

Neben einer gegen den Freistaat Bayern, Ludwig-Maximilians-Universität, eingereichten verwaltungsgerichtlichen Klage auf amtsangemessene Beschäftigung habe ich den Gesamtvorgang mit einer Anzeige wegen falscher Anschuldigung der Staatsanwaltschaft München I unterbreitet.

Anlage 91

- 2 -

Der Gesamtkomplex ist umfangreich und für einen Staatsanwalt, wenn er den Vorwürfen wirklich nachgehen will, äußerst arbeitsintensiv. - Der sachbearbeitende Staatsanwalt glaubte sich diesen Mühen durch eine sehr oberflächlich begründete Verfahrenseinstellung gegen Professor Dr. R                entziehen zu können. (Staatsanwaltschaft München I: 126 Js 3519/95).

Deshalb habe ich Beschwerde eingelegt. Auf die Anlagen darf Bezug genommen werden.

Ich bin guten Mutes, bei langem Atem letztlich doch zu meinem Recht zu kommen.

Dies zur Information und mit freundlichen Grüßen

Oskar Josef Beck

# 14. Gutachten

In Bayern gibt es seit 1975 eine Gutachterstelle für Arzthaftungsfragen. Berechtigte Arztansprüche gegen einen Arzt werden unterstützt, unberechtigte abgelehnt. Die Gutachterstelle ist unabhängig und nicht weisungsgebunden. Sie untersteht der Bay. Landesärztekammer (BLÄK). Die Gutachterstelle hilft bei der Begutachtung, ob ein Behandlungsfehler passiert ist und unterstützt betroffene Patienten, indem sie kostenlos rechtliche Ratschläge erteilt. Nach Herrn Dr. Rechl, dem Vizepräsidenten der BLÄK sind Behandlungsfehler selten, alle 7 Jahre wird ein Arzt statistisch mit einem Fehler konfrontiert. Knapp 1/3 der durch die Gutachterstelle beurteilten Behandlungen war fehlerhaft. Kommt es zu einem Prozess, wird die betreffende Fachrichtung hinzugezogen.

Bei Gericht werden Parteiengutachter und gerichtlich bestellte Gutachter unterschieden. Alle Gutachter sind zur Objektivität verpflichtet. Während Parteiengutachter die Interessen der durch ärztliche Kunstfehler geschädigten Patienten vertreten, gelten gerichtlich bestellte Gutachter als oberste Instanz der medizinischen Schulmedizin bei juristischen Auseinandersetzungen. In der Regel handelt es sich um Oberärzte von Universitätskliniken oder um die betreffenden Chefs selbst. In der Annahme einer korrekten und objektiven Beurteilung vertrauen die Juristen diesen Ärzten. Aber ...

Der gemeinsame Kampf bei der Abnabelung von der Chirurgie ließ die ersten Neurochirurgen zu einer verschworenen Gruppe zusammenwachsen, um sich gegen die damals übermächtige Allgemeinchirurgie zu behaupten. Vater dieser Bewegung oder besser gesagt dieser neuen Schule wurde Tönnis, eine Persönlichkeit von hohem Rang. Er besetzte den ersten Lehrstuhl für Neurochirurgie und begründete mit dem „Zentralblatt für Neurochirurgie" die erste Zeitung auf diesem Fachgebiet. Seine Mitarbeiter erhielten im weiteren Verlauf die neurochirurgischen Chefstellen an den Universitätskliniken der BRD. Wurde nun ein Mitarbeiter eines solchen Chefs wegen eines Kunstfehlers gerichtlich belangt, erfolgten sofort mit den vom Gericht ausgewählten Universitätskliniken telefonisch Chefgespräche, die die Sache bereits im Vorfeld „in Ordnung" brachten. Oft war ich Zeuge dieser Gespräche, die meist kurz geführt wurden und auf der Gegenseite mit „... danke für die Information" oder „... geht in Ordnung" endeten. In Wirklichkeit waren die gerichtlich bestellten Gutachter also auch Parteiengutachter und die bisher einseitige juristische Parteiergreifung hat zwischenzeitlich den Bundesgerichtshof (BGH) mobilisiert. Zu klären war, ob gerichtlich bestellten Gutachtern im Zweifel der Vorrang vor Aussagen in Privatgutachten eingeräumt werden darf (Urteil vom 25.02.2009, Az.: IV ZR 27/08).

Hintergrund des Revisionsverfahrens bildete die Tatsache, dass von der Vorinstanz das dortige im Wesentlichen klageabweisende Urteil damit begründet worden war, dass dem Gutachten des gerichtlich bestellten Sachverständigen der Vorrang vor den Darstellungen im Privatgutachten eingeräumt worden war. Dieser Auffassung ist nunmehr der BGH entgegengetreten. Demnach stärkt die jetzige Entscheidung des BGH ganz erheblich die Bedeutung von Privatgutachten im Zivilprozess, da sich gerichtlich bestellte Sachverständige bei Widersprüchlichkeiten nunmehr mit den privaten Gutachtern auseinandersetzen müssen. Dies war in der vorangegangenen Entscheidung durch das OLG unterblieben, so dass diese nunmehr aufgehoben wurde.

Nach einem erneuten Justizskandal, diesmal in Hessen, über den Herrn Wilmroth am 6.8.20 in der SZ berichtet hat, verdient die Entscheidung des BGH nachträglich höchste Anerkennung. Der ohnehin fragliche Vorrang gerichtlich bestellter Gutachter wird durch diesen Skandal noch mehr infrage gestellt. Demnach hatte Hessens prominentester Korruptionsbekämpfer (Sta W B.) von zwei Firmen Geld kassiert. Bezahlt haben diese Gelder eine Firma, die Sachverständige in medizinstrafrechtlichen Verfahren vermittelte und vor allem von Aufträgen der Generalstaatsanwaltschaft lebte. Mit jedem Sachverständigen Auftrag soll ein Teil des Geldes an Staatsanwalt B. geflossen sein.

Als mir nach meinem erfolgreichen Kampf gegen das OP-Verbot im Zivilprozess die Leitung der Gutachtenstelle an der Neurochirurgie der LMU übertragen wurde, ließ ich die bis dato erforderliche zusätzliche Unterschrift dieses Neurochirurgischen Klinikchefs auf Gutachten abschaffen. Damit war auch der gerichtlich bestellte neurochirurgische Gutachter frei in seiner Entscheidung und nur noch seinem Gewissen unterworfen.

# 15. Zusammenfassung

Erst nachdem man von diesem unglaublichen Geschehen an einer Klinik des Freistaates Bayern den nötigen Abstand gewonnen hat, ist es möglich sine ira et studio, d. h. ohne blinden Eifer objektiv Stellung zu beziehen. Die Wunden waren zu tief und Angehörige zu emotionalisiert, als dass man in der Akutphase Öl ins Feuer hätte gießen dürfen. 25 Jahre danach schließen sich bei Patienten und Angehörigen die Wunden langsam, verheilt sind sie nicht. Der zeitliche Abstand erlaubt Zusammenhänge zu erkennen, die in der Akutphase überhaupt nicht auffielen. Zurück bleibt die Erkenntnis, dass ein Ordinarius mit einer Machtfülle ausgestattet ist, der nötigenfalls von keiner demokratischen Institution Einhalt geboten werden kann.

Die alles bewegende Frage aber lautete: Wie konnte ein Arzt, der dem Hippokratischen Eid verpflichtet ist und durch überaus glückliche Umstände an einer Bay. Universitätsklinik ein Ordinariat erhalten hatte, seine Macht derart missbrauchen, dass er nicht nur versuchte, ihm untergebene Kollegen zu ruinieren, sondern auch ihm anvertrauten Patienten bewusst Hilfe zu verweigern. Viele Patienten wurden geschädigt, einige im letzten Moment von Ärzten gerettet, die sich den Anordnungen dieses Ordinarius widersetzten.

In einer Demokratie nennt man so ein Verhalten aktive Sterbehilfe, wenn sie gegen den Willen von Patienten und Angehörigen erfolgt, auch „Sterben in Würde". Früher nannte man dieses Vorgehen Euthanasie. Angehörige und Patienten hatten wiederholt auf diese Missstände aufmerksam gemacht, so z. B. Herr C. F., der selbst im KuMi gearbeitet hatte in seinem Brief vom 25.02.1994 oder Frau C. H. in ihrem Brief vom 18.03.1995. Auch einweisende Ärzte hatten statt einer Klage vor Gericht den Klinikumdirektor um Hilfe gebeten (Brief Dr. S. vom 23.03.1995), leider ohne Erfolg. Mein RA Herr Dr. Klüver hatte in Briefen an die Medizinische Fakultät und das KuMi wiederholt darauf hingewiesen, dass es sich bei H.-J. R. um eine psycho-organisch gestörte Person oder aber um einen Ordinarius mit krimineller Energie handeln müsse. Selbst RA U. hatte meine Warnungen vor diesem Ordinarius dem KuMi mitgeteilt, wenn auch unter anderen Aspekten.

Wie war es möglich, dass sich derartige Zustände an einer Klinik des Bay. Staates jahrelang abspielen konnten? Kollegen mit Aufsichtspflicht wie der Klinikumdirektor S. oder der Dekan P. tolerierten stillschweigend das widerrechtliche Treiben. Insbesondere S. war über eine Vielzahl von Beschwerdebriefen von Patienten und Angehörigen genauestens informiert. P. hatte sichtlich Schwierigkeiten, Unebenheiten zu glätten, war es doch seine Idee H.-J. R. ohne ein ordentliches Berufungsverfahren als Ordinarius für Neurochirurgie einzuschleusen. Rechtlich gesehen trug Johann Baptist Zehetmair als Kultusminister und oberster Dienstherr die Verantwortung. 1988 wurde er Vorsitzender des in Bayern einflussreichen katholischen Männervereins Tuntenhausen. Ideologisch ausgerichtete Pädagogen bezeichnete er als „Krebsübel in der Gesellschaft". Seine Grundauffassung in dieser Frage war „Wer den Staat nicht aktiv vertritt, soll gehen: „Er könne jederzeit jede Stelle zehnfach" besetzen (Spiegel Nr. 17 von 1987). Als Vertreter hierarchischer Strukturen bezog er einseitig Stellung für Ordinarien (C4-Professuren). So nahm es nicht Wunder, dass er von den kleinen Professoren (C2 und C3) wenig hielt. Seiner Meinung nach handele es sich um unzufriedene Ärzte, die ihr Ziel nicht erreicht hatten und deshalb mit ihrem Schicksal haderten, wie er im Thomas-Goppel-Kreis am 14.05.1998 von sich gab. In Wirklichkeit war ein kleiner Teil der Professoren in München in leitenden Stellungen höchst positiv integriert und hatte ein Ordinariat oder eine Chefarztstelle abgelehnt. Auch mein Zeugnis von Prof. Marguth spiegelte nicht gerade das Bild eines gescheiterten kleinen Professors: „Ich bin der Überzeugung, dass Herr Prof. Beck in jeder Hinsicht, insbesondere unter Berücksichtigung seiner großen operativen Erfahrung, geeignet ist, den Anforderungen zu entsprechen, die an die Übernahme einer C4-Professur gebunden sind".

Johann Baptist Zehetmair fand aber im herrschenden System keine Fehler und „dachte auch gar nicht daran es zu ändern", wie er ebenfalls im Thomas-Goppel-Kreis verlauten ließ. Seine Unbelehrbarkeit und seine rigorose Einstellung kam auch anderweitig zum Tragen. So siedelte er die Homosexualität „im Randbereich der Entartung" an. Er empfahl in diesem Zusammenhang „das Umfeld der ethischen Werte muss wieder entdeckt werden, um diese Entartung auszudünnen" (Spiegel Nr. 17 von 1987).

Diese Einstellung unseres KuMi ließ befürchten, dass effektive Reformen an den Medizinischen Fakultäten zum Scheitern verurteilt sein werden, und so bat ich den Fraktionsvorsitzenden der CSU im Bay. Landtag, Herrn Alois Glück, am 09.06.1998 schriftlich um Hilfe: „Machen Sie deshalb Ihren ganzen Einfluss geltend und unterstützen Sie den Rektor der LMU in seinem ehrlichen Bemühen, dass wenigstens an der geschichtsträchtigen LMU wieder rechtsstaatliche Verhältnisse einkehren. Alois Glück war einer der wenigen Politiker, der neben Thomas Goppel wenigstens eine Antwort gab, die erwartungsgemäß ausweichend war, aber immerhin den Eindruck hinterließ, dass man als Bürger ernst genommen wird.

Auch mein Brief an Johann Baptist Zehetmair an Weihnachten 1997 zeigte die Missstände an der Neurochirurgie im Klinikum Großhadern auf. Da Zehetmair Lateinlehrer war, musste er Ciceros Worte an Catilina „Quo usque tandem" verstehen, was so viel bedeutet: „Wie lang soll dieser Saustall noch weitergehen". Da Zehetmair jegliche Reaktion vermissen ließ und auch keine Antwort gab, ist davon auszugehen, dass er diese gesetzeswidrigen Zustände stillschweigend duldete. Ebenso respektlos ist sein Kommentar zu der unter seiner Führung vor 10 Jahren in Kraft getretenen Rechtschreibreform. Vergleiche zeigen, wie die Rechtschreibfähigkeiten seit Inkrafttreten dieser Reform nachgelassen haben. Schülern und Studenten fehlen Grundkenntnisse in der Grammatik und Meister bemängeln die fehlenden Deutschkenntnisse ihrer Lehrlinge. Obwohl sich das Scheitern dieser Reform bereits nach zwei Jahren in vollem Umfang abgezeichnet hatte, zog J. B. Zehetmair seine Fehlleistung auf Kosten des Steuerzahlers zehn Jahre durch. Diese Reform war nicht nur „überflüssig", wie J. B. Zehetmair erst vor kurzem von sich gab, sondern fügte der deutschen Sprache einen nicht mehr zu behebenden Schaden zu. Bei einem überaus fragwürdigen Verhalten in eigener Person, nahm es nicht Wunder, dass Zehetmair bei Straftaten des Ordinarius die Augen verschloss. Als H.-J. R. in nötigender Art und Weise und im Sinne einer Strafvereitelung uns am Abend vor der Einvernahme bei der Kripo bei einer wahrheitsgemäßen Aussage mit Rauswurf drohte, dachten die älteren Kollegen von uns, die Ablösung dieses Ordinarius stehe unmittelbar bevor (VII). Aber in Bayern gehen die Uhren anders. Wollte dieser Ordinarius einem Mitarbeiter falsches Operieren unterstellen, machte er hemmungslos aus einem bösartigen, einen gutartigen Tumor (VIII). Mit falschen Behauptungen wie betrügerisches Abrechnen (I) und gefälschten Dokumenten (II) versuchte H.-J. R. unter Missbrauch seiner Macht mich als Kollegen zu eliminieren. Besonders dienlich waren ihm falsche Verdächtigungen (IV) und die wiederholten Verletzungen des Briefgeheimnisses (Brief Prof. P., Prof. R. vom 10.07.2000), die zwar aufgedeckt werden konnten, aber von der Bay. Staatsanwaltschaft entweder am Thema vorbei (IV) oder überhaupt nicht (II, III, V, VI und VII) behandelt und somit strafrechtlich nicht verfolgt worden sind. Es drängt sich der Verdacht auf, dass die Staatsanwaltschaft nicht nach dem Grundsatz „Fiat justitia, pereat mundus" handelte, sondern nach der Maxime „Cui bono", d. h. Gerechtigkeit nicht um der Gerechtigkeit Willen durchzusetzen, sondern den Nutzen einer Person (H.-J. R.), bzw. einer Institution (KuMi) zu wahren.

Weder die vorgesetzte Behörde mit KuMi Johann Baptist Zehetmair noch die Bay. Justiz waren in der Lage einen außerhalb der Legalität handelnden Ordinarius in die Schranken zu verweisen. Statt für Ordnung zu sorgen behängten sich die Würdenträger gegenseitig mit Orden.

Bei acht Kröten war das rechtswidrige Handeln von H.-J. R. für Jedermann zu durchschauen. Der IX. Fall (E. G.) bot ob seines ungünstigen Ausgangs mit einseitiger Erblindung für Laien vermutlich Schwierigkeiten in der Beurteilung. Andererseits legte gerade dieser Fall den Charakter dieses Ordinarius bloß. Unter Ausnützung dieses schicksalhaften Ereignisses (Thrombose der zentralen Augenarterie) versuchte H.-J. R. mir als seinem eigenen Oberarzt mit falschen Verdächtigungen fehlerhaftes Operieren zu unterstellen. Dabei benutzte er ihm ergebene Helfer, um die Patientin zu einem gerichtlichen Vorgehen gegen ihren Operateur zu bewegen. Der Hausarzt sah in dieser Tat H.-J. Rs den Tatbestand der vorsätzlichen Körperverletzung gegeben. Aufgrund des durch diesen Brief ausgelösten Schocks war Frau E. G. dazu nicht mehr in der Lage, den vom Hausarzt angeratenen Prozess gegen H.-J. R. zu führen. Der Hilferuf des Hausarztes (IX) beim Klinikumdirektor S. blieb erfolglos.

Die exakte Aufarbeitung der neun Kröten zeigt die überaus enge Verbundenheit von Ordinarius, Gutachtern, Kultusministerium und Bay. Justiz. So hatte das KuMi mit S., Freiburg, einen mit H.-J. R. befreundeten Gutachter ausgewählt, der mich einige Jahre vorher bei der Bewerbung um die neurochirurgische Chefarztstelle Bogenhausen widerrechtlich abqualifiziert hatte (Kapitel 5.2). StA W. hatte in Deutschland, trotz intensiver Bemühungen, keinen Gutachter gefunden, der aufgrund der Vorfälle korrekterweise H.-J. R. hätte belasten müssen. So blieb nur noch G. aus Basel übrig, der H.-J. R. wegen der Neubesetzung des Münchner Lehrstuhls zu Dank verpflichtet war und damit der LMU einen Skandal erspart hatte. Obwohl bei der Erstellung der vom Gericht angeforderten Gutachten anfangs oft wichtige Unterlagen fehlten, dienten sie der Bay. Justiz zur endgültigen und unumstößlichen Beurteilung, wenngleich gutachterlich nach Eingang der nachgereichten Dokumente sachlich noch Richtigstellungen vorgenommen wurden. Vermutlich mussten die ablehnenden Bescheide vor Eingang der korrigierten Unterlagen verabschiedet werden.

Im Artikel „Brisante Aktenvermerke" vom 26.01.2015 trifft Stefan Mayr in der Süddeutschen Zeitung (Nr. 20) vermutlich ins Schwarze wie aus einem Zitat von LKA Vizepräsidentin Petra Sandles hervorgeht: „Wenn die Generalstaatsanwaltschaft auf ein Verfahren den Deckel drauf machen möchte, dann müssen wir das eben akzeptieren."

Sind das Andeutungen von politischer Einflussnahme? Schließlich untersteht die Generalstaats-anwaltschaft direkt dem Justizministerium. Und im Januar 2010 sagte der ehemalige Leiter der SOKO-Labor (Schottdorf), Stephan Sattler, als Zeuge vor dem Landgericht München I: „Wie hier in die Ermittlungen eingegriffen wurde, habe ich noch nicht erlebt.“ Und Hauptkommissar Robert Mahler vom Landeskriminalamt legte nach: „ Wenn ich das alles sehe, ist das Wort Justiz-skandal nur noch ein gelinder Ausdruck (SZ Nr. 73 R17, 28, 29.03.2015)“.

Im Verfassungsausschuss beantwortete der Vertreter des Justizministerium die Frage nach dem Einfluss der Generalstaatsanwaltschaft passend: „Es ist grundsätzlich nicht zu beanstanden, dass der Generalstaatsanwalt die Sachbehandlung der Staatsanwaltschaften seines Bezirks überprüft und dass er insoweit die Richtung vorgibt.“ „Geht das überhaupt?“, fragt Stefan Mayr: „Die Rich-tung vorgeben ohne Eingriff in die Ermittlung?“. Was die Öffentlichkeit schon lange vermutet hatte, wurde durch diese Worte bestätigt. „Deckel drauf“, mag für finanzielle Unebenheiten, wie beim Fall Schottdorf, noch erträglich sein, unvorstellbar aber ist es, dass ein StA ein Verfahren mit Todesfolge in Eigenregie einstellt.

Mit ihrer Untätigkeit bei fünf von neun Kröten hat die Bay. Justiz dazu beigetragen, den Glauben an die Rechtsordnung zu erschüttern. Der Verlust der Rechtsordnung führt aber zu Auflösungs-erscheinungen der Demokratie. Vielleicht waren die Kröten zu abstoßend und ekelerregend, dass sich die Bay. Justiz weigerte sie in den Mund zu nehmen oder die Hände schmutzig zu machen.

In Wirklichkeit ist meine unglaubliche Geschichte ein Skandal, zeigt sie doch wie hier ein Ordinari-us in einer persönlichen Auseinandersetzung vielen unschuldigen Patienten Schaden zugefügt hat und das unter stillschweigender Duldung des KuMi und der Bay. Justiz, obwohl ich als korrekter Arzt die Missstände aufgedeckt, Vorgesetzte informiert und die Justiz eingeschaltet habe. Dieses Wegschauen der Justiz vom eigentlichen Problem und die Verhängung eines äußerst fragwürdigen Strafbefehls gegen den berechtigt Klagenden ermöglichte H.-J. R. seinen Posten zu behalten.

Wie der Fall Schottdorf zeigt, werden auch heute noch ermittelnde Organe, wie Kriminalkom-missare mit Strafverfahren überzogen, mit dem Ziel berechtigte Vorwürfe verjähren zu lassen. Ebenso nachdenklich stimmen auch die Erkenntnisse aus dem Untersuchungsausschuss Labor im Bay. Landtag von S. Mayr (SZ 242 vom 21.10.2015). Vom Justizministerium bis hinunter zur Staatsanwaltschaft existiert eine Weisungskette, die sich auch politisch nutzen lässt. Die entschei-denden Schritte werden nicht ohne Politik gemacht.

Das Sahnehäubchen in einer Verkettung unglücklicher Umstände setzte aber der deutsche Jus-tizminister. Wenn auch andere Fälle geeigneter gewesen wären, brachte Generalbundesanwalt Harald Range ein überfälliges Thema im Rahmen der Ermittlungen gegen die Blogger von netz-politik.org am 04.08.2015 auf den Punkt: „Über die Erhaltung der Gesetze zu wachen, ist Aufgabe der Justiz. Diese Aufgabe kann sie nur erfüllen, wenn sie frei von politischer Einflussnahme ist. Daher ist die Unabhängigkeit der Justiz von der Verfassung ebenso geschützt wie die Presse- und Meinungsfreiheit. Auf Ermittlungen Einfluss zu nehmen, weil deren mögliches Ergebnis poli-tisch nicht opportun erscheint, ist ein unerträglicher Eingriff in die Unabhängigkeit der Justiz.“ Der Generalbundesanwalt ist der einzige Staatsanwalt in Deutschland, der noch den Status des politischen Beamten hat. Seine Amtsführung sollte deshalb in Übereinstimmung mit den politischen Zielen der Regierung sein. Seine wohlüberlegten, wahrheitsgetreuen Aussagen, die in Deutschland aber leider nur für Richter gelten, führten deshalb zu seiner vorgezogenen Versetzung in den Ruhestand. Trotzdem verdient sein Kampf gegen politische Willfährigkeit und für die Unabhängigkeit auch der Staatsanwaltschaft Anerkennung.

Deshalb wäre es wünschenswert, dass die Justiz die Entscheidungen nach Recht und Gesetz trifft und zu diesen steht, auch wenn sie deswegen Angriffen und Kritik von „selbsternannten Fachleuten" fürchten muss. Diese Flucht vor Entscheidungen erhöht nicht nur die Kosten eines Verfahrens, sondern beraubt die Justiz, in den Augen der Bevölkerung, einer ihrer wichtigsten Funktionen, nämlich der Abschreckung von Nachahmungstätern.

Für alle, die mit weltlichen Einrichtungen hadern, spendete der Minoritenmönch Thomas von Celano bereits im 13. Jahrhundert Trost:

| | |
|---|---|
| Dies irae, dies illa | Tag des Zornes, Tag der Zähren, |
| solvet saeclum in favilla | wirst die Welt in Asche kehren |
| Quantus tremor est futurus | Welch ein Graus wird sein und Zagen, |
| quando judex est venturus | wenn der Richter kommt mit Fragen, |
| cuncta stricte discussurus. | streng zu prüfen alle Klagen. |
| Liber scriptus proferetur | Und ein Buch wird aufgeschlagen, |
| in quo totum continetur | treu darin ist eingetragen |
| unde mundus judicetur. | jede Schuld aus Erdentagen. |
| Index ergo cum sedebit | Sitzt der Richter dann zu richten, |
| quidquid latet apparebit | wird sich das Verborgene lichten, |
| nil inultum remanebit. | nichts kann vor der Strafe flüchten. |
| Lacrimosa dies illa | Tag der Tränen, Tag der Wehen, |
| qua resurget ex favilla | da vom Grabe wird erstehen |
| judicandus homo reus. | zum Gericht der Mensch voll Sünden. |

Neuerungen lassen sich nach meiner langjährigen Erfahrung als Studentenbetreuer am Besten mit jungen Menschen umsetzen. Echte Ideale und Vorbilder fehlen heute. Mit Marguth hatte sich einer der letzten großen Neurochirurgen verabschiedet.

Geräte und Maschinen aus der Neuroradiologie, aus der Neurobiologie und aus der Labormedizin ersetzen Erfahrung und operative Intuition. Auch die neurochirurgische Behandlung erfuhr in den letzten Jahren mit Gamma-Knife und Cyber-Knife eine therapeutische Erweiterung. So begnügt sich die moderne Neurochirurgie heute oft mit einer Verkleinerung einer Geschwulst, um den Tumorrest der Radiotherapie zu überlassen. Die Königsdisziplin der Neurochirurgie, die Aneurysma-Chirurgie, wird heute besonders bei operativ schwierig auszuschaltenden Aneurysmen durch die Embolisation ersetzt. Ob die Ergebnisse á la longue so gut sein werden, wie bei der Ausschaltung mit Hilfe eines Clip, wird erst die Zukunft zeigen.

Die medizinische Versorgung ist nicht mehr fachspezifisch ausgelegt. In Kliniken bestimmen Unternehmensberater und Organisatoren das zentrale Betten- und Operationsmanagement. Über

Moral und Ethik wird zwar viel gesprochen, allein es fehlt die Tat. Mit Einführung des Zweiklassensystems hatte sich H.-J. R. 1991 geoutet. Es soll auch nicht verschwiegen werden, dass er mit dieser Einstellung bei einer ökonomisch ausgerichteten modernen Ärzteschaft gepunktet hat. Vergessen wir aber nicht: Der Weg zum „Pauschalfallzahl - sozialverträglichen Frühableben" ist kurz. Unterlassene Hilfeleistung gegen den Willen von Patienten und Angehörigen mündet in Euthanasie.

Wie das Buch gezeigt hat, schadete H.-J. R. mit dem widerrechtlichen OP-Verbot nicht nur Patienten, sondern er versetzte der so hoffnungsvoll gestarteten Laserneurochirurgie einen nicht gut zu machenden Tiefschlag (Kapitel 5.4). Nach der Präsentation meiner ersten 25 erfolgreich operierten Hirnstammtumore am türkischen Neurochirurgenkongress 1990 in Gülluk, fanden meine Ergebnisse nicht nur in Europa, USA und Kanada, sondern auch in China, Japan, Indien und Pakistan gebührende Anerkennung (siehe Vorträge). Zwei Jahre später hatte sich die Zahl meiner mit einem Hirnstammtumor operierten Patienten fast verdoppelt. So durfte ich 1993 den Weltkongress für Laserneurochirurgie in München ausrichten.

Immer aber stand für mich der Patient im Vordergrund. Am Abend vor jeder schwierigen OP widmete ich stets eine halbe Stunde dem Aufklärungsgespräch und berücksichtigte so gut wie möglich die Wünsche der jeweiligen Patienten. Die Kranken honorierten meine Menschlichkeit mit vielen positiven Stellungnahmen zu meinem OP-Verbot.

Meine Abschiedsvorlesung „46 Jahre Neurochirurgie und ein bisschen Laser" durfte ich am 30.04.2002 im altehrwürdigen Hörsaal der Chirurgie, Nußbaumstraße, unter dem neuen Chef Herrn Prof. Dr. Tonn halten. Seine Berufung war korrekt verlaufen und die wenigen Monate gemeinsamer Arbeit waren problemlos. Es erfüllte mich mit Dank und Wehmut, genau an der Stelle stehen zu dürfen, an der ich vor 46 Jahren meine klinische Tätigkeit mit dem Krankenpflegedienst begonnen hatte und an der ich nun meine operativen Erfolge präsentieren durfte.

Das Schlusswort gehört einem meiner dankbaren, aber auch kritischen Patienten, dem ich laserassistiert diesen Hirnstammtumor entfernen durfte (Abbildung 10).

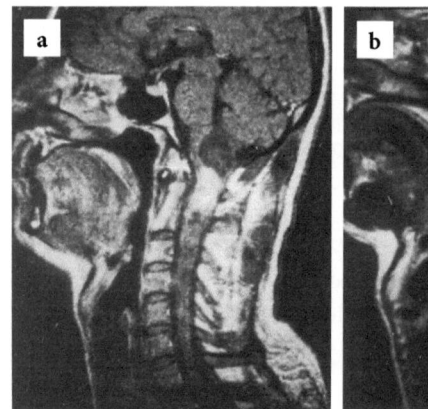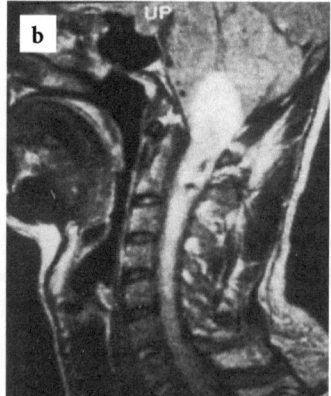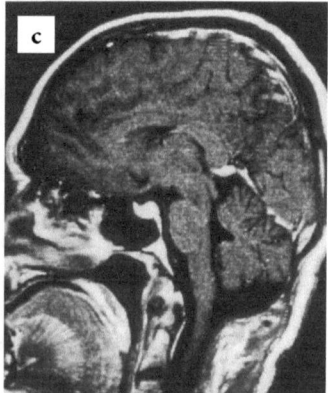

Abbildung 10: Endophytic brain stem tumor (Astrozytom) kraniozervikal.
a) MRT: mit KM präoperativ; b) MRT: T2 mit Ödem präoperativ; c) MRT: T1 mit KM ca. 20 Jahre postoperativ

Als sich im letzten Jahr meine Operation zum 25. Mal jährte, und ich immer noch fast ungläubig auf allerhöchste Lebensqualität nach der Operation zurückblicken konnte, versuchte ich mir vorzustellen, was aus mir geworden wäre, wenn es damals schon das Operationsverbot für Prof. Beck gegeben hätte. Beileibe kein Provinzkrankenhaus erklärt meinen Tumor für inoperabel und einer der wenigen auf der ganzen Welt, der es sich zutraut und nachgewiesenermaßen auch kann, darf nicht operieren. Ich weiß, dass ich vielen glücklichen Umständen mein Leben verdanke.

Die Gefährlichkeit und Komplexität einer Hirnoperation kann ich in vollem Maße nicht beurteilen. Aber ich kann das Ergebnis und das Verhalten des Operateurs vor und nach der Operation sehr wohl bewerten. Deshalb zählt Prof. Beck zu den außergewöhnlichsten Menschen, die mir im Leben begegnet sind.

Anlässlich der Abschiedsvorlesung 2002 von Prof. Beck hatte ich einen Text vorbereitet, den ich bei passender Gelegenheit am Ende vortragen wollte. Aber dann traute ich mich nicht oder hielt es für unpassend. Aber darin glaube ich, eine paar Aspekte, Wesentliches, d.h. das über die fachlich medizinische Kompetenz Hinausgehende, das Menschliche an ihm beschrieben zu haben.

*Spinaler Tumor, wahrscheinlich Astrozytom zwischen kaudaler Brückenbegrenzung und HWK 6 sich erstreckend*

Mit dieser Diagnose und den zugehörigen Kernspinaufnahmen ging ich am 13.6.89 in einje Münchner Klinik. Dort wurde die Diagnose bestätigt. Eine Gewebeentnahme sei wegen der kritischen Stelle nicht möglich, außerdem würde es eine Therapie weder ermöglichen noch beeinflussen. Ich sei schwer krank, würde wohl bald arbeitsunfähig geschrieben werden, und dann, na ja...Ich erhielt ein Rezept für Cortison-Tabletten und für weitere zur Beruhigung des Magens, der durch das Cortison angriffen werden würde.

Knapp fünf Monate später begann ich wieder drei bis vier Stunden am Tag in meinem Beruf zu arbeiten, nachdem ich am 24.7. von Prof. Beck operiert worden war.

Lieber Prof. Beck, meine Damen und Herren, liebe Studentinnen und Studenten,

Mein Name ist Wolfgang Siegmund, ich stehe hier stellvertretend, unaufgefordert und ohne Autorisierung für viele Patienten, denen Prof. Beck geholfen hat. Patienten, die teilweise durch die Mühle der medizinischen Diagnostik gedreht worden waren, angekommen an dem Punkt, an dem man ihnen sagte, dass man jetzt wissen würde, was sie hätten, aber man Ihnen trotzdem nicht helfen könne.

Ich stehe hier um diesen Dank – sicher auch für alle anderen Patienten - auszusprechen und nach fast 13 Jahren Zeugnis für diese gelungene Operation abzulegen.

Was ist mir besonders im Gedächtnis geblieben? Was ist das Außergewöhnliche an Ihnen? Was hat mich beeindruckt? Ich erinnere mich an unser erstes Treffen. Um eine zweite Meinung einzuholen ,war ich zuvor in die Ambulanz nach Groß-Hadern gegangen, hatte meine Beschwerden geschildert, die Kernspinaufnahmen gezeigt. In der mittäglichen Konferenz wurde mein Fall vorgestellt. Das sei inoperabel, aber es gebe jemanden, der das vielleicht wage würde. Er sei auf Dienstreise. Begleitet von meiner Frau schilderte ich Ihnen zwei Wochen später meine Beschwerden: Kopfscherzen, besonders beim Rasieren, wenn der Kopf in den Nacken kippt, Kopfschmerzen am Morgen, die im Laufe des Vormittags spätestens vergehen, Kribbeln im linken Bein, Schlucklähmung vor 4 Jahren. Da bestätigten Sie, dass ich die klassischen Symptome für einen Hirntumor genannt hatte. Erst in diesem Moment habe ich das wirklich geglaubt, was ich als Diagnose schon seit drei Wochen mit mir herumtrug. Meine Beschwerden, Kopfschmerzen ausgenommen, meine Ausfallerscheinungen waren läppisch. Wie kann ich todkrank sein, wenn es mir bloß im Bein kribbelt? Sie merkten meine Erschütterung und dann kam der Satz, den ich nicht vergessen habe: „Ich bin kein Hasardeur, wenn Sie das Gefühl haben, dass Sie hier nicht heil raus kommen, dann lassen wir es." Wieso war das so wichtig? Warum musste ich ans Überleben glauben, wo ich doch noch vor wenigen Minuten nicht ausschloss, dass es ein Irrtum war, ein irreführender, fehlerhafter Schatten, ein böser Traum, der nur darauf wartete, von einer Kapazität hinweggefegt zu werden. Sie hatten mich gepackt. Sie hatten mir eine Verantwortung gegeben. Ich war nicht mehr nur der bemitleidenswerte Patient, dem ein Tumor in der Halswirbelsäule hineinwuchs. Als ich damals ihre Sprechstunde verließ, wusste ich, dass ich mich operieren lassen würde. Ich hatte verstanden, dass der Patient sehr wohl mithelfen kann, natürlich nur im begrenzten Rahmen, aber ich begann seit dieser Zeit darüber nachzudenken, was ich tun könne, damit die Operation ein Erfolg würde.

Ein anderes Mal unterhielten wir uns über Sie, einen Teil Ihrer Kollegen und Ihrer Auffassung Ihrer Aufgabe. Damals machten sie die nüchterne Feststellung: „Wenn ein Patient einen Tumor hat, so ist es sein Problem, wenn ich ihn operiere, so ist es mein Problem". Das war ohne Vorwurf gesagt. Manchem sei sogar anzuraten, dass er es lässt, die Probleme anderer Menschen zu lösen. Nicht jeder ist einer solchen Situation gewachsen. In einer Biografie eines amerikanischen Neurochirurgen beschreibt dieser eine Nacht während seiner Ausbildungszeit. In dieser Nacht kam alles Unvorhergesehene scheinbar auf einmal zusammen, bis er am anderen Morgen begriff, dass seine Vorgesetzten dies bewusst und kontrolliert herbeigeführt haben, um ihn zu prüfen, ob er dem Druck seines Berufes gewachsen sei. Die Ausbilder kommentierten das mit dem schon oft gehörten Satz: „Unter der Dusche kann jeder singen, aber in der Carnegie Hall..." Sie hätten dort singen können, Herr Prof. Beck.

Lassen sie mich schließen mit einem Satz, den ich häufig von Ihnen zitiert habe, vom dem ich aber trotzdem nie ganz verstanden habe, woher er kam, welche Assoziation ihn hervorrief. Er muss wohl etwas sympathisch Bodenständiges von ihnen ausdrücken, vielleicht etwas Münchnerisches, so als würde die Welt diesem Sachverhalt bisher nicht genügend Aufmerksamkeit geschenkt haben, ja es ist zu befürchten, dass bisher das Gegenteil dieses Satzes eine weit größere Verbreiterung zuteil geworden ist, so dass der Triumph, es jetzt aussprechen zu können, ausgekostet werden musste, weil Sie es schon lange zweifelsfrei wussten, was andere übersahen. 10 Tage nach der Operation sagten Sie zu mir: „Schon wieder - (und dieses schon wieder ist für die Melodie und die Logik dieser Behauptung unerlässlich) - schon wieder hat ein Bayer einem Preußen das Leben gerettet".

*Ihr Wolfgang Siegmund*

*11.5.15*

# Anhang

# Resilienz oder die Kraft des seelischen Widerstands

Dieses Wort kommt wie so vieles in der Medizin aus dem Lateinischen und bedeutet so viel wie zurückspringen, abprallen (resilire). Resilienz ist die Fähigkeit Krisen zu bewältigen und sie ohne anhaltende Beeinträchtigung von Gesundheit und Seele durchzustehen. Der Begriff wird auch für Menschen verwendet, die mit Belastung der Arbeitswelt in angemessener Weise umgehen und so ihre psychische Gesundheit erhalten. Diese Wissenschaft beruht auf dem alten lateinischen Spruch: orandum est, ut sit mens sana incorpore sano, was so viel heißt wie: Man muss darum bitten, dass ein gesunder Geist in einem gesunden Körper wohne.

Mit meiner gewählten Form der Resilienz, möchte ich jungen Lesern einen Fingerzeig geben, beruflichen Frust abzubauen oder ihn wenigstens erträglich zu gestalten.

Mit Beginn des Medizinstudiums und den ersten Einsätzen in der Klinik wurde mir bald klar, dass sich Fußball und Arztberuf, wenn man beides erfolgreich betreiben will, nur schwer vereinbaren lassen. So wurde meine große Leidenschaft Bergsteigen, Ski- und Eistouren gehen. Im Rahmen einer Dolomitendurchquerung lernte ich den Bergführer Rudl Steinlechner, einen hagelbuchenen Tiroler kennen (Abbildung 11). Er stammte aus Hötting, dem einst größten Dorf im „Reich", das später Innsbruck eingemeindet wurde.

Aufgrund der Disziplinlosigkeit eines Zahnarztes brach er zum Entsetzen der Gruppe bereits am zweiten Tag die im voraus bezahlte Tourenwoche ab. Genoveva, eine Professorengattin und

Abbildung 11: Rudl Steinlechner, genannt der „Stoa", mein Bergführer.

Abbildung 12: Carlo und Ginger.

mir gefiel dieses souveräne Verhalten. Wie recht er hatte, konnten wir in den folgenden drei Jahrzehnten noch oft beobachten, denn er wurde unser Bergführer. Zu uns passten noch zwei urige Allgäuer, Gertrud, Sekretärin bei der Schwäbischen Zeitung, eine Organistin an der Kirche von Leutkirch, und Carlo Wurm, ein Gerbermeister, die Rudl einmal aus Bergnot am Zuckerhütl gerettet hatte. Rudl doubelte oft Luis Trenker bei anspruchsvollen Passagen in Bergfilmen und war auch sonst ein außergewöhnlicher Mensch. In einer Klosterschule in der Steiermark erzogen, lobte er dieses Internat über den Schellenkönig. Nur in der letzten Klasse, als sich ihm ein „Kuttenbruder", wie er die Mönche nannte, nähern wollte, seilte er sich vom 3. Stock ab und wurde hierauf von der Schule verwiesen. Niemals hätte er eine Anzeige erstattet, aber er litt darunter, dass er kein Abitur mehr machen durfte, wie seine Klassenkameraden, die Anwälte, Architekten oder Chefärzte wurden. So wurde er Glasermeister und „Bergführer", schaffte aber die Chefstelle der Bergführerausbildung in Tirol, ein Posten, verantwortungsmäßig m.E., einer Chefarztstelle gleichzusetzen. Als er vom Papst Johannes Paul II nach einer Bergrettung erstmal offiziell geehrt wurde, erinnerten sich die Innsbrucker Honoratioren seiner jahrelangen Verdienste und so erfuhr der charakterstarke, für Vorgesetzte nicht immer bequeme Mann, auch noch im eigenen Land die gebührende Anerkennung.

Akademisch geschult, bereitete er gewissenhaft und akribisch zweimal im Jahr unsere Tourenwoche vor, eine Skitour im Mai und eine Eistour im August. Er war kein typischer Talführer, der sich nur in seinem Tal zurechtfand, er kannte seine Alpen vom Schneeberg bei Wien bis zum Mont Blanc. So warteten wir gespannt bis das Tourenprogramm für das nächste Jahr ins Haus flatterte, um jedes Jahr ein neues Gebiet kennen zu lernen. Rudl wählte für uns meist eine Hütte als Ausgangslager, von der wir dann mehrere Drei- bzw. Viertausender bestiegen. Besonders in Erinnerung blieben mir die Capanna Regina Margherita, die höchst gelegene Schutzhütte Europas mit einem wunderbaren Blick auf schneebedeckte Spitzen der tiefer gelegenen Bergwelt und der Gipfel des Mont Blanc, auf dem unser Carlo seinen siebzigsten Geburtstag mit einer Flasche Sekt feierte. Respekt vor ärztlicher Kunst und vor Rudl bekamen wir, als er uns mit einem künstlichen Hüftgelenk über den Stüdlgrad auf den Großglockner führte. Glücklich und gestärkt kam ich nach jeder Tourenwoche an meinen Arbeitsplatz zurück. Marguth schätzte sportliche Leistung und H.-J. R. tat mir nur Leid, da er mehr mit der Aufarbeitung seiner Beschwerden beschäftigt war, als im OP-Saal.

Der Tod meines Bergführers mit einem Pankreaskopfkarzinom stimmte mich nachdenklich, hatte ich doch mein Privatleben meinem voll ausgefüllten Beruf untergeordnet. Mein jähes unerwartetes Karriereende schenkte mir dafür die Frau, von der ich in meiner Jugend immer geträumt hatte. Seit meiner Abschiedsvorlesung ergänzen die Labradorhunde Carlo, so genannt nach meinem Bergkameraden, und Ginger unser glückliches Familienleben (Abbildung 12).

## Kämpfer für die Gerechtigkeit

Es liest sich wie ein Krimi, wenn Prof. Dr. O. J. Beck die psychologischen, sozialen und finanziellen Aspekte seiner Geschichte erzählt, die 1995 in einem Operations- und Dienstverbot gipfelt.

Wertfrei (sine ira et studio} schildert er das Verhalten kollegialer, karrieresüchtiger Herdenmobber aus dem Umfeld des Klinikums.

Anhand von Schreiben (Dokumenten} und Bildern wird bewiesen, welchen Anfeindungen und Ungerechtigkeiten Beck über fünf Jahre fast täglich ausgesetzt war.

In seinem Kampf gegen Jahrzehnte alte, fragwürdige hierarchische Strukturen steht er ein für „gleiches Recht für Alle" in der Medizin, mit allen ihn betreffenden Konsequenzen.

Die Leser dürfen in diese Gerichtsfälle (Neun Kröten} hineininterpretieren, sie gleichzeitig als Lehrbuch nehmen, als Spiegel eigener Erfahrungen bis zur Systemkritik.

Dieses Buch erzählt vom unsichtbaren Gewissen der „Mächtigen".

Becks Engagement für soziale Gerechtigkeit und Menschenwürde machen ihn zum Wegbereiter unserer Tage.

20.06.2020

*Silka Strauss*

**Silka Strauss**

Diplomkauffrau (FH) und Zertifizierte Mediatorin Silka Strauss

Mobbing-Beraterin, ehemalige Vorstandsvorsitzende des Fördervereins der Deutschen Stiftung Mediation, 2015 Ehrung und Auszeichnung der Stadt München für bürgerschaftliches Engagement, Zertifizierte Mediatorin der Universität Heidelberg, Mediatorin der BM® und BAFM.

Das Thema Mobbing am Arbeitsplatz ist wichtiger Bestandteil ihres Engagements.

# Vorwort zur Buchbesprechung und allen Rezensionen

Corona hat die Leute nachdenklich werden lassen. Nomen est omen. Corona ist die Göttin des Geldes. Wahrscheinlich werden wir bald Bürger bemitleiden, die bei Nichtbeachtung unter Androhung hoher Strafen mit Nasenmundschleudern maskiert durch Europa huschten. Auch ein Spezialistentum (wie z. B. Virologen) ist nicht uneingeschränkt zielführend, da selbst innerhalb dieser Gruppen diverse Interpretationen gehandelt werden, ohne auf einen gemeinsamen therapeutisch überzeugenden Weg zu kommen. Das Erstaunliche dabei ist, dass es bis heute **keine gesicherte Therapie** gibt und dennoch unsere medizingläubige, politische Obrigkeit von uns fordert, was ihrem System nützt und vielleicht denen, die in Deutschland nach der wirtschaftlichen Pleite groß einsteigen werden.

Wie nachgewiesene Fehlleistungen einer Person (Ordinarius) von unserem hierarchischen System auch juristisch im Strafrecht gedeckt werden, habe ich in meinem Klinikkrimi akribisch aufgezeigt, und vielleicht ist das auch der Grund für die vielen Bitten, gerade jetzt meinem Buch eine zweite Auflage folgen zu lassen. Abgesehen von kleinen Änderungen, bei denen ich den medizinischen Verlauf auf den neuesten Stand gebracht habe (S. 224, Kröte IV, Fall M. K.), habe ich mich nur zu einer Zusammenstellung sämtlicher Rezensionen im Anhang meines Krimis entschließen können, da ich in vielen eine Fortsetzung oder sogar eine Weiterentwicklung meiner Gedankengänge sehe, die ich nicht hätte besser formulieren können. Mit voller Absicht habe ich mich für **alle Rezensionen** entschieden, um den eventuellen Vorwurf einer Rosinenpickerei zu entkräften. Dafür muss der Leser einige bayerische Kraftausdrücke verschmerzen, die nicht meinem Vokabular entstammen. Lobhudeleien oder abwertende Bemerkungen, die Patienten im überschwänglichen Glücksgefühl oder auch in grenzenloser Enttäuschung ihrem behandelnden Arzt entgegenbringen, bedürfen keiner Überbewertung. Objektive Berichte zu gesicherten Beweisen verdienen aber hohe Anerkennung.

Oft wurde ich darauf angesprochen, ob ich mir mit diesem Buch den Frust von der Seele geschrieben habe oder eine alte Rechnung begleichen wollte.

Dem ist aber nicht so. Obwohl ich H.-J. R. die ersten Monate nach Übernahme der Chefarzt Stelle in Großhadern voll unterstützte und glaubte, Meinungsverschiedenheiten bei der Aufnahme von Patienten im Guten lösen zu können, war sein Verhalten mir gegenüber unkollegial. Es störte mich anfänglich wenig, da vereinbart war, dass ich in 6 Monaten anderweitig eine neue Stelle bekäme, bis ich erfuhr, dass er den Wunsch meines alten Chefs boykottiert hatte. Wut und Hassgefühle kamen auf, als mir die LMU mitteilte, dass H.-J. R., ohne mich zu verständigen, von Anfang an ein Disziplinarverfahren gegen mich einleiten wollte, dem sich die Rechtsabteilung aber nicht anschloss, da entsprechende Gründe fehlten. Nur mühsam konnte ich nun meine Revanchegelüste zügeln, bis mir eine Konzertsängerin, der ich einen faustgroßen Hirntumor entfernt hatte und die als Oblatin im Kloster Ottobeuren diente, den Rat gab, Hass und Wut auf H.-J. R. zu vergessen. Und wie recht sie hatte! Das Blatt hatte sich bereits vor meiner leider viel zu spät erfolgten, gerichtlichen Auseinandersetzung ethisch zu meinen Gunsten gewendet. So konnte ich in Ruhe auf die nächsten Bösartigkeiten eines völlig aus den Fugen geratenen Ordinarius reagieren.

Leid tat mir nur meine treue Hilfe, eine pensionierte Krankenschwester, die mir aus reinem Idealismus zur Seite stand und die man ebenso niederträchtig behandelte, wie mich.

Wegen eines relativ häufig vorkommenden Zwistes zweier Ärzte mit verschiedenen Vorstellungen zum gleichen Thema hätte ich diesen Krimi aber nicht geschrieben. In Wirklichkeit – das bestätigen viele Rezensionen – prallen hier zwei Systeme aufeinander. Einmal handelt es sich um gut organisierte Vorgesetzte, meist C4-Professoren, Ordinarien oder andere Chefärzte, die ihre Macht je nach Charakter gnadenlos missbrauchen können, auf der anderen Seite um eine sich langsam ängstlich zu einer Einheit findenden Gruppe untergeordneter Ärzte, die auch bei berechtigtem Aufbegehren mit dem Ende ihrer Karriere rechnen müssen.

An den Universitäten in Bayern unterstehen alle Ärzte dem Minister für Unterricht und Kultus als obersten Dienstherrn, der auch für sie die Fürsorgepflicht trägt. Bei einer Persönlichkeit wie dem ehemaligen Minister Prof. Dr. Hans Maier, einem redlichen, blitzgescheiten Politiker, der die Nöte der Ärzte kannte, von hoher humanistischer Bildung geprägt, mit unbeugsamem Charakter und starker Entscheidungskraft, hätte ich keinen Stoff für meinen Klinikkrimi bekommen. Sein Nachfolger, Johann Baptist Zehetmair, ein braver Parteisoldat von Franz Josef Strauß, übernahm die hierarchischen Strukturen der Universität und konnte damit den Kampf der Systeme nicht befrieden. Er hatte Angst, Entscheidungen zu treffen, und ließ die Dinge laufen, ohne die Ursachen zu hinterfragen. In diesem Umfeld konnte ein Ordinarius wie H.-J. R. sein Unwesen treiben und J. B. Zehetmair bekam den Ehrendoktor der Medizinischen Fakultät. Ein Lob der Bayerischen Justiz im Zivilrecht. Richterin Neuner wies H.-J. R. in die Schranken und zeigte Verwunderung, dass so ein Prozess noch einmal stattfinden musste. Ein ähnlich gelagerter Fall hatte nämlich schon vor mehreren Jahren die jahrelange Hinhaltetaktik von LMU und Kultusministerium aufgezeigt und wurde deshalb vom Bundesverwaltungsgericht in Berlin mit einem Urteil zugunsten des untergeordneten Arztes beschieden.

Was das Strafrecht betrifft, stehen schon seit längerer Zeit notwendige Reformen an. Vielleicht erreicht eine neue junge Generation von Juristen im Strafrecht das, was im Zivilrecht bereits verwirklicht worden ist.

Obwohl es mir fern lag, Patienten oder ihre Angehörigen zu instrumentalisieren, hatte H.-J. R. permanent Angst, dass ich die Öffentlichkeit gegen ihn mobilisiere. Mit damaligen Zeitungsberichten hatte ich nichts zu tun und durfte es als Beamter auch gar nicht, im Gegensatz zu meinem Chef H.-J. R., der sich anfänglich deshalb in den Zeitungen wiederholt gut präsentierte.

Anders verhält es sich mit einer Petition. Wenn Abgeordnete ein öffentliches Geschehen für diskussionswürdig halten, wird es im Landtag behandelt. Mein Glück war ein korrekter Vorsitzender des Hochschulausschusses Herr Dr. Wilhelm. Ihm und den Abgeordneten der SPD und der Grünen verdanke ich, dass die Kröten publik und nicht unter den Tisch gekehrt wurden. H.-J. R. wollte die Petition im letzten Moment verhindern, scheiterte aber vor Gericht. Mit einer Wartezeit von 20 Jahren bis zur Veröffentlichung meines Klinikkrimi hatte ich zum aktuellen Geschehen den zeitlichen Abstand gewahrt, um bei Patienten und Angehörigen nicht noch Öl ins Feuer zu gießen, bzw. um H.-J. R. zusätzliche Prozesse zu ersparen.

Mit der Drohung eines Rauswurfes, „Wer bei der Kriminalpolizei die Wahrheit sagt" (Kröte VII), hatte H.-J. R. die rote Linie überschritten, und da die Bayerische Justiz selbst bei glasklarer Beweisführung im Strafrecht vor Urkundenfälschungen (Kröte I und II) die Augen verschließt, und ein Staatsanwalt W. im Falle einer fahrlässigen Tötung nicht ermittelt, obwohl eine Anzeige gegen den Chefarzt als letztlich Verantwortlichem erfolgt ist (Kröte VII, Seite 160), sehe ich unseren Rechtsstaat in Gefahr.

Die Folgen dieses Leistungsverfalles im Bereich der medizinischen Versorgung (wie übrigens auch im Schulwesen) konnten in Bayern dank „exzellenter Zusammenarbeit" von Universität – Kultusministerium und Justiz, stets auf Kosten der Untergebenen, jahrzehntelang nach außen kaschiert werden bis ein Virus, namens Corona, die Schwächen dieses überholungsbedürftigen Systems erbarmungslos aufdeckte. In einer Phase, in der Korrekturen am System noch weitgehend problemlos hätten bewältigt werden können, hatte ein Kultusminister, namens J. B. Zehetmair, trotz wiederholter Bitten und Aufforderungen, vergessen, die Weichen entsprechend zu stellen.

Da von unserer Regierung die Gewaltenteilung ganz offensichtlich nicht mehr eingehalten wird, habe ich, um die Gefahr zu verdeutlichen, zum Abschluss die Fälle VIII und IX noch einmal genau und für alle leicht verständlich vor der Buchbesprechung und den Rezensionen analysiert.

Neben eines völlig inakzeptablen und unkollegialen Verhaltens zeigen diese Fälle insbesondere die psychische Brutalität, mit der H.-J. R. auch gegen seine Patienten vorgeht und damit, wie im Fall VIII einem Patienten und seiner Familie die letzten verbleibenden Monate zusätzlich unerträglich gestaltet. Vermutlich war Angst die Ursache, dass H.-J. R. meine totale Ausschaltung anstrebte. Angst ist ein schlechter Ratgeber. Und so sind wir wieder bei Corona. Was waren die Schäffler doch für tolle Leute, die den Menschen zeigten, dass die Pest besiegt war! Möge der Wunsch von Frau Heilig (Rezension vom 16.04.2016) in Erfüllung gehen, dass das Buch einer liest, der die Macht und den Mut hat, Ablaufänderungen herbeizuführen.

# Analysen der Kröte VIII (Fall P. M.) und der Kröte IX (Fall E. G.)

Der Fall P. M. beweist die Unbelehrbarkeit und damit auch die Gefährlichkeit eines Menschen, dem jedes Mittel recht ist, einen anderen Menschen zu vernichten. Dieser Professor der Medizin hat einen von seriösen Neuropathologen in München und Bonn (Referenzzentrum) viermal histologisch (feingeweblich) als bösartig ausgewiesenen Tumor für gutartig erklärt, um mir einen operativen Fehler zu unterstellen. Ich hätte dem Patienten mit einer falschen veralteten Methode eine Halbseitenlähmung zugefügt und den Tumor nicht gefunden, was bei dem vorliegenden histologischen Befund „bösartig" auch für einen Juristen schwer nachvollziehbar sein dürfte.

Tatsache war, dass ich bei dem 33-jährigen Patienten einen bösartigen Tumor aus einem „high risk"- Areal des Gehirns entfernt hatte, dass der Patient ein Jahr postoperativ bildgebend rezidivfrei und neurologisch unauffällig war, insbesondere aber, dass er in seinem Beruf als Werkzeugschleifer wieder voll arbeitsfähig war (Anlage 75).

Eineinhalb Jahre postoperativ hatte der Patient bei sonst unverändert gutem Zustand zwei cerebrale Anfälle; bildgebend zeigte sich nun erstmals ein Rezidiv des bösartigen Tumors. Obwohl ich mit den Angehörigen, die volles Vertrauen zu mir hatten, die Reoperation bereits vereinbart hatte, wollte H.-J. R. den Eingriff unbedingt selbst vornehmen. Die Angehörigen fragten mich verschüchtert, ob bei der ersten Operation etwas schiefgelaufen ist, da doch postoperativ bei einem neuerdings gutartigen Tumor noch eine Röntgenbestrahlung erfolgt sei. Trotz aller modernen Hilfsmittel, die H.-J. R. bei seiner Operation einsetzte, zeigten postoperative Bilder noch Teile der Geschwulst (Abb. 9a, b; S. 164).

Der Arztbrief an die nachbehandelnden Kollegen lautete: Mikroskopische Totalentfernung eines gutartigen Hirntumors (Anlage 77; S. 170, 171). Diese Doppellüge, denn der Tumor war weder totalentfernt noch war er gutartig, war von einem sonst als korrekt bekannten Oberarzt aus Loyalität zu H.-J. R. unterzeichnet. Für den Patienten war die Lüge nicht zielführend, da die nachbehandelnden Ärzte damit zu falschen therapeutischen Maßnahmen verleitet wurden. Wohin aber blinder Gehorsam führen kann, haben ältere Kollegen vor nicht allzu langer Zeit selbst noch erleben müssen.

Der weitere Verlauf entsprach erwartungsgemäß dem eines bösartigen Tumors: Foudroyantes Tumorwachstum, wiederholte operative Eingriffe, Siechtum und Exitus letalis innerhalb eines Jahres.

H.-J. R. forderte aber ein sofortiges Verbot meiner Dienstgeschäfte und meine Entfernung aus dem Dienst. Meine Strafanzeige wegen falscher Verdächtigung, den Tumor nicht gefunden und dem Patienten eine Halbseitenlähmung zugefügt zu haben, wurde vom Gericht abgewiesen. Dies war umso verwerflicher, da H.-J. R. bereits beim Fall M. K. (Kröte IV) ein klinisch normales Durchgangsyndrom als Endzustand einer Lähmung gewertet hatte, um mich damit aus der Klinik zu entfernen. Die jahrelange Aufwärtsentwicklung postoperativ ohne Lähmung bestätigt nachträglich mein operatives Vorgehen, kleinere Tumorreste (Abb. 8b; Seite 150) zu belassen, deren operative Entfernung damals eine irreversible Lähmung bedeutet hätte. Fast 30 Jahre später ist **mein damaliges operatives Vorgehen heute sogar medizinischer Standard**, da kleinere

Tumorreste, wenn überhaupt noch notwendig (z. B. bei einem evtl. Wachstumsschub), mit dem Cyber-Knife komplikationslos entfernt werden können.

Weder Staatsanwalt W. noch Oberstaatsanwältin B. in Vertretung des Generalstaatsanwaltes waren bereit, einen gefährlichen Ordinarius in die Schranken zu weisen, vermutlich auf Anordnung von oben, die Stellung eines Ordinarius nicht zu gefährden (siehe Seite 175).

Während Fall VIII das brutale Vorgehen eines Menschen widerspiegelt, der die Kontrolle über sich vollständig verloren hat, demonstriert der Fall IX die ganze Perfidie eines Ordinarius, der mit einem Schreiben Patienten anstiftet bzw. anstiften lässt, gegen einen Mitarbeiter seiner Klinik gerichtlich vorzugehen (Anlage 81, 82; S.179-181). Erschütternd dabei ist, dass die Bayerische Justiz mit einem unberechtigten Strafbefehl einem kriminellen Ordinarius die Ausübung seines Amtes weiterhin ermöglicht, ein bekanntes Vorgehen, um ein Verfahren gegen einen Vorgesetzten von einem Kläger mit berechtigten Vorwürfen (Strafanzeige gegen H.-J. R. wegen falscher Verdächtigung) einstellen zu können (siehe auch LKA Vizepräsidentin Petra Sandles; S. 211). Der Strafbefehl ist unberechtigt, weil die Patientin eine Klageerhebung gegen mich abgelehnt hat und weiterhin ablehnt (S.192), weil die Patientin H.-J. R. absichtlich nicht von der Schweigepflicht befreit hat (S.187) und der Ordinarius deshalb keinen privaten außerklinischen Rechtsanwalt hätte beauftragen dürfen, da eine Rechtsabteilung, nämlich die der LMU, bereits informiert worden war. **Geradezu unfassbar aber ist, dass der gleiche Staatanwalt W. das schräge Ansinnen des H.-J. R., das die Patientin abgelehnt hat, unter dem Vorwand öffentlichen Interesses nun selbst übernimmt** und **der Patientin** nach der von H.-J. R. gesteuerten anonymen Anzeige **damit einen weiteren Schock versetzt (S.175).**

Um sein Ziel zu erreichen stellt H.-J. R. hemmungslos falsche Behauptungen auf, z. B. falscher Zugang, mechanische Verletzung des Augennervs usw. Dem Gutachter G. in Basel werden die das Gegenteil beweisenden Aufnahmen nicht zugesandt. So übernimmt Gutachter G. in seinem ersten Gutachten die falschen Verdächtigungen des H.-J. R., der seine Lügen damit noch bekräftigt, meine Fehler intraoperativ gesehen zu haben. Diese Vorwürfe konnten nicht der Wahrheit entsprechen, da in diesem Fall H.-J. R. als Chef hätte eingreifen müssen, um die Patientin vor Schaden zu bewahren.

**Nach Zusendung der noch fehlenden Aufnahmen korrigiert Gutachter G. sein erstes Gutachten.** Er findet **keinen Anhalt mehr für ein fehlerhaftes operatives Vorgehen meinerseits. Obwohl dieses korrigierte Gutachten am 27.08.1998 erstellt wurde, findet es bei der Bayerischen Justiz keine Berücksichtigung mehr.**

Systemgetreu schließt sich Richter G. der Meinung des Staatanwalt W. an, hierarchische Strukturen zu erhalten. Richter G. stellt deshalb am 01.10.1998 **einen Strafbefehl mit den falschen Verdächtigungen des H.-J. R. gegen mich aus.**

Dieser Fall zeigt besonders eindrucksvoll die ganze Hilflosigkeit, der ein normaler Bürger den Entscheidungen eines Richters ausgeliefert ist. Allein der Richter bestimmt, ob er ein Zusatzgutachten, das auch noch **zeitgerecht** erstellt worden ist, lesen will oder nicht. Es macht zusätzlich Arbeit und die neue Situation erfordert u. U. eine Revision des ersten Urteils.

Zum Trost und zur Ehrenrettung der Justiz sei aber gesagt, dass es auch in dieser Fakultät charakterstarke Persönlichkeiten gibt, die bei der Suche wahrhaft Recht zu sprechen keine Mühe scheuen und sich nicht verbiegen lassen. Als Beispiel sei der Bundesgeneralstaatsanwalt Harald Runge angeführt, der sich zu diesem Thema geäußert und seine Meinung trotz Einwand des damaligen Justizministers nicht revidiert hat: Auf Ermittlungen Einfluss zu nehmen, weil deren mögliches Ergebnis **politisch nicht opportun erscheint, ist ein unerträglicher Eingriff in die Unabhängigkeit der Justiz.**

# Buchbesprechung

Dr. Gisbert Kley

Buchbesprechung Oskar Josef Beck, Ein Klinik-Krimi ISBN 978-3-7392-8216-9

Das Buch beschreibt, wie in einer deutschen Universitätsklinik ein Professor von einem Ordinarius kaltgestellt worden ist.

Was besonders erschreckend ist, mit welcher Systematik, Perfidie und Menschenverachtung der Ordinarius dabei vorgeht und vor Lüge und Fälschung nicht zurückschreckt.

Wenn man das Buch liest, denkt man spontan, daß die unglaubliche Geschichte nicht wahr sein kann. Da müsse doch der Ordinarius gegen den Inhalt gerichtlich vorgegangen sein und die Weiterverbreitung des Buches verhindert haben. Aber nichts dergleichen. Also entspricht der Inhalt des Buches den Tatsachen. Und deshalb lohnt das Studium des Inhaltes.

Ein Ordinarius wird auf einen herausragenden von seinem Vorgänger geschaffenen Lehrstuhl für Neurochirurgie in einem nicht korrekt verlaufenem Auswahlverfahren berufen. Er übernimmt damit auch die Leitung der dazugehörigen Klinik. Der dort tätige Leitende Oberarzt, selber auch Professor, war der engste Mitarbeiter seines Vorgängers, hatte langjährig komplexeste Operationen mit Erfolg durchgeführt, war außerdem Pionier der neuen Methode der Laserchirurgie und später sogar Präsident der Internationalen Vereinigung der Laserchirurgen, also auch international fachlich hoch anerkannt.

Und einem solchen Spitzenchirurgen und -wissenschaftler verbietet der Ordinarius zu operieren und verhängt ein absolutes Operationsverbot ohne Begründung. Zudem verhindert er, daß dieser Leitende Oberarzt und Professor Chefarzt einer benachbarten Klinik wird und verbaut ihm damit die qualifizierte Fortsetzung seines Berufsweges.

Und nun beginnt das Ringen des Oberarztes um Wiederherstellung seiner Ehre und seine Wiederzulassung zu seinem Beruf: Es dauert sieben lange Jahre, Jahre der Enttäuschung und der Verzweifelung: Interventionen in der Fakultät, beim Rektor der Universität, immerhin München, beim Kultusminister als dem letztlich Höchstverantwortlichen, dem durch seine „großartige" ins Chaos führende Rechtschreibreform berühmten Zehetmair, enden im Niemandsland des Verschleppens des Vorganges. Der Staatsanwalt, mehrfach befaßt, beendet systemloyal die Ermittlungen. Der Ordinarius bleibt wie in einer Form der Verschwörung unangefochten. Einzig – ein Hoffnungsschimmer – der Petitionsausschuß des Landtages greift ein und liefert damit letztlich den Anlaß, daß der vom Ordinarius Verfolgte zu seinem Recht kommt.

Da stellt sich die Frage, was ist in diesem Bayerischen Staat los, daß augenscheinlichem Fehlverhalten eines Ordinarius nicht Einhalt geboten wird. Wo bleibt die Fürsorge des Staates für seine Beamten? Ist ein solcher Vorgang auch in anderen Bundesländern möglich? Wahrscheinlich ja. Bayern hat zwar ein tiefes inneres Verhältnis zu seiner Staatlichkeit und Ordnung, die durch solche Vorgänge ja nur gestört werden. Aber Verwaltung ist in allen Bundesländern verhaltensgleich, auch wenn die politischen Parteien andere sein mögen.

Wenn man sich am Ende der Lektüre, der Schilderung aller Winkelzüge des Ordinarius und allen Kampfes des Oberarztes um seine Rehabilitation auf den Ausgangspunkt besinnt, dann wird einem die Niederträchtigkeit des Vorgehens des Ordinarius besonders bewußt: Als er seine Tätigkeit als Chef aufnimmt, ordnet er als erstes eine Änderung der Erstellung der Operationspläne an. Bis dahin waren alle Patienten in der Reihenfolge der Operationen gleich behandelt worden. Nun sollten die Privatpatienten vorgezogen werden. Gegen diese Ungleichbehandlung hatte der Leitende Oberarzt opponiert und damit den Rachefeldzug des Ordinarius ungewollt ausgelöst, der praktisch zur Beendigung seiner Karriere geführt hat. Wie dankbar muß man als Patient sein, daß es solche Menschen wie diesen Leitenden Oberarzt gibt, der sich letztens doch durchgesetzt und damit aber auch das Ende seiner hoch angesehenen Position provoziert hat. Wie schlimm für Patienten, die sich wegen seines fachlichen Rufes und operativen Könnens und wegen seiner besonders menschlichen Art der Patientenbehandlung von ihm selbst operieren lassen wollten und denen er sagen mußte, daß er OP-Verbot hat. Und wie schrecklich ist der Gedanke, daß ein Ordinarius aus rein egoistischen geldlichen Motiven eine unterschiedliche Behandlung von Privat- und Kassenpatienten als gültige Regelung beabsichtigt. Wenn man wie der Rezensent vor einer plötzlich notwendigen Tumoroperation im Kopf stand, weiß man, was das bedeutet.

Als besonders beeindruckend an dem Buch ist noch zu erwähnen, daß die Sprache einfach und klar ist und ohne Emotion auskommt, obwohl der Inhalt selber den Leser zu Emotionen verleitet. Aber dieser sachliche Stil vermittelt den Inhalt umso eindrucksvoller.

Dr. Gisbert Kley

## Ein Klinik-Krimi: Wie in einer Deutschen Universitätsklinik ein Professor kaltgestellt wurde oder: Die neun Kröten

**Amazon.de:**

5,0 von 5 Sternen **Wow**!
Von Amazon Kunde am 16. Januar 2016
Verifizierter Kauf

Packender als jeder Kriminalroman... Zutiefst erschüttert über diese Enthüllungen im Alltag einer Universitätsklinik lässt es einen die eine oder andere Nacht kaum schlafen. Definitiv eine Empfehlung für jeden angehenden und/oder noch sehr blauäugigen Mediziner.

5,0 von 5 Sternen **Das geht uns alle an: Geldgierige Chefärzte. Betrunkene Chirurgen. Sterbende Patienten wegen Betriebsausflug.**
Von F. J. Dallmayr am 17. Januar 2016
Verifizierter Kauf

Kaufempfehlung für alle, die schon mal in einer Münchener Klinik operiert wurden!! Das Erschreckendste an diesem Buch ist, daß es sich, präzise belegt, genauso zugetragen haben muß: Was dem Autor widerfahren ist, in einem Rechtstaat, ausgehend von Menschen in hohen Ämtern und Würden, ist mit Worten wie entsetzlich, grausam, unwürdig, abscheulich, diffamierend, skandalös , nicht im Entferntesten zu beschreiben. Trotz des autobiografischen Sachverhaltes, liest es sich wahrlich wie ein spannender Krimi, der einen nicht mehr loslässt. Jede einzelne Seite erzeugt unglaubliche Fassungslosigkeit. Ein sehr mutiges Buch, denn die Protagonisten (adversarius), die dieses Leid verursacht haben, werden weiterhin keine Ruhe geben. Diese werden sich ihrer durch Schurkerei, Mobbing, Lüge, Betrug, Urkundenfälschung, übler Nachrede, in krimineller Weise 'erschwindelten' Lebensleistung, durch dieses Buch beraubt fühlen. Ein Aufrichtiger stemmt sich gegen die Unaufrichtigkeit und Geldgier des Gesundheitswesens (sowie dessen egoistische Nutznießer) und wird dafür hart bestraft, eine Ungeheuerlichkeit, die uns alle aufhorchen lassen sollte. Was hier alles beschrieben und durch viele Dokumente und Briefe belegt wird, ist nicht in einer Bananenrepublik geschehen, sondern in Deutschland. Nicht in einem namenlosen Klinikum, sondern in Großhadern/München. Ein Chefarzt hat auch mal einen schlechten Tag, das sei ihm zugestanden, aber der Patient leidet eben sein ganzes Leben. In dem hochdramatischen Buch, sind genügend Beispiele dargestellt, an denen Patienten nicht so viel Glück hatten und mit ihrem Leben bezahlen mussten 'ad exitum'. Das Buch ist nicht nur lesenswert für aktive und angehende Mediziner, sondern für uns alle: Die Patienten! Wir verstehen nun, was hinter trostbringenden Hinterbliebenen-Worten, wie „Wir haben alles nur menschenmögliche unternommen, es gab einfach keine Chance mehr" steckt. Vielleicht ein betrunkener Chirurg, der nach einigen Weißbieren zum Frühstück einfach mal nur die linke mit der rechten Hirnhälfte verwechselt? Oder ein Chefarzt, der wegen einem launigen Betriebsausflug, mal eben eine sterbende Patientin ihrem Schicksal überlässt? Lesen sollten das Buch auch die beteiligten Landtagsabgeordneten, unsere werten Volksvertreter. Amigo lässt grüßen, erst einmal gewählt, wird dann auch eher ein entfernter Cousin zum Chefarzt, als ein fähiger Genius. Der Autor, ist bereits vor vielen Jahren mutig gegen das eingestanden, was heute gang und gäbe ist, eine Zweiklassengesellschaft in der Medizin. Anstatt ihn dafür auszuzeichnen, wurde er ,kaltgestellt'. Von denjenigen, die vielleicht auch heute noch das Sagen haben.

5,0 von 5 Sternen **Ich bin „Kröte III"...**
Von Axel_p am 27. Januar 2016
Verifizierter Kauf

und kann nur sagen: es war genau so, wenn nicht noch schlimmer. Gegen diese Machtstrukturen einer „ehrenwerten Gesellschaft" im universitären Bereich ist man vollkommen hilflos, wenn man nicht mit den Wölfen heult und den Korpsgeist befolgt. Leider trifft das eben nicht nur die unmittelbar kollegial Beteiligten, sondern über die gut beschriebenen Verflechtungen, z.B. über Gutachter, letztendlich immer den Schwächsten, den ausgelieferten Patienten: da ist es im Zweifelsfall völlig egal, ob es Leitlinien zur Behandlung bestimmter Erkrankungen gibt - wenn es gerade passt, wird operiert oder eben nicht, ganz nach Laune des Chefs. Diskurse enden für Nachgeordnete recht häufig in der Sackgasse, schnell für die gesamte Karriere. Das dürfte hierzulande kein rein medizinisches Problem sein, ich glaube sagen zu können, daß die Machtfülle eines Chefarztes einer deutschen Universitätsklinik recht nahe an das aktuelle Beispiel der Strukturen des VW-Konzerns herankommt. Aus den „Auszubildenden" und ranghöheren Nachgeordneten wird zum eigenen finanziellen (Betreuung der Privatpatienten) und akademischen Vorteil (Vorträge und Veröffentlichungen ohne Eigenleistung) herausgepresst was geht und die eigene Verantwortung minimalisiert, wobei das Netzwerk der „ehrenwerten Gesellschaft" der Fachkollegen willfährig zur Seite steht. Zum Schluß: das Buch ist empfehlenswert für Jeden, der sich mit dem Gedanken trägt, eine universitäre Karriere zu beginnen und (noch) an das Gute im Menschen glaubt. P.S.: Ich selbst bin 10 Jahre später aus dem System ausgestiegen und habe es noch keinen Tag bereut.

5,0 von 5 Sternen **Ein schockierendes Armutszeugnis für die Demokratie**
Von F. Baier am 28. Januar 2016
Verifizierter Kauf

Meiner persönlichen Meinung nach ist dieses Buch (entgegen der Titelseite) nicht nur für angehende Mediziner und Juristen sehr lesenswert, sondern auch für den ganz normalen Durchschnittsbürger. Da ich selbst im Klinikum Großhadern zu Welt kam und dort auch kleinere (nach diesem Buch vermutlich auch zum Glück – nur – kleinere) medizinische Eingriffe hatte, fand ich es mehr als schockierend mal etwas hinter die Kulissen eines Klinikums zu sehen. Der Autor beschreibt fundiert und vollkommen nachvollziehbar belegt was ihm als ehrlichen und sozialen Mediziner an Unrecht widerfahren ist. Ohne die vielen abgedruckten original Dokumente würde man nach wenigen Seiten ins Grübeln kommen, ob es sich nicht doch um einen frei erfundenen

Krimi handelt. Diese Geschichte zeigt wieder einmal auf schockierende Art und Weise die Untätigkeit unserer bayrischen Justiz, unserer gewählten Volksvertreter (Kultusminister / KuMi) und der Verwaltungsorgane des Klinikums Großhadern wenn ein Einzelner auf Missstände hinweist. Da ist es „bequemer" dem Einzelnen (der die Wahrheit sagt) „kalt zu stellen" und Unrecht an zu tun, statt die Sache wirklich aufzuklären. Kollateralschäden (z.B. an Patienten) werden von allen Beteiligten, außer dem Autor, billigend in Kauf genommen. Nach diesem Buch bin ich mehr denn je der Überzeugung, dass wir nur von einem Bruchteil der täglich statt findenden Ungerechtigkeit in unserem Land erfahren. Des Weiteren ist es für mich als Teil der „Generation Fernsehen" schön zu sehen, das ehrwürdiges und standhaftes Verhalten wider allen Umständen nicht nur in Hollywood Filmen sondern auch ganz real nur wenige Kilometer von meinem Wohnort gab. Es ermutigt zu sehen, dass man so etwas durchstehen kann ohne seinen Glauben an das Gute und das Leben zu verlieren. Von mir gibt es ein „Daumen hoch" für dieses mutige Buch!

**5,0 von 5 Sternen Der Fall Beck ein Einzelfall?**
Von Amazon Kunde am 5. Februar 2016

Das Vorgehen gegen Prof. Dr. Oskar Beck ist mehr als eine Tragödie, da man ihm nicht nur seine Karriere zerstört, sondern ihn auch schwerst diffamiert hat. Meine damaligen Interventionsversuche waren leider vergeblich.

Prof. Dr. med. Dr. h.c. mult. Alfons Hofstetter em. Ordinarius für Urologie an der LMU München

**5,0 von 5 Sternen „Besser spät als nie"**
Von Amazon Kunde am 14. Februar 2016

Es ist gut und richtig, daß dieser Tatsachenbericht mit diesen Ungeheuerlichkeiten in Buchform veröffentlicht wurde. Es ist schon erschütternd wie in unserer Gesellschaft mit Menschen umgegangen wird. Dem ist nichts hinzu zufügen.

**5,0 von 5 Sternen Eigenes Erleben bestätigt das Buch – Prof. Beck hat trotzdem ein Leben gerettet!**
Von A. G. am 14. Februar 2016
Verifizierter Kauf

Der Autor spricht mir und meiner Familie mit dem Buch aus dem Herzen. Unsere persönlichen Erlebnisse in der Causa „Prof. XXX" bestätigen die geschilderten Missstände und lassen zum Leidwesen unserer Familie die grauenhaften eigenen Erfahrungen lebendig werden. Prof. Beck hat unserem Sohn mit zwei Operationen im Abstand von 11 Jahren das Leben gerettet. „Angiom an der Vertebralis" – die 2. OP durfte Prof. Beck auf Beschluss seines Vorgesetzten nicht mehr in „seinem" Klinikum Großhadern vornehmen, sondern musste diese OP in einem Krankenhaus mehrere 100 Kilometer von München entfernt ausführen. Dem eigenmächtigen Treiben von Prof. XXX wurde auch von den höchsten politischen Stellen nicht Einhalt geboten. Prof. Beck musste mit persönlichem Risiko Umwege über eine andere medizinische Station suchen, um unseren Sohn zu retten. Ihm gehört unser ewiger Dank – mit Worten kann er nicht gefasst werden. Sein Buch schildert nur in Ansätzen, wie zu der damaligen Zeit die Patienten der Willkür eines Verantwortlichen ausgesetzt waren.

Karl Volpert

**5,0 von 5 Sternen Eine Sensation auf dem Buchmarkt**
Von Amazon Kunde am 22. Februar 2016
Verifizierter Kauf

Das Buch von Oskar Josef Beck „Ein Klinik-Krimi" ist eine echte Sensation auf dem Buchmarkt und liest sich tatsächlich wie ein Krimi. Es ist unglaublich, was sich in der Welt der Universität und Bildungspolitik alles abspielt bzw. abspielen kann. Der Verfasser zeigt in Dokumenten meist in Form von Briefwechsel auf, in welch fast aussichtsloser Situation ein glänzend qualifizierter Arzt und Wissenschaftler sein kann, wenn es der Maffia einer Fakultät gefällt bzw. nicht gefällt. Man kann nur hoffen, dass es für ähnlich geschädigte ermutigt, in demselben Engagement wie Prof. Beck nicht aufzugeben und letztlich auch in die Öffentlichkeit zu gehen. Ein sehr empfehlenswertes Buch nicht nur für Fachleute!

Prof. Dr. mult. Helmut Zöpfl

**5,0 von 5 Sternen Ein ehemaliger Kassenpatient Ertl H.**
Von Hubert Ertl am 1. März 2016

Vorgeschichte: Durch mehrere Zufälle fiel ich 1978 in Großhadern buchstäblich einen hervorragenden Mediziner und bemerkenswerten Menschen glücklicherweise in die Hände. Krankheit: Ependynom Kauda-Tumor L1 – L5 Nervenkanal. Damals Dr. Beck leistete hervoragende Arbeit und Lebe bis heute ein fast normales Leben. Und jetzt erfährt man eine solch unglubliche Geschichte, die man man auf Anhieb fast gar nich glauben kann, aber dies ist die grausame Wirklichkeit, alles belegt mit zahlreichen Briefen und Niederschriften. Nach dem ich dieses Buch gelesen hatte, war ich fassungslos und zugleich kam eine Wut in mir Hoch. Das überhaupt ein solcher Prof. Dr. R. auf die Menschheit losgelassen wird, ist schon eine Zumutung für Kollegen und Patienten. In meinen Augen ist dieses Objekt ein geisteskranker Vollpfosten mit krimineller Veranlagung der über Leichen geht. Für mich gehört dieses Subjekt nach Haar, aber nicht als Arzt sondern als Dauerpatient. Das schlimme aber von der ganzen Tragödie ist : Das kriminelle Treiben des Prof. Dr. R. wurde mit Zustimmung und Duldung des kompl. Bay. Verwaltungapparates KuMi-Justiz-Klinkverwaltung mit getragen. Es wurden sogar Tote in Kauf genommen um dieses Monster zu schützen. Hier reichen nicht einmal die drei Affen Taub-Stumm-Blind es kommen noch zwei dazu Skrupellos-Gewissenlos. Hier verliert man jegliches Vertrauen an Justiz und die sogenannten Volksvertreter aber in diesen Fall Volksverbrecher. Man tut sich sehr schwer wieder an das Gute und Gerechte von Menschen zu Glauben. H. Prof. Dr. Beck ich wünsche Ihnen u. Fam. alles erdenklich Gute, dass diese grausame Tat an Ihrer Person einiger Maßen verheilt. Dieses Buch ist ein Hit und spannender wie ein Krimi nur zu empfehlen, auch für angehende Ärzte und Patienten sowie der Allgemeinheit.

Ein Blick hinter die Klink Kulisse.

**5,0 von 5 Sternen Skrupelloser Ehrgeiz – Ein Tatsachenbericht**
Von Amazon Kunde am 4. März 2016

Skrupelloser Ehrgeiz bei Siemens, VW und der Deutschen Bank ist mittlerweile hinreichend bekannt. Nun gibt Becks Buch auf erschreckende Weise auch noch die destruktive Energie von Einzelpersonen im öffentlichen Bereich wieder und zeigt vor allem das Versagen von Dienstherren, Universitäten, Gutachtern und Ministerien auf. Das Buch passt wirklich sehr gut in unsere Zeit.

**5,0 von 5 Sternen Eine der nicht im Buch erwähnten Kröten.**
Von Baramundy am 5. März 2016

Stellvertretend für wohl viele nicht erwähnte Kröten, die ein ähnliches Martyrium in Großhadern erleben mussten, möchte ich mich hiermit nochmal bei Herrn Prof. Beck bedanken. Bedanken bei dem Mediziner, der mir zweifelsfrei 2 Mal das Leben rettete. Er ermöglichte es mir, trotz der im Buch vortrefflich erwähnten, ihm entgegengebrachten Willkür, mich von ihm außerhalb von Großhadern operieren zu lassen, nachdem mehrere bereits in Großhadern angesetzte Operationstermine durch H. J. R. kurzfristigst abgesagt wurden. Bedanken möchte ich mich aber insbesondere bei dem Menschen Oskar Beck. Er steht heute für mich noch als Sinnbild einer „menschlichen Medizin", bei dem das Wohl des Patienten und nicht dessen Krankenkassenzugehörigkeit im Vordergrund standen. Es ist wohl diese Menschlichkeit, die ihm im Zeitalter von Krankenkassenreformen und defizitären Kliniken eine noch größere Karriere verbaute. Noch heute, fast 25 Jahre nach meiner letzten OP besteht Kontakt zu ihm. Ich wünsche ihm für seine Zukunft nur das Beste und dass er mit diesem sehr lesenswerten Buch seinen Frieden mit diesem Thema findet.

Christian Volpert

**5,0 von 5 Sternen Klinik-Krimi „Die neun Kröten"**
Von Heinz Kunz am 7. März 2016
Verifizierter Kauf

Mit großer Neugier – abschließend mit Bestürzung – habe ich das Buch „Ein Klinik Krimi – „Die neun Kröten" gelesen. Krimi-Romane sind ja oft schön zu lesen und sorgen oftmals für Unterhaltung und Entspannung. Aber einen auf belegbaren Tatsachen (Dokumente als Unterlagen) beruhender Klinik-Krimi ist schon etwas Besonderes. In kurzer Zeit habe ich das Buch, das ich im Verwandten- und Bekanntenkreis empfehlen werde, gelesen. Was in diesem Buch dargestellt wird, lässt mich nicht in Ruhe. Eine miterlebte, über 11 Jahre dauernde positive Vergangenheit mit dem Klinikum Großhadern veranlasst mich, eine Antwort auf dieses Buch zu geben. Beim Lesen des Buches kann man oft nur den Kopf schütteln was in diesem Fall geschehen ist. Das Klinikum Großhadern hatte seinerseits einen hervorragenden Ruf, auch auf europäischer Ebene. Die geschilderten und durch Dokumentationen belegten Vorkommnisse stellen zumindest die Neurochirurgische Klinik in einem Licht dar, das einfach unvorstellbar ist, wenn man auf die „alten Zeiten" zurückblickt. Ganz erschreckend ist auch, dass die Verwaltungsorgane des Klinikums in keiner Weise eingegriffen haben. Von der bayrischen Justiz (Kultusministerium) ganz zu schweigen. Unsere sogenannten Volksvertreter drücken sich nach wie vor von Antworten auf unbequeme Fragen oder Vorgängen. Und das in einem Rechtsstaat! Ein Klinik Krimi „Die neun Kröten" bei meiner Bewertung geben ich die Höchstnote von 5 Sternen (sehr gut).

Ich kann zu diesem Buch nur meine aller höchste Hochachtung aussprechen und würde mich freuen, wenn noch viele positive Lesermeinungen bei Amazon eingingen.

**5,0 von 5 Sternen Der Fall Beck – Leider kein Einzelfall**
Von heide baader am 7. März 2016
Verifizierter Kauf

Ein hervorragendes Buch für jeden, am Medizinbetrieb interessierten Leser, über Machenschaften an einer deutschen Universitätsklinik. Mit kriminalistischer Beweisführung wird dargestellt, wie ein Mensch zu Unrecht systematisch demontiert und fertig gemacht wird. Das Versagen beteiligter Institutionen wie Klinik-Verwaltung, Kultusministerium und bayerischer Justiz offenbart sich sehr deutlich. Obwohl vor 20 Jahren passiert, hat der Fall Beck nichts von seiner aktuellen Brisanz verloren und ist leider kein Einzelfall. Die Macht der Ordinarien, die zum Teil unter höchst zweifelhaften (und nur Insidern bekannten) Auswahlverfahren in ihre Position gelangt sind, (wobei die fachliche Qualifikation gerade im operativen Bereich in so manchem Fall höchst fragwürdig ist!!) ist in weiten Kreisen noch immer omnipotent. In meinem engsten Umfeld kann ich augenblicklich 4 ähnliche Fälle unterschiedlicher Ausprägung benennen, in denen Oberärzte/innen, die sich gegen Mißstände in der Klinik, bzw. gegen vorgesetzte Ordinarien oder Chefärzte zur Wehr gesetzt haben, regelrecht gemobbt und sukzessive ihrer Tätigkeit enthoben wurden. Angewandte Mittel: Bespitzeln, verleumden, Operations-Verbot, vorziehen jüngerer, nicht unbedingt fachlich besserer Kollegen, die dem Chefarzt opportuner erschienen. Die ehrenwerte medizinische Gesellschaft wäre besser beraten, wenn sie, anstatt einem Kultusminister eine Ehren-Doktorwürde zu verleihen (2013), einen Kollegen auszeichnen würde, der seine Karriere geopfert hat, um gemäß dem hippokratischen Eid Menschen zu helfen. Dem Autor wünsche ich eine weite Verbreitung seines Buches, welches hoffentlich auch für Kollegen eine Anregung ist, ähnliche, selbst erlebte Vorfälle aufzuschreiben und der Öffentlichkeit mitzuteilen. Es bleibt die Hoffnung, daß durch das konsequente Offen-Legen weiterer Fälle sich zumindest langfristig die Lage an den Universitätskliniken und Krankenhäusern ändern wird und die, zum Teil absolutistischen und maffiösen Strukturen verschwinden werden!

**5,0 von 5 Sternen Scharfer Tobak – Angehörige eines ehemaligen Patienten auf der neurochirurgischen Abteilung in Großhadern**
Von Amazon Kunde am 10. März 2016

Nomen est omen: Nach der Lektüre dieses Buches kann man wirklich nur noch „groß-hadern". Herrn Prof. Dr. Beck hat das Berufsverbot m.E. bis ins Mark seiner Mediziner-Seele hinein getroffen, denn es war ungerechtfertigt, rufschädigend und hat ihn zur Untätigkeit verurteilt, wobei letzteres bestimmt das Schlimmste für ihn war, so wie ich ihn aus persönlich gewonnener Erfahrung einschätze. Was für eine finanzielle Verschwendung und was für eine Vergeudung von fachlicher Kompetenz und wissenschaftlicher Brillianz! Beides lässt sich nicht durch das Macht- und Konkurrenzgehabe eines einzelnen Ordinarius rechtfertigen, der im Laufe der Zeit die Verantwortung zu verschleiern und sogar auf andere abzuwälzen versuchte. Was für eine weitere Gemeinheit und was für ein Beispiel von Charakterlosigkeit! Die akribische Dokumentation – und dazu braucht man Kraft, Ausdauer und ein sehr starkes Nervenkostüm – zeigt die Ungeheuerlichkeit der Geschehnisse. Sie besteht darin, dass ein Ordinarius vorsätzlich seine Macht zu Lasten der Kassenpatienten und schwer kranker Menschen missbraucht und ihm keinerlei Einhalt geboten wird, wie das z.B. durch die Institution Kultusministerium möglich gewesen wäre. Kann sich so eine – mit Verlaub „Sauerei" – tatsächlich am Universitätsklinikum Großhadern zugetragen haben? Leider ja, wie die Originalbelege zeigen. Leidtragende durch diese niederträchtigen Machenschaften waren aber in besonderen Maße Patienten und deren Angehörige sowie Kollegen, die – soweit damals schon bekannt – allesamt nichts gegen einen Profilneurotiker und Egozentriker ausrichten konnten, da er manipulativ sehr geschickt das marode System für sich arbeiten ließ, das sich auszeichnet durch blinden Gehorsam, Unterwürfigkeit und die Unfähigkeit eigenständig zu denken und selbstverantwortlich zu handeln. Das ist wohl das wahre Verbrechen eines Herrn R. Nun muss er sich einen Spiegel vorhalten lassen, der ihn als Drahtzieher eines perfiden Spiels entlarvt, das er primär unterhalb der Gürtellinie austrug. Die Schuld, die er durch seine nachweislich ethischen und moralischen Versäumnisse auf sich geladen hat, würde ich persönlich nicht tragen wollen. Zusammenfassend stelle ich Folgendes fest: Äußerst gebeutelt, zutiefst verletzt und auch erschüttert durch das Erlebte geht Herr Prof. Dr. Beck letztendlich m.E. doch als «Sieger» aus dem ihm aufgezwungenen Machtkampf hervor und ich erkenne, dass er nicht nur als Mediziner sondern auch als Buchautor sein Bestmöglichstes getan hat. Ausgesprochen lebensnah, drastisch und schonungslos weist der Inhalt von «Ein Klinik-Krimi» auf die Missstände an einer deutschen Universitätsklinik hin. Dabei werden – wie mir scheint – folgende Ziele verfolgt: Aufarbeitung des erfahrenen Unrechts, Richtigstellung falscher Anschuldigungen und damit Wiedergewinnung der zu Unrecht beschädigten Reputation und in besonderem Maße Aufklärung für die Klientel der Mediziner sowie der Öffentlichkeit – und nicht zuletzt die Sensibilisierung für ein Gesundheitswesen, das sich vielfach besser darstellt als es wohl tatsächlich ist. In dem Zusammenhang denke man nur an den Organspende-Skandal. Was für ein Kämpfer und leidenschaftlicher Arzt, was für ein starker Mensch und nicht zuletzt, was für ein Vorbild für unsere Gesellschaft. Die Lektüre konnte ich nur häppchenweise lesen, denn ich habe das Buch weniger als spannenden Krimi erlebt sondern viel mehr als äußerst „scharfen Tobak", auf den ich mich aufgrund seiner inhaltlichen Tragweite nur sehr dosiert einlassen konnte! In sehr großer Dankbarkeit für die Behandlung meines Bruders und für die ihm dadurch noch geschenkten Lebensjahre. Gabriele Krauss

5,0 von 5 Sternen **Kein „Krimi der Verbitterung", sondern bittere Realität**
Von Dr. med. J.L. Schönberger am 20. März 2016
Verifizierter Kauf

Die Medizin ist Teil der Gesellschaft. In ihr herrschen dieselben Strukturen und Machtverhält-
nisse. Und da diese Gesellschaft in weiten Teilen bis heute korrupt, ungerecht und inhuman ist,
wen wundert`s, wenn es dann selbst in ihrem der Humanität verpflichteten Bereich, der Medizin,
auch so zugeht. Zu spüren, bekommen es alle, die sich mit den Vertretern der Macht anlegen.
„Macht" bedeutet dabei, Menschen brechen und Karrieren zerstören zu können. Professor Beck,
langjähriger Leitender Oberarzt einer der grössten neurochirurgischen Kliniken Deutschlands,
hatte sich mit Professor XXX, seinem neuen Chef, Nachfolger des charismatischen Professor
Marguth, angelegt. Es ging ihm dabei nicht um die Verteilung der Pfründe, sondern um elemen-
tare Patientenrechte bzw. Mitarbeiterpflichten. Im Rahmen dieser Auseinandersetzung belegte
der neue Klinikchef einen der besten und immer um das maximale Wohl seiner Patienten be-
mühten Neurochirurgen mit einem Operationsverbot. Das ist die schlimmste Strafe, die man
einem Chirurgen zufügen kann. Rauswerfen konnte man ihn nicht, da er Beamter war und man
ihm nicht wirklich etwas vorwerfen konnte. Also bediente man sich der ... Machtmittel und „....",
über die diese Institutionen verfügen, inklusive Ruf... und Mobbing, verwickelte den Professor
in Prozesse und Verfahren und zwang ihn so auf den langen Marsch durch die juristischen Ins-
tanzen. Ein schwacher Trost, dass Professor Beck doch noch obsiegte und seine Ehre rehabilitiert
ist. Es war jedoch zu spät, um sein operatives Können wieder den Patienten zu Gute kommen
zu lassen. Blättert man in diesem Buch, das interessanterweise vom Autor selbst bei Books on
Demand herausgegeben wurde, ist man zunächst ein wenig enttäuscht, weil es seitenweise Briefe
und Dokumente enthält und spätestens zu diesem Zeitpunkt merkt man, dass es sich nicht um
einen „echten" Krimi handelt, leider auch um keine Realsatire, sondern um bittere Realität, sozusagen einen Tatsachenkrimi – der allerdings nicht weniger spannend ist und eben deswegen noch
viel mehr unter die Haut geht. Dieses Buch ist auch ein Beitrag zur Medizingeschichte, natürlich
speziell der Neurochirurgie und der Münchner Medizin und schildert darüber hinaus beispiel-
haft, wie universitäre Stellen mit ihren Mitarbeitern umgehen und Aufsichtsbehörden ihre Aufsichtspflicht verletzen .... Nun denn, könnte man einwenden, diese Geschichte liegt ja schon über
20 Jahre zurück. Aber an den geschilderten Strukturen hat sich bis heute nichts geändert. Man
vergleiche dazu nur die aktuellen, überwiegend bayerischen, Psychiatrieskandale (Gustl Mol-
lath!) Der Rezensent war bis 1991 selbst als Neurochirurg am Klinikum Grosshadern tätig und
hat sofort nach der Facharztprüfung daselbst gekündigt, weil er nicht das Risiko eingehen wollte,
noch einmal unter einem neuen Chef ... zu müssen. Aus der gemeinsamen Zeit mit Professor
Beck ist mir vor allem eine Anekdote in Erinnerung geblieben, die ich selbst miterlebt habe und
für die ich mich verbürge: Professor Beck und ich als sein Assistent operierten ein junges Mädchen aus dem damaligen Ostblock an einem Hirntumor, wobei eine gemeinnützige Gesellschaft
die Kosten für die Operation im Westen am „Weltzentrum Großhadern" übernehmen wollte. Der
Schädel war bereits geöffnet und die Tumorentfernung hatte begonnen. Da kam ein Anruf in den
OP-Saal und man liess uns laut über die Anästhesistin ausrichten: „Operation sofort stoppen,
die Kosten sind nicht gedeckt". Worauf Professor Beck spontan und ebenso laut vernehmlich

antwortete: „Das ist mir wurst, dann zahl ich`s eben selber!" In Lederhosen hat Professor Beck allerdings nicht operiert… Pikanterweise ereignete sich diese Geschichte noch vor der Ära XXX …

Dr. med. J.L. Schönberger, Neurologe und Neurochirurg

5,0 von 5 Sternen **Prof. Dr. O.J. Beck hat mich viermal operiert und jedes mal so präzise und mit großem Erfolg........**
Von Christl Schenk am 3. April 2016
Verifizierter Kauf

Februar 2016

Mit großem Interesse habe ich das Buch gelesen. Zwischendurch musste ich es immer wieder zur Seite legen, weil es mich sehr geschmerzt hat, zu erfahren, wie es dem Autor ergangen ist. Er hat mich viermal operiert und jedes mal so präzise und mit großem Erfolg, dass eine Querschnittslähmung immer abgewendet werden konnte. Ich war 25 Jahre alt, als meine Beschwerden anfingen und immer stärker und unerträglicher wurden. Auf der Suche nach Hilfe ging ich von einem Arzt zum anderen und von einer Klinik zur nächsten. Leider konnte keiner helfen. Eine Klinik riet mir zur Steißbeinresektion. Ich war von diesem Rat nicht überzeugt und lehnte eine bereits terminierte OP ab. Niemand wusste, was mit wirklich fehlte und so wurde ich mit angeblich psychosomatischen Störungen jeweils wieder nach Hause geschickt. Was hatte ich doch für ein großes Glück, ein unbeschreiblich großes Glück, dass ich zu O.J. Beck kam. Nach dem ersten Arztgespräch und nach einer Angiographie Untersuchung war sofort klar, dass es sich bei mir um ein Cauda-Ependymom handelt. So hatte ich nach einer 5 jährigen Leidenszeit die erste richtige Diagnose. Nachdem schon stark fortgeschrittene Schwächen in den Beinen und Blasen-Entleerungsstörungen dazu kamen, wurde ich sofort operiert. Nach einer langen 7 stündigen OP mit Lasereinsatz war mein Leben wieder lebenswert. Im Jahr 1989 hatte sich ein Rezidiv gebildet und ich konnte mich erneut mit guten Aussichten auf Erfolg auf den OP-Tisch legen. Im Jahr 1990 folgten noch weitere zwei erfolgreiche OP's und zwar jeweils eine im April und Dezember. Dass ich so viel Glück hatte, jedes mal von Beck operiert zu werden, habe ich lange gewusst. Was hätte ich getan, wenn in den nächsten Jahren nochmals eine OP bei mir notwendig geworden wäre? Ich weiß es nicht! In andere Hände hätte ich mich nicht begeben wollen. Ich wusste immer, Beck hilft und ich hatte stets ein sicheres und gutes Gefühl dabei. So wie sich Herr Prof. Dr. Beck mit ausgezeichnetem Wissen und Können, menschlicher und psychischer Stärke für Patienten „einschließlich Kassenpatienten" eingesetzt hat, findet man heute unter Ärzten nur noch selten. Vergeblich habe ich im Buch nach einem Entschuldigungsschreiben des Kultus-Ministeriums gesucht, da es jahrelang widerrechtliche Handlungen Untergebener geduldet hat, so dass zu befürchten steht, dass auch in Zukunft kriminelle Taten von Ärzten weiterhin gedeckt werden.

5,0 von 5 Sternen **Sehr zu empfehlen**
Von Bootsmann am 12. April 2016
Verifizierter Kauf

Hochinteressant was da alles abläuft. Nur leider zum Nachteil eines sehr qualifizierten und menschlichen Arztes. Lesen und weitersagen! Mehr als ein Krimi.

5,0 von 5 Sternen **Akademische Krötenwanderung zwischen den Fakultäten**
Von Martin Heußner am 15. April 2016
Verifizierter Kauf

Ich habe als Fachfremder mit Interesse und irritierter Aufmerksamkeit das Buch durchgesehen und hatte doch tatsächlich an der ein oder anderen Stelle Parallelerfahrungen zu meiner eigenen (zugegeben weit weniger spektakulären) Berufsentwicklung als Bildungsforscher an einem im Vergleich zu genannter Universitätsklinik nicht minder bekannten Frankfurter internationalen pädagogischen Forschungsinstitut. Dass dort, wo größtmögliche Diskursivität zu erwarten wäre (unter hoch ausgebildeten Wissenschaftlern), nicht selten der „autoritäre Korpsgeist" lauert, klingt vertraut. Was hier der Oberarzt, ist in meinem Metier der sogen. Post-Doc. Was hier der Ordinarius, ist dort der Direktor der jeweiligen Forschungsabteilung; ein der Universität zugeordneter Professor. Es wird also unterhalb der Spitze inhaltlich stark gemainstreamt, intersubjektiv eifrig gebuhlt, geschleimt, intrigiert; soweit alles ganz normal in der unselbständigen Arbeit. [Zwischenfrage: Ist Wissenschaft, auch auf dem Qualifikationslevel vor der Promotion, tatsächlich als unselbständige Arbeit zu verstehen?]. Die wissenschaftliche Erforschung von bspw. Schule und Unterricht findet somit konstitutiv nicht unter der Maßgabe der SACH-, sondern primär der PERSONENgemäßen Erforschung statt; freilich sind damit nicht die Personen der beforschten, sondern die der sie beforschenden Institutionen gemeint. Das hat sich zum Problem entwickelt, das u.a. dazu geführt hat, dass bspw. Lehrer heutzutage große Probleme damit haben, Forschungsarbeiten über ihr Handwerk auch nur im Ansatz verstehen zu können. Sie sind schlicht und ergreifend nicht die Hauptsache in einer Wissenschaft, die sich mit ihrem Personen- und Mainstreamkult in einer Parallelwelt eingerichtet hat und dort voranprescht. Damit kommen wir zum eigentlichen Problem des hierarchischen Aufbaus der genannten Institutionen und damit auch zu einem meiner zwei Lektüreprobleme: Direkt zu Beginn des Buches ist die Rede von Qualifikation und Führungsqualität von Leiter bzw. Ordinarius. Ein mal positiv und ein mal negativ formuliert, werden Vorteil und Konstanz einer guten Führung hervorgehoben. M.a.W., wenn der Richtige (vielleicht der Autor des „Krimis" selbst?) den Posten hat, dann klappts auch. Damit habe ich ein Problem. Denn entweder kritisiere ich einen Guru-Kult, oder ich will einfach nur einen anderen Guru bzw. möchte selbst Guru sein; aber eine gemischte Kritik ist unbillig. Wer „neue Strukturen" fordert, wie es der Autor des Klinik-Krimis tut, der kann nicht von den „Vorteilen" eines richtigen Chefs auf den alten Strukuren schwärmen!. Hier zeigt sich, ähnlich wie es einem bei „kritischeren" Juristen manchmal begegnet, wie tief doch die akademische Sozialisation und Nacherziehung in den fachlichen Habitus hineinreicht. Selbst da, wo Mitglieder der entsprechenden Fakultäten „Tabula rasa" mit den Ungerechtigkeiten und Aporien ihres Faches machen wollen, schaffen sie es manchmal nicht, sich wirklich außerhalb dieser (strukturellen) Ungerechtigkeiten zu begeben. Mein zweites Problem wiegt weniger schwer und hat eher gestalterischen Charakter. An sich hat mir die etwas an den großen Foucault erinnernde Art des dokumentierten Schreibens sehr gefallen. Was wirklich passiert ist, und, wie der Autor Beck dies wahrnimmt, lässt sich somit klar trennen und dies ist m.E. auch unumgänglich, da wir sonst natürlich sofort die Gefahr der Erschaffung eines anti-Kultes hätten (s.o.), und wir wissen, der anti-Kult ist idR nicht besser als derjenige, gegen den er sich wendet, in jedem Falle aber nicht überprüfbarer und somit auch nicht diskursiver. Ich würde die Materialien allerdings stärker selbst zum Sprechen bringen, d.h. ein hermeneutisches Verfahren und kein Anlagen-System verwenden und auf Kapitelüberschriften wie „Psychoterror" verzichten, da dieser aus den Originalen klar ersichtlich zu machen wäre, die entsprechende Überschrift das Buch an der Stelle also nicht deutlicher, sondern lediglich didaktischer macht; aber womöglich war das vom Autor auch entsprechend gewünscht. Alles in allem ein wichtiges Buch, von denen es noch zu wenige gibt!

Gruß, Dr. phil. Martin Heußner


5,0 von 5 Sternen **Ein HOCH auf den Mut**
Von Birgit Heilig am 16. April 2016

Justitia ist nicht immer blind – aber selbst dann rückt der Zeitpunkt, an dem man Gerechtigkeit erfährt, auch in diesem Fall erschütternder Zeitgeschichte in viel zu weite Ferne. Mobbing- und Bossingfälle sind in der freien Marktwirtschaft nicht fremd, aber im Land der nach Heilung, Wissen und Menschenliebe dürstenden Weißkittel verursacht ein wie in diesem Buch beschriebenes Ausmaß an Obrigkeitshörigkeit gepaart mit Schleimerei bei Vorgesetzten, finstersten Verleumdungen mit dem Ziel der vollständigen seelischen und physischen Vernichtung des Unschuldigen und sinnfreier Ignoranz unserer Behörden eine Übelkeit, die einen fortwährend bitteren Beigeschmack hinterlässt – ungeachtet vom Ausgang dieses Dramas. Man muss die Protagonisten nicht persönlich kennen, um sich in der Geschichte selbst wiederzufinden und mit dem Mobbingopfer mitzufiebern. Einige lateinische Wörter oder Fachausdrücke weniger hätten im durchschnittlich gebildeten Leser vielleicht noch mehr Interesse geweckt, aber so oder so verschlingt man das Buch in einem Zug und wünscht sich ein blutiges, widerliches Ende der dunklen Intriganten. Dieses Buch ist nicht nur von einem mutigen Autor verfasst – es ist ein Hochgenuss für alle Individualisten mit Zivilcourage. Und wer weiss: Vielleicht liest es auch jemand, der die Macht und den Mut zu Ablaufänderungen hat? Ein BRAVO und DANKESCHÖN im Voraus!


5,0 von 5 Sternen **Ein Drama für Arzt UND Patienten**
Von Amazon Customer am 25. April 2016
Verifizierter Kauf

Mein Name ist Petra Seibert, Jahrgang 1965. Ich bin Hydrocephalus und Spina bifida Patientin. Gerade habe ich das Buch „Ein Klinikkrimi" v. O.J. Beck zum wiederholten Mal gelesen. Ich bin entsetzt, über den Umgang untereinander im Kollegium und mit Patienten, gleichzeitig gegenüber den Machenschaften im Klinikbetrieb. Ich empfinde es als menschunwürdig und verachtend. Für mich als Patientin ist es undenkbar, wie in diesem Fall hier mit dem Autor des Buches, der für andere immer da war, sich jederzeit für die Belange seiner Patienten eingesetzt hat, umgegangen wurde. Wie ihm nicht nur in seiner beruflichen Laufbahn, sondern vor allem persönlich damit absichtlich geschadet wurde. Ich frage mich, wie ein Arzt, – Ärzte im allgemeien, unter solch extremen Bedingungen überhaupt noch arbeiten konnte – kann – und trotzdem immer noch 110% für seine Patienten zu geben bereit war – ist.

**5,0 von 5 Sternen Erschütternder Lebens-Krimi**
Von Dr. Matthias Kißlinger am 4. Juni 2016

Professor Beck's autobiografisches Werk läßt an die Krimis der Romanliteratur denken. Nur wartet man in der hier bitteren Realität für Arzt und Patienten leider vergeblich auf ein „Happy End". Damals wie heute gilt: der Fisch stinkt vom Kopf – und niemand mit Leitungs- und Lehrauftrag sollte jemals vergessen, welche unmittelbaren Konsequenzen sein Verhalten gerade im medizinischen Bereich hat!

**5,0 von 5 Sternen Leider wahr**
Von carpe diem am 17. Juni 2016

Würde der Autor die geschilderten Vorkommnisse nicht akribisch belegen, wäre es nicht zu glauben. Was diese Art der Willkür in anderen Branchen als Selbstherrlichkeit, Ausnutzung von Macht oder Mobbing bezeichnet würde, ist in dem „Geschäft mit der Gesundheit Schutzbefohlener" kriminell. Offenbar kein Einzelfall, wie aus den anderen Bewertungen zu erkennen ist. Hut ab vor dem Mut des Autors, der damit an die Öffentlichkeit geht.

**5,0 von 5 Sternen Für Patienten ein sehr lesenswertes Buch, denn hier steht, was so alles in Kliniken passieren kann!**
Von Andrea BMA am 3. Juli 2016
Verifizierter Kauf

Prof Oskar Josef Beck beschreibt klar und deutlich, wie Mobbing und Bürokratie in Krankenhaus und Universität funktionieren und nicht nur einem Arzt sondern auch Patienten erheblichen Schaden zufügen können! Jeder Patient sollte wenn möglich das Buch lesen, bevor er sich in die Hände einer solchen Klinik begibt. Außerdem sollte jeder das Buch lesen, für den Mobbing am Arbeitsplatz ein Thema ist. Gratulation dem Verfasser für seine Charakterstärke, mit der er unbeirrt seinen Weg weiter verfolgte trotz aller Anfeindungen, und seinen Mut, dieses Buch zu veröffentlichen. Besonderer Dank dem Verfasser auch für den Schluß des Buches zum Thema Resilienz, der sicher vielen anderen von Mobbing Betroffenen Mut machen kann.

5,0 von 5 Sternen **Ein mutiger, spannender und aufklärender Bericht über unvorstellbare Korruption und Seilschaften an einer deutschen Klinik!**
Von R. Kaiser, München am 8. September 2016
Verifizierter Kauf

Wenn es im Fernsehen oder in Büchern um Klinik-Krimis geht, handelt es oft von Intrigen- und Machtspielen unter Ärzten oder dem Schwesterpersonal. Manchmal wird der Krimistoff aus privaten oder psychischen Problemen des Klinikpersonals und die daraus erwachsenden lebensbedrohlichen Situationen für Patienten verfilmt. Als Zuschauer bzw. Leser hofft man jedoch stets auf ein Happy-End und weiß letztendlich, dass es ja nur eine Story ist. Der Titel des Buches von Herrn Professor Beck lässt jedoch bereits vermuten, dass hier ein realer Klinik-Krimi erzählt bzw. nun müsste man besser sagen, berichtet wird, der unglaubliche und ungeheuerliche Zustände an einer Großklinik beschreibt. Die Dokumente, Schriftstücke und Zeugenbekenntnisse von Patienten belegen eindeutig, dass es sich bei diesem Klinik-Krimi um eine häßliche und unfassbare Realität handelt. Eine Realität, die aufzeigt, wie Profitgier auf Seiten der Klinik das Wohl und die Gesundheit von Patienten auf's Spiel setzt. Ich sage vielen Dank, Herr Professor Beck, für den Mut und das Engagement, dieses Buch zu schreiben und dafür, dass Sie dem Leser diese Einblicke gewähren. Ich kann dieses Buch nur jedem empfehlen, angehenden Ärzten ebenso wie Patienten, wie uns allen in der Gesellschaft. Es ist spannender als ein Krimi zu lesen und schärft gleichzeitig unser Bewusstsein, stets wachsam und sensibel zu sein. Eine wachsame Gesellschaft kann helfen, Korruption, maffiöse Strukturen und Behördenfilz zu verhindern.

5,0 von 5 Sternen **Auch das ist Medizinbetrieb in Deutschland**
Von MG am 12. November 2016

Es ist erschreckend für einen Patienten wie mich, der selbst betroffen ist (Querschnittgelähmt) und zusätzlich gelernter Mediziner, eine Dokumentation dieser Art zu lesen. Es ist unglaublich, dass in einer Klinik mit Weltruf (Großhadern) in der Neurochirurgie derartige Missstände herrschten, wie sie in dem Buch beschrieben sind. Jedem Patienten und Mediziner muss angst und bang werden, wenn er an den Medizinbetrieb in Deutschland denkt. Es ist mir völlig unverständlich wie es sich eine Klinik leisten kann, einen so erfahrenen Operateur und Oberarzt wie Herrn Beck vom OP-Dienst zu suspendieren und auf seine langjährigen Erfahrungen zu verzichten. Ich selbst habe Herrn Beck als integren, mitfühlenden und kompetenten Kollegen kennengelernt. Noch viel schlimmer finde ich, dass sich die Aufsichtsbehörden (Kultusministerium) und Politiker trotz Information in keinster Weise um diese Missstände bemüht haben. Als Fazit kann ich dabei nur sagen: Armes Mediziner-Deutschland.

Dr. Martin Grussier

5,0 von 5 Sternen **Wem nutzt ein OP-Verbot?**
Von Wolfgang Siegmund am 29. November 2016

Nachdem ich das Buch gelesen oder besser verschlungen hatte, so sehr nimmt einem dieser Klinik-Krimi in Beschlag, wurde mir mit übergroßer Deutlichkeit bewusst, wie viel Glück ich hatte, dass mich Prof. Beck zwei Jahre vor seinem widerrechtlich ausgesprochenem Operationsverbot an einem Hirnstammtumor hat operieren können. Schon drei Monate nach der Operation konnte ich schrittweise meine berufliche Tätigkeit wieder aufnehmen, bald darauf sportlichen Aktivitäten wieder in gewohnter Form nachgehen und lernen, die verbleibenden Kleinigkeiten angesichts des Risikos und Gefährlichkeit der Operation zu belächeln. Als unmittelbar Betroffener bin und bleibe ich Partei, aber es bleiben mir doch zwei allgemeine Fragen zum OP-Verbot. Erstens: wer hat irgendeinen Nutzen davon? Zweitens: ist die medizinische Versorgung auch nach dem OP-Verbot noch in gleicher Weise gewährleistet? Ich kann nur erkennen, dass Patienten nicht mehr profitieren können von der Kompetenz, Erfahrung und von Prof. Becks Mut, sich schwierigen Situationen zu stellen. Was macht es für einen Sinn, auf das Können einer anerkennten Kapazität zu verzichten, wenn nicht wie selbstverständlich dessen Kunst durch die eigene ersetzt werden kann. Da ich aber aus meinem Fall weiß, dass mein Tumor in München als inoperabel angesehen wurde und ich annehmen muss, dass es damals nur wenige auf der Welt gewagt hätten, in dieser Region zu operieren, habe ich meine Zweifel. Das Buch ist spannend und notwendig, weil es zeigt, dass es Sinn macht, sich gegen gefestigte Strukturen zu stellen, seien sie auch noch so undurchsichtig und scheinbar unüberwindlich. Das Buch ist bedrückend, weil man angesichts der aufgeführten Dokumente fast nicht glauben kann, was da geschehen ist und von höchster Staatlicher Stelle zugelassen wurde. Es gibt aber auch Zuversicht, weil es Mediziner gibt, die sich nicht beirren lassen und für ihre Rechte und die ihrer Patienten eintreten.


5,0 von 5 Sternen **Ein unglaublicher aber wahrer Krimi**
Von Dr. Wieser Heinz Xaver am 23. Dezember 2016

Im Gegensatz zu den in der Regel erfundenen TV Krimis erzählt uns Beck in seinem Buch eine wahre Krimi-Geschichte, in der willkürlich über Tod oder Weiterleben entschieden wird. So entscheidet der Ordinarius für Neurochirurgie, ohne die Patientin gesehen zu haben, dass Sie nicht mehr operiert, sondern zum „Sterben in Würde" nach Hause geschickt wird. Diese Patientin wurde anschließend noch in einer anderen Klinik erfolgreich operiert. Nach zunehmenden Meinungsverschiedenheiten über die Aufnahme von Kassen-Patienten – diese erhielten vom neuen Chef keine festen Termine mehr (Wartezeiten bis zu 10 Monate!) – wurde Beck mit einem widerrechtlichen OP – , später auch Dienst-Verbot kalt gestellt. Dies war ein erheblicher Schaden für die Patienten, da Beck inzwischen auch Operationen am Hirnstamm so erfolgreich durchführte, dass andere Neurochirurgen damals davon nur träumen konnten. Beck ist es hervorragend gelungen aufzuzeigen, wie krank unser Kontroll- und Überwachungs-System in Wirklichkeit ist. Die Aufsichtsbehörden, vom Direktor des Klinikums bis zum obersten Dienstherrn, dem Kultusminister, werden aus gesicherter Position selbst zu Tätern,wenn sie das widerrechtliche OP-Verbot eines psychisch kranken und kriminellen Ordinarius tolerieren, das zu schwersten Schäden bei Patienten geführt hat. Mit der Verleihung der Ehrendoktorwürde an den Kultusminister übertüncht die medizinische Fakultät das Überforderungs-Syndrom eines Schullehrers an exponierter Position. Warum die bayerische Justiz das Verfahren gegen diesen Ordinarius ohne Begründung in fünf von neun Fällen nicht verfolgt bzw. eingestellt hat, bleibt unverständlich, zeigt aber die enge Verbundenheit der Behörden, um die Stellung eines Ordinarius zu retten.

**5,0 von 5 Sternen Unentrinnbar eingehüllt in einen gordischen Knoten und kein Alexander kommt, ihn zu zerschlagen.**
Von Arnold K. am 3. Januar 2017

Erst fast ungläubig, dann mit wachsender Wut und zuletzt – leider – mit resignierter Machtlosigkeit verfolgt man diesen „Schmutz-Krimi". Warum resigniert? Weil man die Erfolgslosigkeit eines anständigen Menschen gegen eine fast ungreifbare Chimärenschar schon bald ahnen kann. Im Bewusstsein, im Recht zu sein, und nach quälender Selbstbefragung, ob man wirklich alles richtig gemacht habe, und wenn man dann sicher ist, sich nichts, aber auch gar nichts vorwerfen zu müssen, entschließt man sich gegen eine schwer fassbare Gruppe von Gegnern anzutreten und dabei in ein beinahe ausweglosen Labyrinth gezogen, wo einem nach einem Erfolg zehn Vorwürfe gegenüber stehen. Endlich fühlt man sich unentrinnbar eingehüllt in einen gordischen Knoten und kein Alexander kommt, ihn zu zerschlagen. Man steht hier einer Trias aus Universität, Kultusministerium und Justiz gegenüber, die aus Gründen der „Ordnung", aus Unlust einen Klagedeckel öffnen zu sollen oder auch aus Willfährigkeit die Beschwerde ad acta legt und verschleppt. Am verstörendsten in diesem Buch ist die Schilderung „krimineller Machenschaften", die offensichtlich gar nicht weiter verfolgt wurden – und dies in einem Land, das nicht müde wird, sich jeden Tag als „deutscher Rechtsstaat" zu beweihräuchern. Für den ahnungslosen Patienten erschreckend ist der Einblick in die Organisationsstruktur großer Kliniken und der rücksichtslos ausgetragene Kampf um Honorarpfründe, die Bildung von kritiklos ergebenen Gefolgschaften, von katzbuckelnden Beflissenen, um ja nur einen gnädigen Blick vom Allgewaltigen zu erhalten. Was man seit der Aufklärung für überwunden glaubte, feiert offenbar immer noch traurige Urständ: die sakrosankte, anscheinend unangreifbar „Thron-Stellung" von einigen Ordinarien, die niemand und nichts erschüttern kann. Und wenn wirklich ein Tor dagegen aufzumucken wagt, dann weiß man subtile, bzw. harsche Mittel, ihn zum Schweigen zu bringen.

**5,0 von 5 Sternen Rezension zu Oskar Josef Beck: „Ein Klinik-Krimi" von Pfarrer i.R. Paul Ringseisen, Bad Wörishofen**
Von Amazon Kunde am 11. Februar 2017

Rezension zu Oskar Josef Beck: „Ein Klinik-Krimi"
von Pfarrer i.R. Paul Ringseisen, Bad Wörishofen.

Lieber Ossi (so nannten wir Dich in unserer gemeinsamen Schulzeit auf dem Münchner Theresiengymnasium) – Du erlaubst mir, die Rezension über Deinen „Klinik-Krimi" in der direkten Anrede an Dich zu verfassen. Als wir uns vor kurzem, nach über sechzig Jahren, in einem Café wiedersahen, erzähltest Du mir vom „Krimi" Deines ärztlichen Werdegangs. Und als ich Dich am

Ende dieses aufregenden Gesprächs fassungslos fragte: „Wie hast Du das eigentlich alles durchstehen können, als Mensch und als Arzt?", das sagtest Du frank und frei: „Weil ich mir in der ganzen Sache nie ein Unrecht vorwerfen musste." Nun habe ich Dein medizinisches Krimi-Buch gründlich gelesen. Ich gestehe: fassungslos bis entsetzt über so viel menschenunwürdiges Benehmen (unter akademischen Kollegen), ja so viel krimineller Energie unter Menschen, die von Berufs wegen zum Leben-retten und nicht zum Leben-zerstören berufen sind. Ich weiß als Mann der Kirche auch um Rivalität und Konkurrenz unter Mitbrüdern (wir nennen das trefflich „invidia clericalis", d.h. klerikaler Neid). Aber was Du, Ossi, aus der obersten Charge der Humanmedizin aus Deiner eigenen leidvollen Erfahrung heraus dokumentierst, übersteigt alle denkbaren Vorstellungen bei weitem. Ich erschrecke über die jeglichen Anstandes und jeder Achtung dem untergebenen Kollegen gegenüber baren Umgangsart eines Ordinarius. Während sein Vorgänger sich rühmt, Dich mit Deiner umgänglichen Art und Deinem außergewöhnlichen Können in seiner Mannschaft zu haben, statt mit Dir über fachliche Streitpunkte zu reden, wirst Du mit bösen Unterstellungen und falschen Behauptungen öffentlich verleumdet, im eigenen Haus (Großhadern) und in der Fakultät als unmöglich verschrien. Beruflich wird Dir das Todesurteil gesprochen: OP-Verbot. Und das angesichts der Tatsache, dass Du gerade dabei bist, die Neurochirurgie durch die Einführung der Lasertechnik einen entscheidenden Schritt weiterzubringen. Mit hunderten von gelungenen Risiko-Operationen hast Du Deine ärztliche Befähigung auch international bewiesen. Erstaunlich, nein unfassbar: Obwohl das Gericht das gegen Dich verhängte OP-Verbot als wider-rechtlich erklärt, betreibt man die Demontage Deiner beruflichen Karriere munter weiter. Und das Bedauerlichste für mich an diesem Vernichtungskrieg: die zuständigen Aufsichts- und Schutzorgane (von Fakultät und Staat) lassen Dich – wider besseres Wissen – im Regen stehen. Man fragt sich als Bürger unseres sog. Rechtsstaates: Was für ein undurchdringlicher Filz von falscher Abhängigkeit, Angst, Feigheit, den Fakten ins Gesicht zu sehen, fehlender Mut, den Großen die Stirn zu bieten…macht es möglich, das Recht so zu beugen? Und das in einer Situation, in der nicht nur die weitere Berufsausübung eines anerkannten Fachmannes, sondern damit zugleich das gute Recht seiner Patienten auf seine (vielfach bewiesene) Hilfe auf dem Spiel steht! Dass sich bis heute weder die Medizinische Fakultät, noch die LMU, zu einer offiziellen Entschuldigung entscheiden konnten, lässt befürchten, dass sich die Aufsichtsorgane auch heute wieder so verhalten würden. Lieber Ossi Beck, dass aus dem Klinik-Krimi keine menschliche Tragödie wurde, verdankst Du keiner Hilfe von außen, sondern der inneren Einstellung, in der Du durch alle Versuche der Einschüchterung und Erniedrigung hindurchgegangen bist. Du hast nicht mit gleichen Mitteln zurückgeschlagen. Das Unrecht, das man Dir angetan hat, hat Dich nicht zu Fall gebracht, weil Du, wie Du mir selbst sagtest, in Deinem Gewissen zu jeder Zeit das Recht auf Deiner Seite wusstest. Weil Du nicht aufgehört hast, unbeirrbar für die Rechte Deiner Patienten zu kämpfen, darum hat Dich das Unrecht der Gegner nicht zerbrochen. die menschliche Würde der hilfsbedürftigen Patienten war Dir zu jeder Zeit wichtiger als das würde-lose Gerangel um Deine Person und Karriere. Du hast Recht: Wenn Kollegen-Rivalitäten auf dem Rücken, d.h. zum Schaden der Patienten ausgetragen werden, muss ihnen Einhalt geboten werden. das hast Du mit Deinen Mitteln getan – freilich um den denkbar höchsten Preis einer ansehnlichen Karriere. Diesen Preis warst Du bereit zu zahlen: das nenne ich menschliche und ärztliche Größe! Darauf dürfen wir zusammen mit Dir stolz sein! Die vielen Dankesbriefe von Ärzten und Patienten an Dich sprechen genau von dem großen Vertrauen in Dich und Deine große ärztliche Kunst, das Dir von Deinen Gegnern so hartnäckig verweigert worden ist. Lieber Ossi, bei unserem Gespräch im Café habe ich Dich als ein Stück „bayerisches Urgestein" erlebt: ein Mann mit aufrechtem Gang und ungebrochenem Wesen – wie schon damals auf der Gymnasiumsschulbank. An Dir und Deinem Verhalten hat unsere humanistische Erziehung im Theresiengymnasium eindeutige Spuren hinterlassen: Spuren der Hoffnung auf wahre Menschlichkeit – besonders dort, wo unser zwischenmenschliches Verhalten durch Neid- und Machtgebaren im Innersten vergiftet ist.

**1,0 von 5 Sternen Realistisch**
Am 6. Dezember 2017
Verifizierter Kauf

eine persönliche Abrechnung, die Geschichte eines Ränkespiels. Mein Zwangstern ist für dessen Erkenntnis, dass auch Gerichtsgutachter Parteiengutachter sind, bleibt nur zu hoffen, dass dies endlich auch Staatanwälte und Richter (Privatpatienten also Risikogruppe) kapieren, aber ob diese sich bis Punkt 14 vorlangweilen?. Leider fehlt dem E-Book eine Sprachausgabe, auch das Zoomen der Bilder (Briefe) ist nicht möglich. Manchmal hapert es bei der Rechtschreibung. Warum die „weltberühmte Koryphäe", nicht an eine andere (in-/ausländische) Klinik wechselte, oder sich selbstständig machte, bleibt er schuldig, eine Klage wäre ja trotzdem möglich gewesen. Diverse versuche Chefarzt zu werden, zeigen worum es tatsächlich ging. Die vielen Briefe von „Freunden", welche sich für ihn einsetzten, kamen Wohl auf dessen drängen zustande (Kopien waren deren Beweis), dass diese ihn nicht zu sich holten sagt letztlich alles. Wenn seine Anzeigen eingestellt werden beklagt er sich, wenn selbiges mit gegen ihn gerichteten Anzeigen geschädigter Patienten geschieht, verliert er kein Wort darüber. Obwohl ein Gutachter der StA. in meinem Fall bemerkte, „Es fällt auf, daß nicht wie … zu erwarten, ein regionaler Ausfall aufgetreten ist, sondern daß praktisch sämtliche um die Gefäßgeschwulst herumliegenden Kern- und Bahnstrukturen … geschädigt worden sind, …" wurde meine Klage mit fadenscheinigen Begründungen eingestellt. 1993 prahlte er „Die Eindringtiefe des Holmium-YAG-Lasers ist …, deutlich sichtbar (… 0,5 mm). Die Fotoablation ist ein thermischer Effekt bei dem so gut wie keine … Schädigung auftritt." 1997 Mahnte er „In einer weiteren „veränderten" Zone wurde das Gehirngewebe nach ca. einer Woche nekrotisch; daher ist unbedingt eine Sicherheitszone von etwa 3 mm … einzuhalten." Angesichts dieser „Laserkompetenz", kann man Wohl nur von Riesenglück sprechen, wenn man bei einem qualvollen Experiment (mir als harmlos wie eine Blinddarm OP geschildert) nicht dauerhaft geschädigt wurde. Menschlichkeit konnte ich beim Autor nie erkennen, zu mir war er um ein vielfaches schlechter als er HJR darstellt. Glaubt der Autor er könne sich, von seiner Schuld freischreiben? Für mich kam das OP-Verbot leider 371 Tage zu spät. Wegen der Tatenlosigkeit der StA. bleibt mir jetzt nur noch die Hoffnung auf nachbiologische Gerechtigkeit.

**hugendubel.de:**

5,0 von 5 Sternen **Meine Hochachtung als langjähriger Chefarzt und ärztlicher Direktor a.D.** von Priv. Doz. Dr. med. F. Leheta – 25.08.2017

Rezension zum Buch von Prof. O. J. Beck Ein Klinik-Krimi, wie in einer deutschen Universitätsklinik ein Professor kaltgestellt wurde oder „Die neun Kröten". Als ehemaliger Oberarzt der Universitätsklinik München (Neurochirurgie) kannte ich Herrn Beck als geradlinigen und korrekten Menschen, der für seine Patienten alles getan hat. Er war alles andere als ein Herrgott in weiß. Als ich dieses Buch las war ich tief erschüttert, dass man mit so einem fähigen Arzt so umgeht. Ich bewundere Herrn Beck, daß er diesen Weg gegangen ist, und nicht nur juristisch seine Rehabilitation erreicht hat, sondern auch das in Form eines Buches öffentlich gemacht hat. Aus der Rezension von Herrn Prof. Hofstetter, Ordinarius an der LMU München geht hervor, dass alle Vermittlungsversuche abgelehnt und völlig ignoriert wurden. Das ist ein Hinweis dafür, wie die gegnerische Seite überheblich und selbstüberschätzend gehandelt hat. Dieses Buch ist nicht nur für angehende Chefärzte, sondern auch für Mitarbeiter empfehlenswert. Eine Auseinandersetzung dieser Art bringt nicht nur Unruhe in eine Klinik, sondern ist auch mit Schaden für die Patienten verbunden. Wenn junge Ärzte dieses Buch lesen und in so eine Situation kommen, sollten sie sich nicht scheuen den Weg von Herrn Beck zu gehen. Eine Behinderung durch Behörden oder die Klinikleitung darf nicht Grund sein, sich nicht genauso wie Herr Beck zu verhalten. Als langjähriger Chefarzt und ärztlicher Direktor a.D. kann ich nur meine Hochachtung und Bewunderung für Herrn Beck zum Ausdruck bringen.

Priv. Doz. Dr. med. F. Leheta

# Oskar Josef Beck

## Curriculum vitae

| | |
|---|---|
| 1936 | Geboren in München |
| 1956 | Abitur am Humanistischen Theresiengymnasium in München |
| 1962 | Staatsexamen für Medizin |
| 1964 | Bestallung als Arzt, Ausbildung in der Allgemeinchirurgie |
| 1966 | Mitinitiator beim Aufbau des Notarztdienstes in München unter Oberbrandmeister Herrn Segerer von der Berufsfeuerwehr und Prof. Dr. Holle von der Chir. Poliklinik, LMU, (PD Dr. Lick, Dr. Balser, Dr. Beutner, Dr. Brückner, Dr. Welsch) |
| | Promotion: „Arachnitis cystica posttraumatica der hinteren Schädelgrube" |
| 1967 | Beginn der Ausbildung in der Neurochirurgie, LMU |
| 1969 | Hirntodbestimmung bei der 1. Herztransplantation in Deutschland |
| 1975 | Facharzt für Neurochirurgie |
| 1976 | Projekt: Neue operative Behandlungsmöglichkeiten mit Laser in der Neurochirurgie |
| 1978 | Oberarzt der Neurochirurgischen Klinik, LMU |
| 1983 | PD Dr. med., Dr. med. habil. Mit Lehrbefugnis für das Fach Neurochirurgie. Einführen eines neuzeitlichen Laser-Enzephaloskopes |
| 1985 | Professor für Neurochirurgie |
| 1986 | Vize-Präsident der Laser Association of Neurological Surgeons International (LANSI) |
| 1990 | Projekt: Photodynamische Lasertherapie in der Neurochirurgie |
| 1991 | Rechtswidriges OP-Verbot (H.-J. R.) |
| 1992 – 94 | Präsident der Laser Association of Neurological Surgeons International (LANSI) |
| 1995 | Rechtswidriges OP-Dienstverbot (H.-J. R.) |
| 1998 | In der Verwaltungsstreitsache Beck gegen den Freistaat Bayern: Das OP-Verbot war nicht rechtmäßig (M5K 96.2487) |
| 1999 | Leiter der Gutachtenstelle für Neurochirurgie an der LMU |
| 2002 | Pensionierung |

Besondere Aufmerksamkeit widmete ich dem Schlaganfall und seiner Therapie, dem Vasospasmus der Hirngefäße nach Subarachnoidalblutung und der Bestimmung des optimalen Zeitpunktes zur operativen Ausschaltung der Hirngefäßmissbildungen (Aneurysmen). In den letzten Jahren hatte ich weltweit maßgebenden Einfluss auf die Entwicklung einer der neuen Lasertechnologie in der Neurochirurgie.

# Vorträge

1. Vortrag gemeinsam mit F. Leheta: Erste klinische Erfahrungen mit den Nd:YAG-Laser in der Neurochirurgie. Symposium Laser in Medizin und Biologie, München-Neuherberg, 22.06.–25.06.1977

2. Vortrag gemeinsam mit K. Bise, W. Gorisch, L. Ruprecht, G. Kübler: Endoskopische selektive Plexuskoagulation mittels Laser, ein denkbarer Weg zur Behandlung des Hydrocephalus. XXXI. Jahrestagung der Deutschen Gesellschaft für Neurochirurgie, Erlangen. 01.05.–04.05.1980

3. Vortrag zusammen mit J.L. Schönberger et al.: Comparison of the main surgical laser with the Nd:YAG-Laser, 1,32 µm referring to their coagulation and cutting properties on blood vessels. 6th Congress of the International Society for Laser Surgery and Medicine, Jerusalem, 13.–18.10.1985

4. Use of Nd: YAG-Laser in neurosurgery. XXXA. Annual Conference, Neurological Society of India, Patna, 15.–17.12.1985

5. Experience with Nd:YAG-Laser in Neurosurgery. Retrospect over 11 years of use of the 1,06µm wave length in 221 cases of meningiomas and evaluation over 4 years of treatment of 180 patients. Sixth Annual Meeting of LANSI, Tokyo, 16.–20.05.1988

6. Der Nd: YAG-Laser mit der Wellenlänge 1,32µm an Nervus opticus, am Chiasma und am Hirnstamm. 4. Jahrestagung der Dtsch Ges für Lasermedizin, Wien, 05.–08.10.1988

7. Vortrag gemeinsam mit F. Frank, E. Waidhauser: Nd:YAG-Laser assisted Operations on Brain Stem Tumors. 8th Congress of the International Society for Laser Surgery and Medicine. Taipei, R.O.C. 04–07.11.1989

8. Vortrag gemeinsam mit E. Waidhauser, K. Bise: Laser-assistierte Chirurgie bei Hirnstammgeschwülsten. Türk. NCH-Congress, Gülluk Milas, Türkei 19.–24.5.1990

9. Vortrag gemeinsam mit E. Waidhauser, S. Enders, St. Hessel, H. Haberl: Preliminary Evaluation of New Pulsed Infrared Lasers for Neurosurgical Photoablation, LANSI 90, Dubrovnik, Yugoslavia, 09.–12.09.1990

10. Laser in Neurosurgery. Laser in Medicine Facing 92, Amsterdam 30.11.1991

11. Uta Mellert, gemeinsam mit O. J. Beck, M. Gonnert, B. Ruhland, E. Unsöld: Photodynamische Tumor-Fluoreszenzdiagnose und -therapie mit disulphoniertem Aluminium-Phthalozyanin im Kaninchengehirn. BMT-Kongress 94, Rostock, 22.–24.09.1994

# Publikationen

1. F. Sebening, W. Klinner, H. Meisner, O. J. Beck u. a.: Bericht über die Transplantation eines menschlichen Herzens. Dtsch Med Wochenschr 94: 883-889 (1969)
2. K. H. Koczorek, O. J. Beck: Behandlung des Hirnödems nach schwerer Subarachnoidalblutung mit Vasospasmus durch hochdosierte Gaben von Aldactone® proinjectione und Aldocorten®. Mitteilung erster Beobachtung. Die hepatische Encephalopathie und das Hirnödem. Symposium der Ärztekammer Hamburg über primären und sekundären Aldosteronismus am 28.11.1970
3. O. J. Beck, H. Wieser: Die Behandlung des Vasospasmus für die Prognose nach Aneurysmablutung. Neurochirurgia 35: 21-34 (1974)
4. H. Schmitz, W. Schierl, O. J. Beck, H. Lydtin: Über die Wirkung von Nifedipine auf regionale Hirndurchblutung und Unterschenkeldurchblutung. Verh Dtsch Ges Inn Med, Bergmann-Verlag München, 888 (1975)
5. O. J. Beck, J. Wilske, J. L. Schönberger, W. Gorisch: Tissue changes following application of lasers to the rabbit brain. Results with $CO_2$ and Nd:YAG-Lasers. Neurosurg Rev 1: 31-36 (1979)
6. The use of the Nd:YAG and the $CO_2$-Laser in neurosurgery. Neurosurg Rev 3: 261-266 (1980)
7. O. J. Beck, E. Waidhauser, K. Bise: Nd:YAG-Laser Assisted Operations on Brain Stem Tumors. Laser in Medicine and Surgery. Vol 5, Nr. 3. S. 128-133 (1989)
8. O. J. Beck, E. Waidhauser: Laser-assisted microsurgery of acoustic neurinomas, chirurgia. Neurologica. Sarajevo, Yugoslavia, Vol 2, 2 (1991)
9. U. Markmüller, O. J. Beck, J. Bedwil, S. G. Bown, M. Gonnert, M. Ludwig, A. J. MacRobert, W. Stummer, E. Unsold: Distribution of aluminium-phthalocyanine (ALS2Pc) in normal and neoplastic rabbit brain following stereotactic and systemic application for PDT in neurosurgery. In: P. Spinelly, M. Del Fante, R. Marchesini (eds) Photodynamic Therapy and Biomedical Lasers. Excerpta Medica, Amsterdam, Niederlande, 382-85 (1992)
10. U. Mellert, O. J. Beck, M. Gonnert, F. Mellert, B Ruhland, H. Seybold, E. Unsöld: Photodynamic therapy and fluorescence diagnosis with disulfonated aluminium-phthalocyanine in rabbit brain. Laser Medicine and Surgery 6, 23 (1994)

## Seminare, Workshop, Film

1. Fortbildungsfilm gemeinsam mit Marguth et al.: Laser in der Neurochirurgie. Laser 83, opto-Elektronik, München 27.06.–01.07.1983
2. Prüfung eines Low-power-$CO_2$-Lasers im Tierexperiment. Baylor Hospital, Houston, Texas, USA, 07.05.–13.05.1984
3. Seminar gemeinsam mit H. R. Eggert et al.: Praktische Anwendung von Lasern in der Mikrochirurgie. Freiburg, 23.–25.101987
4. Seminar gemeinsam mit F. Ulrich und W. P. Ascher: Praktische Einführung in die laserassistierte Mikrooperation. Düsseldorf, 16.–18.11.1989
5. Workshop gemeinsam mit W. P. Ascher und F. Ulrich: Einführung in die laserassistierte Mikrochirurgie. Düsseldorf, 16.–18.10.1991

# Glossar

| | |
|---|---|
| Abdominalchirurgie | Bauch Chirurgie |
| Akustikusneurinom | Das Akustikusneurinom ist ein gutartiger Tumor des 8. Hirnnerves – keine Bildung von Tochtergeschwülsten (Metastasen) – und wächst i. d. R. langsam |
| Aneurysma | Aneurysma ist eine arterielle Aussackung (Gefäßmissbildung) |
| Atrophisches Großhirn | Großhirnschwund |
| Poliklinik | Krankenhaus einer Stadtklinik vorwiegend zur ambulanten Behandlung |
| Encephaloskopisch | Verfahren zur Einsichtnahme in das Schädelinnere, bei dem ein optisches System mit Lichtquelle und Applikationsinstrumenten durch ein kleines Bohrloch am Schädelknochen eingeführt wird |
| Ependymom Grad 3 | Bösartiger Typ einer speziellen hirneigenen Geschwulst |
| Epidurales Hämatom | (Raumfordernde) Blutung auf der Hirnhaut |
| Falx | Doppeltgefaltete harte Hirnhaut, die die beiden Hirnhälften trennt |
| Gliom höheren Malignitäts-grades WHO Grad III – IV | Bösartiger Hirntumor (Glioblastom) |
| Halbseitenparese | Halbseitenlähmung |
| Hirnfaser | Hirnfasern sind die langen Bahnen der Hirnnervenzellen |
| Infratentoriell und supraten-toriell | Unter und über dem Kleinhirnzelt |
| Inkomplett ausgeschaltetes Aneurysma | Nicht vollständig ausgeschaltetes Aneurysma |
| Interstitielle Laserapplikation | Gewebeinterne Laserbestrahlung |
| Intramedulläres Neurinom der Medulla oblongata | Nerventumor im verlängerten Mark des Hirnstamms |
| Meningiomatose | Diffuse Erkrankung der harten Hirnhaut wobei es an vielen Stellen zu Tumoren kommen kann. |
| Mittelecho | Mittlere Schädelstrukturen, wie z.B. Falx und die Epiphyse, können mit dem Ultraschall sichtbar gemacht werden |
| Neurochirurgie | Neurochirurgie – das ist die operative Therapie von Erkrankungen des Gehirns, des Rückenmarks, der Nerven, aber auch der Hirnhäute und der Wirbelsäule. Das neurochirurgische Spektrum reicht von Band-scheibenoperationen und Wirbelsäulenstabilisierungen über Eingriffe bei Gefäßerkrankungen und Erkrankungen des Nervensystems bis zur Entfernung von Tumoren und Gefäßmissbildungen im Gehirn und Rückenmark |
| Neuroradiologie | Neuroradiologie ist ein Teilgebiet der Radiologie und befasst sich mit der Darstellung des Nervensystems |

| | |
|---|---|
| Ophalmoplegie | Vollständige muskuläre Lähmung eines Auges |
| Orbitaprozesses | Prozess in der Augenhöhle |
| Pathologischer intrakranieller Prozess | Krankhafter Prozess im Schädelinnenraum |
| Petro-clivales Meningeom | Gutartige Hirngeschwulst an der Schädelbasis |
| Photoablation | Gewebeabtragung durch Licht, z.B. durch Laserstrahl |
| Photosensitizer | Lichtsensible stimulierende Substanz |
| Pilozytisches Astrozytom oder Spongioblastom (alter Name) oder heute nach WHO Astrozytom Grad 1 | Gutartige Neubildung des Gehirns und Zentralnervensystems, vorwiegend lokalisiert im Kleinhirn |
| Rezidivblutung | Erneute Blutung aus einer bekannten Gefäßmissbildung oder aus einem Tumor |
| Sinuswand | Wand eines venösen Blutleiters im Gehirn |
| Solitär Metastase | Eine einzige Tochtergeschwulst |
| Spastische Halbseitenparese | Halbseitenlähmung mit Tonuserhöhung |
| Spinalkanal | Rückenmarkskanal |
| Stereotaxie | Diagnostik und Therapie tief gelegener Krankheitsherde über ein Koordinaten-System |
| Stupor | Starrezustand des ganzen Körpers bei wachem Bewusstsein |
| Tentorium | Kleinhirnzelt |
| Vagotomie | Methode zur operativen Behandlung eines Magengeschwürs mit Durchtrennung des Nervus vagus (10.Hirnnerv) |
| Vaskularisiertes Gewebe | Gefäßreiches Gewebe, das bei Berührung meist sofort blutet |
| Vasospasmus | Arterieller Gefäßkrampf |
| Vor-CT-Ära | Aus der Zeit vor der Computertomographie |
| ZNS | Zentrales Nervensystem |
| Zweidrittel Resektion des Magens | Zweidrittel Entfernung des Magens (Billroth II) |
| Zyste | Zysten sind Hohlräume, die angeboren, posttraumatisch oder in Verbindung mit Tumoren vorkommen können. |